Theologie interkulturell
Band 29

Die Reihe „Theologie interkulturell"
wird herausgegeben von „Theologie interkulturell" e. V.
am Fachbereich Katholische Theologie
der Johann Wolfgang Goethe-Universität
Frankfurt am Main
www.theologie-interkulturell.de

Haruko K. Okano

Das Prinzip der Harmonie in den Religionen Japans

Herausforderungen und Perspektiven für eine interkulturelle Theologie

Matthias Grünewald Verlag

VERLAGSGRUPPE PATMOS

PATMOS
ESCHBACH
GRÜNEWALD
THORBECKE
SCHWABEN
VER SACRUM

Die Verlagsgruppe
mit Sinn für das Leben

Für die Verlagsgruppe Patmos ist Nachhaltigkeit ein wichtiger Maßstab ihres Handelns. Wir achten daher auf den Einsatz umweltschonender Ressourcen und Materialien.

Bibliografische Information der Deutschen Nationalbibliothek
Die Deutsche Nationalbibliothek verzeichnet diese Publikation in der Deutschen Nationalbibliografie; detaillierte bibliografische Daten sind im Internet über http://dnb.d-nb.de abrufbar.

Verlagsgruppe Patmos in der Schwabenverlag AG, Ostfildern
www.gruenewaldverlag.de

Umschlaggestaltung: Finken & Bumiller, Stuttgart
Satz: Andrea Töcker, Neuendettelsau
Druck: CPI books GmbH, Leck
Hergestellt in Deutschland
ISBN 978-3-7867-3139-9

Meiner verstorbenen Lehrerin
Professorin Dr. Dr. hc. mult. Elisabeth Gössmann
(1928–2019)

Inhalt

II. Die Perspektive des Alltagslebens

III. Herausforderung der Religionen

Vorwort
Aus japanischer Sicht

In der kleinen Inselnation Japan wirkten und wirken seit alters her die verschiedenen Religionen in gegenseitiger Beeinflussung und Kooperation auf den Geist und die Mentalität der Japaner ein. Historisch gesehen besteht der besondere Charakter der japanischen Religiosität vor allem darin, dass man trotz der Implementierung der Universalreligionen Buddhismus und Konfuzianismus die autochthone Volksreligion Shintō, die andere Fremdreligion Taoismus und mannigfaltige Formen der Volksfrömmigkeit im Prinzip nebeneinander hat gelten lassen, es sei denn, dass eine Religion als Bedrohung für das Tennō-System oder die Macht der jeweiligen Herrscher erschien. In Europa hat das Christentum die Vielzahl der archaischen Volkskulturen und Volksreligionen abgelöst, auch wenn nicht wenige Elemente der alten Religionen am Rand der Kirche als Volksglaube latent weiter Bestand haben. Dagegen konnten in Japan die Universalreligionen Buddhismus und Konfuzianismus nicht, wie in Europa das Christentum, eine totale Umformung bewirken, vielmehr wurden sie vom Gemeinschaftsprinzip des japanischen Volkes einverleibt. So hat das vom ersten Buddhismus-Förderer, dem Prinzregenten Shōtoku (7. Jh.), verkündete Ethos der „Harmonie" (jap. *wa*), eine Folge aus dem mahāyāna-buddhistischen Zentralbegriff des Mitleidens sowie der konfuzianischen Moral überhaupt, das japanische Gemeinschaftsbewusstsein mitgeprägt. Unter dem Motto der Harmonie wurde so in Japan eine Gesellschaft geschaffen, die den Tennō, den Kaiser, als Mitte des Volkskörpers gesehen hat und zum großen Teil auch noch sieht. Diese Gesellschaft hat ihr Bewusstsein von nationaler Zusammengehörigkeit unverändert bis in die Gegenwart behalten, ja, dieses Bewusstsein wurde im Prozess der Modernisierung durch eine illusorische Ideologie noch verstärkt. Weil sich Japan in der Auseinandersetzung mit den mächtigen Ländern Europas rasch kulturell und technisch an dem westlichen Modell orientieren musste, verstand es sich umso mehr als der Familien-Staat eines quasi blutsverwandten Volkes. Dieser Ideologie liegt die shintōistische Mythologie zugrunde, nach der alle seit dem Anfang der Geschichte des Landes verwandt mit dem Tennō und somit göttlichen Ursprungs sind.

Die so geschaffene Gesellschaft hatte wegen ihrer Homogenität und der inklusiven Art des Denkens in ihrem Inneren keine Häresie-Probleme, aber sie toleriert nicht immer die Andersartigkeit der Meinungen, Kulturen, Völker usw., die die Majorität der Japaner sozial und gefühlsmäßig wahrnimmt. Gerade in dieser Zeit leiden auch viele Japaner physisch, psychisch und ökonomisch unter der Corona-Pandemie, bei welcher die Mehrheit einen stummen Druck gegenüber Menschen ausübt, die beispielsweise ihr Gewerbe nicht eingestellt haben oder in der Folge ihres freien Handelns infiziert sind. Um eine Explosion der Infektionen zu vermeiden, hat die japanische Regierung an die Bevölkerung lediglich appelliert, Handel, Arbeit und Schulunterricht einzustellen, statt dies in juristisch verbindlicher Form vorzuschreiben. Dieser Appell hat tatsächlich einen gewissen Erfolg; es ist gelungen, die Pandemie ohne Strafaktionen zu kontrollieren. Zugleich aber zeigt sich im Volk ein gewisser Zwiespalt, denn in der Praxis dominiert die Majorität, während sich die Andersgesinnten ausgeschlossen fühlen.

Die Geschichte der christlichen Mission, die für den allmächtigen und einzigartigen Schöpfergott einen Absolutheitsanspruch erhoben hat, ist auch in diesem Zusammenhang zu verstehen. Nach Charakterstärke und Individualität wird in der japanischen Erziehung wenig gefragt, sondern eher nach der mit der Einstellung der Mitmenschen harmonierenden Gesinnung oder nach der Fähigkeit, die Stimmung anderer Menschen zu erfassen. Das Christentum stellt in gewissem Sinne noch immer eine Antithese bzw. ein komplementäres Gegenmodell zur Kultur, zur Gefühlswelt und zur Sozialethik der Japaner dar. In den 70er Jahren vergleicht der Journalist Oskar Pfenninger das Inselreich Japan mit einem Mutterleib und schreibt zutreffend: „Alle (Japaner) sind Teile dieses Leibes. Als Teile sind sie glücklich, wollen mit dem Leib froh sein und leiden. Von ihm ausgestoßen zu werden, ist das Schlimmste, was einem Einzelnen zustoßen kann.“[1] Es stellt sich also die Frage, welche Rolle das Christentum in dieser autistisch und intern harmonierenden Gesellschaft Japans spielen und welche Impulse es geben könnte, damit andersartige oder andersgesinnte Menschen nicht ausgeschlossen bleiben.

Meine ersten Gastvorlesungen in Frankfurt im Wintersemester 1994/95 analysierten das Wesen der japanischen Religionen, den besonderen Charakter des japanischen Denkens und die Auseinandersetzungen mit dem Christentum. In meinen zweiten Gastvorlesungen im Wintersemester 2016/17 habe ich versucht zu veranschaulichen, welche Bedeutung

---

[1] Oskar Pfenninger, *Vom japanischen Lebensgefühl*, in: Theodor Leuenberger/Oskar Pfenninger/Matthias Gredig, Japan – Menschen und Räume, Fribourg/Nürnberg 1974, 131.

und Auswirkungen die Religionen und vor allem das Christentum im aktuellen Leben der Japaner haben. Dabei spielt der japanische Grundsatz der Harmonie (*wa*) eine unentbehrliche Rolle. Mir liegt besonders daran, dieses traditionelle Prinzip der Harmonie in seinem japanischen Kontext einmal in Frage zu stellen, obwohl ich dennoch denke, dass diese auf der Religion basierende Harmonie eine zukunftsweisende und zugleich herausfordernde Rolle für die Schaffung des Friedens in der Welt spielen könnte, wo überall Konflikte, z. B. zwischen Norden und Süden, Reichen und Armen, Macht und Ohnmacht, herrschen.

Während meines Aufenthaltes in Frankfurt haben vor allem der Vorsitzende von „Theologie interkulturell", Prof. Dr. Thomas Schreijäck, die Professoren em. Hermann Pius Siller, Michael Raske, Johannes Hoffmann, Wolfgang Gantke und der Dekan Bernd Trocholepczy mir durch große Gastfreundschaft ein angenehmes Arbeitsklima verschafft, sodass ich mich die ganze Zeit „zu Hause" fühlen konnte und jeweils für die nächste Woche Freude, Mut und Energie schöpfte. Die aktive Anteilnahme und die Hilfsbereitschaft der wissenschaftlichen Mitarbeiter und Mitarbeiterinnen haben mich ebenfalls zum weiteren Denken ermutigt. Auch den Hörern und Hörerinnen der Vorlesungen sowie den Teilnehmern und Teilnehmerinnen des Begleit- und Oberseminars möchte ich herzlich danken. Die Fragen, die ich nach den Vorlesungen und während der Seminare gestellt bekommen habe, haben mir wichtige Denkanstöße gegeben, die mir verdeutlicht haben, wo Verständnisschwierigkeiten im Dialog oder Lücken in meinen Gedankengängen liegen. Nicht zuletzt möchte ich meinen aufrichtigen Dank meinem Bonner Studienfreund Ulrich Vollmer für seine Bemerkungen und Ratschläge aussprechen. Im gleichen Zusammenhang denke ich dankbar an meine alten Freundinnen Luise Benedens, Sigrid Fröhlich, Elke Wiedenhofer und Maria Hoffmann, die meine Überlegungen mit Interesse verfolgt und kommentiert haben.

Einführung
Wie kann das verbindende Prinzip der Harmonie (*wa*) zukunftsweisend wirken?

Was den multireligiösen Kontext in der japanischen Gesellschaft betrifft, so werden dessen Einzelheiten im 1. Kapitel „Die Koexistenz der Religionen und die Rolle des Christentums" geschildert. Hier richten wir unseren Blick auf das verbindende Prinzip der Harmonie (*wa*) und setzen uns mit der Frage auseinander, wie und warum dieses Prinzip in den Vordergrund gestellt wird, welche Rolle es in der Vergangenheit gespielt hat und welche Rolle es in Zukunft im interreligiösen Dialog spielen kann. Zunächst beschreiben wir die durch die nebeneinander koexistierenden Religionen geprägte Identität der Japaner.

Um die japanische Identität zu festigen, bringt der Shintō die Konzeption des sakralen Familienstaates ein und der Konfuzianismus die Ethik der zwischenmenschlichen Beziehungen. Hinzu kommt noch das Konzept der Harmonie (*wa*). Dieses beruht hauptsächlich auf dem mahāyānabuddhistischen Zentralbegriff der Barmherzigkeit und ist ursprünglich im Buddhismus ein die Menschen verbindendes Prinzip. Mit dem ersten Buddhismus-Förderer, dem Prinzregenten Shōtoku, wurde die Harmonie in zwischenmenschlichen Beziehungen zum Prinzip einer absolutistisch verstandenen staatlichen Einheit umfunktioniert, was in seinem *17-Artikel-Gesetz* zum Ausdruck kommt. Im ersten Artikel heißt es: „Das Beste für das Land ist die Harmonie." In Artikel 12 heißt es weiter: „Für die Untertanen gibt es keine zwei Herren im Staat." Damit wurde das Fundament für das absolutistische Tennō-System gelegt, dessen Spur noch heute im demokratischen Japan in symbolisierter Form zu finden ist. Das die Menschen verbindende Prinzip, also die Harmonie, die von der Barmherzigkeit des Buddha ausgestrahlt wird, wurde auf diese Weise am Anfang der japanischen Geschichte zu einem Gemeinschaftsprinzip uminterpretiert.

Durch die Begegnung mit dem Buddhismus lernten die Japaner außerdem die Größe der Selbstlosigkeit im Sinne der Überwindung der Ich-Befangenheit kennen, den Wert der Harmonie auch bei divergierenden Anschauungen, Meinungen und Prinzipien sowie die Bedeutung des Verhältnisses der Menschen zueinander aufgrund des buddhistischen Prinzips der kausalen Zusammenhänge (*engi*).

Vor diesem religiösen Hintergrund des „Menschwerdens" wurde und wird das Menschsein in Japan stets im Kontext der Beziehungen definiert, und zwar im Unterschied zu westlichen Kulturen, in denen das Individuum große Bedeutung hat und Selbständigkeit und Unabhängigkeit einen hohen Wert haben. In Japan steht das Kollektiv, wie der Staat, die Institutionen oder die Familie, im Mittelpunkt. Deshalb geht es meist nicht um das individuelle Menschsein zwischen Mensch und Mensch, sondern um das Menschsein zwischen dem Menschen und dem Kollektiv, zu dem der Einzelne gehört. So sieht es auch Tetsurō Watsuji (1889–1960), ein Philosoph der Kyōto-Schule, der den Individualismus des Westens kritisiert und die Meinung vertreten hat, dass der Mensch seinem Wesen nach von der Gemeinschaft abhängig sei.[2] Wir müssen festhalten, dass angesichts des Erstarkens des Nationalismus in dieser weit verbreiteten Philosophie von Watsuji die Gefahr liegt, jedes Individuum im Kollektiv aufgehen zu lassen. Dies war zu Beginn des 20. Jahrhunderts ein gefährlicher Denkansatz, der vom japanischen Kolonialismus missbraucht wurde.

Für die Japaner, die sich einen transzendenten Schöpfergott nicht vorstellen können, haben zwischenmenschliche Beziehungen die Bedeutung einer absoluten Größe. Dieser Glorifizierung der zwischenmenschlichen Beziehungen, die keineswegs als ein rationalistisch gedachtes Verhältnis von *do ut des* zu verstehen sind, liegt die tiefe Einsicht in die Notwendigkeit gegenseitiger Dankbarkeit zugrunde, sodass eine Existenz ohne die anderen undenkbar ist. Das Menschenbild der Anhänger der Watsuji-Philosophie[3] ordnet die menschliche Existenz (*ningen*) im „Zwischen" von Mensch zu Mensch ein, sodass die Japaner diese Beziehung als einen Bestandteil des eigenen Selbst auffassen. Nach Bin Kimura, Philosoph und Psychiater, ist dieses „Zwischen" von Mensch zu Mensch ein Etwas oder ein Ort, „aus dem Ich und Nicht-Ich, Ich und Du, Individuum und Individuum entstehen und hervorgehen", wobei er die berühmten Worte von Kitarō Nishida, dem Gründer der Philosophie der Kyōto-Schule, anführt: „Wenn Welt sich findet, findet sich unser Selbst. Wenn unser Selbst sich findet, findet sich Welt."[4] Dieses „Zwischen" von Mensch zu Mensch bei Kimura ist zwar nicht nur ein den Menschen mit dem Menschen verbindendes Prinzip, sondern auch ein sich differenzie-

---

2 Vgl. Tetsurō Watsuji, *Rinrigaku Jō*, in: Watsuji Tetsurō Zenshū, Bd. 10, Tōkyō 1962, 142ff.

3 Vgl. Bin Kimura, Zwischen Mensch und Mensch. Strukturen japanischer Subjektivität, Darmstadt 1995; Eshun Hamaguchi, Nihon-gata Shinrai-shakai no Fukken, Tōkyō 1996.

4 Kimura 1995 (wie Anm. 3), 16f.

rendes Prinzip, das die Individualität im europäischen Sinne zustande bringt. Aber in Japan entwickelte sich kaum das Verständnis vom Menschen als einem selbständigen, vom Anderen differenzierten Subjekt mit Autonomie und freiem Willen, wie es im Westen der Fall ist.

Die Auffassung vom Menschen in und mit Beziehung als einem Bestandteil des eigenen Selbst ist auch im heutigen Japan dominierend. Nach Eshun Hamaguchi besitzen die Japaner insofern eine kontextuelle Existenz, als sie im Kontext mit den anderen ihre Existenz finden. Diese Kontextualität der Japaner ist in etwa so zu formulieren, wie es in einem mystischen Erlebnis vorkommt: Ich bin in dir, du bist in mir.[5]

So meinen Hamaguchi und viele gleichgesinnte japanische Philosophen, dass die Japaner ihre Tätigkeiten aktiv und subjektiv ausüben und nie ihre Individualität im Kollektiv verschwinden lassen würden. Sie wirkten vielmehr aktiv, subjektiv und individuell in ihrer Gesellschaft, in der diejenigen angesehener seien, die mehr Beziehungen besitzen, als diejenigen, die Qualifikationen und Fähigkeiten aufweisen. Wenn sich zwei einander fremde Japaner treffen und ein Gespräch führen, suchen sie bewusst oder unbewusst nach einer gemeinsamen Bekanntschaft. Finden sie eine(n) gemeinsame(n) Bekannte(n) oder mehrere, fühlen sie sich besser vom anderen verstanden. So gilt die gerade geschaffene Beziehung der beiden durch ihre gemeinsame Kontextualität als gesichert und damit als stabil.

Das verbindende Prinzip der Harmonie und der zwischenmenschlichen Beziehungen trägt zweifelsohne zum Entstehen des Zusammengehörigkeitsgefühls der Japaner bei, das in einer homogenen Gesellschaft von großer Bedeutung ist. Wie oben erwähnt, bringt dieses Prinzip grundsätzlich kein Häresie-Problem hervor, sodass es eine Ursache der religiösen Toleranz zu sein scheint. Zur Kehrseite des so geschaffenen Zusammengehörigkeitsgefühls gehört die krasse Unterscheidung von „Wir" und den „Anderen". Die Gesellschaft, die als homogen verstanden wird, hat prinzipiell einen exklusiven Charakter. Wer für den Staat etwas Grundlegendes entscheidet und wer gehorchen muss, ist gleichsam a priori seit dem Erlass des *17-Artikel-Gesetzes* von Prinzregent Shōtoku bestimmt. Nach Menschenrechten und der Menschenwürde des Einzelnen wurde in der japanischen Geschichte kaum gefragt.

Die in Japan oft vertretene Meinung, dass die Japaner wegen der zwischenmenschlichen Beziehungen und der Harmonie kein Konzept der Menschenrechte sowie der Menschenwürde bräuchten, übersieht das

---

5 Vgl. Hamaguchi 1996 (wie Anm. 3), 132f.

Problem, welche Schwierigkeiten die Fremden, die diskriminierten Bevölkerungsschichten und die sozial Schwachen in der japanischen Gesellschaft haben. Die politische Spannung zwischen Japan und den anderen asiatischen Ländern, die zumeist Opfer des japanischen Kolonialismus gewesen sind, beruht zudem auf der fehlenden Einsicht der Japaner im Hinblick auf ihre eigene Geschichte im asiatischen Kontext und ihre gewalttätige Kriegsführung; die Japaner sind nämlich nicht daran gewöhnt, die Rechte und die Würde der anderen in ihre Überlegungen einzubeziehen. So müssen wir feststellen, dass die Konzepte der zwischenmenschlichen Beziehungen und der Harmonie nur begrenzt funktionieren. Aber Beziehung und Harmonie sind markante und beliebte Schlüsselbegriffe für die japanischen Religionen sowie für das Japanertum, das in Analogie zum Judentum verstanden werden kann. Würden die Defizite dieser beiden Begriffe von den Japanern bewusst überwunden, könnten sie sich sicherlich auch im christlichen Kontext artikulieren. Das wäre ein neuer Versuch der Inkulturation und zugleich eine gute Botschaft aus der japanischen Religionswelt.

Wie lassen sich die Konzepte der zwischenmenschlichen Beziehungen und der Harmonie, die eine exklusive und homogene Gesellschaft zustande gebracht haben, in der Theologie anwenden?

„Und das Wort ist Fleisch geworden und hat unter uns gewohnt“ (Joh 1,14). In der neuen Bearbeitung der japanischen Einheitsübersetzung von 1987 wird diese Stelle statt mit „unter uns“ mit „zwischen uns“ übersetzt. Die Japaner lokalisieren das inkarnierte Wort im „Zwischen“ von Mensch und Mensch, das sie allgemein als ein sakrales „Etwas“[6] oder einen sakralen „Ort“ verstehen. Wenn man diese und die anschließende Stelle im Kontext der Kenosis (Phil 2,6ff.) liest, entäußerte sich Christus und wurde wie ein Sklave und den Menschen gleich, um den Menschen die Heilsbotschaft Gottes zu vermitteln. Der Sohn Gottes ist also Mensch geworden, um mit den Menschen im Bezugsrahmen der menschlichen Existenzweise und des menschlichen Denkens zu kommunizieren. So erschließt Gott seinen Heilsplan durch seinen Sohn mit dem Postulat der Gegenseitigkeit der Liebesbeziehung zwischen Gott und Mensch sowie zwischen Mensch und Mensch und der Gegenseitigkeit der personalen Gemeinschaft. In

---

6 Buddhisten ziehen den Ausdruck „Etwas“ vor, um einen sakralen Ort zu bezeichnen. Ein bekanntes Gedicht des Wandermönchs Saigyō (1118–1190) bringt die eigentümliche Frömmigkeit gut zum Ausdruck. Als er im heiligen Wald des Ise-Schreins, des Schreins für die kaiserliche Ahnengottheit, steht, sagt er: „Was für ein erlauchtes Etwas hier verehrt wird, weiß ich nicht, aber aus Ehrfurcht vor dem Geheimnis des Schreins stürzen mir einfach die Tränen aus den Augen.“

Bezug auf die personale Gegenseitigkeit in Beziehungen dürfte man wohl die Inkarnation nicht nur als Menschwerdung auffassen, sondern ebenso als „zwischen" den Menschen eingeordnete menschliche Existenz, wie man es, der japanischen Denkweise angepasst, ausdrücken könnte. Der japanische Theologe Nozomu Miyahira versucht in seiner Dissertation[7] die traditionelle Relationalität der japanischen Religiosität in die Lehre von der Trinität einzugliedern, indem er sich mit verschiedenen Trinitätstheologien von den kappadokischen Kirchenvätern bis zu zeitgenössischen Theologen wie Jürgen Moltmann auseinandersetzt. Durch seine auf Details eingehende geschichtliche Erforschung der Trinitätstheologie zeigt er auf, dass Gott in der Beziehung der Trinität (Dreiheit) zugleich auf das „Zwischen" vom Vater zum Sohn und das „Zwischen" vom Heiligen Geist zum Vater und Sohn angewiesen ist, weil jedes „Zwischen" das Personsein der anderen Personen hervorbringt.[8] So erweist sich Gott als Beziehung der Partizipation an jeder seiner Personen. Die Menschen mit und in Beziehung, zwischen denen das fleischgewordene Wort wohnt, sind also eine Widerspiegelung des „Zwischen", das Gott in seiner inneren Struktur der Dreiheit wesentlich zukommt. So konzipiert Miyahira in Anknüpfung an die Tradition der Trinitätstheologie die Theologie der Harmonie (*concordia*) im dreifachen Selbstsein Gottes, zwischen Gott und Mensch und zwischen den Menschen. Das ist wohl ein gelungenes Beispiel für den Versuch einer Inkulturation der Theologie im japanischen Kontext.

In diesem Zusammenhang ist die Feministische Theologie der Beziehung interessant, die vor allem von feministischen Befreiungstheologinnen wie Carter Heyward, Rosemary Radford Ruether, Elisabeth Schüssler Fiorenza, Dorothee Sölle, Catharina Halkes, Elisabeth Moltmann-Wendel und Luise Schottroff vertreten wird. Es geht ihnen allen um die Gerechtigkeit, die gerechte Beziehung, die auf Gleichheit beruht und wechselseitige Abhängigkeit ausdrückt. Carter Heyward stützt sich auf den Personalismus von Martin Buber:

„Beziehung ist Gegenseitigkeit …
Unerforschlich einbegriffen
leben wir in der strömenden All-Gegenseitigkeit.
… Doch der unmittelbar Hassende

---

7 Seine in Englisch verfasste Dissertation ist zunächst in japanischer Übersetzung erschienen: *Kami no Wa no Shingaku e mukete* (Die Theologie der Harmonie in Gott), Tōkyō 1997. In Bezug auf unser Thema ist noch sein Aufsatz zu nennen: *A Japanese Perspective on the Trinity*, in: Themelios 22 (1997) 2, 39–51.

8 Vgl. Miyahira 1997 (wie Anm. 7), 131.

ist der Beziehung näher als der Lieb- und Hasslose …
Im Anfang ist die Beziehung."[9]

Carter Heyward zieht aus Bubers Personalismus eine feministische Konsequenz, „dass nämlich die Beziehung zwischen Menschen nicht eine Zutat zur Substanz, nicht eine bloße je und dann aktualisierte Möglichkeit sei, sondern die ‚arche', der Ursprung, das ‚im Anfang', das Buber der Schöpfungsgeschichte nachspricht und Carter Heyward dem Prolog des Johannesevangeliums".[10] Nach ihr ist die Erfahrung der Beziehung für den Menschen fundamental und grundlegend, sie ist gut und machtvoll, und nur innerhalb dieser Erfahrung kann man erkennen, dass die Macht in der Beziehung Gott ist.[11] Diese Erkenntnis liegt dem japanischen Relationalitätsgedanken zugrunde. Für Carter Heyward ist diese Beziehung, in der sich göttliche Macht manifestiert, durch Gegenseitigkeit charakterisiert. Ebenso sieht sie die Erlösung, sowohl der Menschen als auch Gottes, in der gegenseitigen Beziehung vollzogen. An der Jesusgeschichte zeigt sie im Gegensatz zur sonst betonten hierarchischen Beziehung die Macht der Gegenseitigkeit, in der Gott gegenwärtig ist und die Menschen zu erlösender Aktivität befreit sind.[12]

Rosemary Radford Ruether spricht von einer ursprünglichen Harmonie, von einem Symbol für den guten, authentischen Urgrund, auf dem die feministische Spiritualität ruht.[13] Die Dualismen wie Yin und Yang, das Weibliche und das Männliche, Geist und Fleisch, Mensch und Natur, die Natur und das Göttliche, die durch die patriarchalische Denkweise der Dichotomie hervorgebracht worden sind, gehörten eigentlich zusammen und seien Bestandteile dieser ursprünglichen Harmonie, wie sie richtig feststellt. Ruether artikuliert den Bruch der ursprünglichen Harmonie des Seins und das, was traditionell „Sünde" genannt wird: „Die gebrochenen Beziehungen zwischen Mensch und Mensch, Mensch und Gott, Mensch und Natur sind nicht einfach eine falsche Sicht der Dinge, sondern eine reale Störung, die zwischen der Wirklichkeit des menschlichen Miteinander und dem schöpferischen Urgrund steht."[14] Daran knüpft sie das moralische Postulat, dass wir alle für das Böse verantwortlich sind, das aus

---

9 Zitat nach Carter Heyward, *Und sie rührte sein Kleid an. Eine feministische Theologie der Beziehung*, Stuttgart [4]1992, 43.

10 Dorothee Sölle, *Einleitung*, in: Heyward [4]1992, (wie Anm. 9), 11.

11 Vgl. Heyward [4]1992 (wie Anm. 9), 43f.

12 Ebd., 52ff.

13 Vgl. Sölle, *Einleitung* in: Heyward [4]1992, (wie Anm. 9), 8.

14 Ebd., 9.

gestörten, zerbrochenen Beziehungen entsteht, deren tiefere Ursache ein vereinseitigtes männliches Denken und patriarchale Herrschaft sind. Gleichheit und Gegenseitigkeit, Autonomie und Beziehung sind für diese feministischen Befreiungstheologinnen die Schlüsselworte, um das Menschsein in seiner Ganzheit, in der ursprünglichen Harmonie und in seinem Eingebundensein in das Universum zu sehen.

Die Japaner verstehen ebenso wie diese feministischen Befreiungstheologinnen unter Menschen beziehungsfähige und auf Beziehung angewiesene Wesen. Aber in Japan wird das Anderssein, das im „Zwischen" eigentlich inbegriffen ist, durch das Streben nach Harmonie häufig überlagert. Diejenigen, die gleichgesinnt sind, bleiben in Harmonie zusammen, aber diejenigen, die anders gesinnt sind, werden entweder zur Harmonie mit der Majorität gezwungen oder ausgeschlossen. Die Japaner müssen deshalb erst lernen, die Anderen genauso wie sich selbst zu respektieren und zu lieben.

„Viele aber, die jetzt die Ersten sind, werden dann die Letzten sein, und die Letzten werden die Ersten sein" (Mt 19,30). Diese Worte Jesu sind innovativ, ja sogar revolutionär für die homogene Gesellschaft Japans, wo die vertikal strukturierte Rangordnung vorherrscht. Das Konzept einer Gemeinschaft des Geistes lautet in Phil 2,3–4: „[…] dass ihr nichts aus Ehrgeiz und nichts aus Prahlerei tut. Sondern in Demut schätze einer den andern höher ein als sich selbst. Jeder achte nicht nur auf das eigene Wohl, sondern auch auf das der anderen." Dieses Konzept bietet wohl die Möglichkeit, die drei Personen Gottes in den Beziehungen der gegenseitigen Abhängigkeit in Gleichheit zu sehen und darin zugleich ein zukunftsweisendes Modell und eine Herausforderung für die japanische Gesellschaft, die von jeher durch eine große Bedeutung der zwischenmenschlichen Beziehungen und der Harmonie charakterisiert ist.

I. Multireligiosität als Kontext zum Verstehen der japanischen Denkweise

1. *Die Koexistenz der Religionen und die Rolle des Christentums*

2018 lebten in Japan etwa 1 920 000 Christen verschiedener Konfessionen[15]; diese Zahl betrug etwas mehr als 1,1 Prozent derjenigen, die einer Religionsgemeinschaft angehörten. Im Vergleich zu anderen asiatischen Ländern wie Korea oder den Philippinen bilden die Christen in Japan also eine verschwindende Minderheit. Warum ist das Christentum in Japan nicht fester verwurzelt? Ist die geistige und emotionale Disposition der Japaner wesentlich anders und nicht vereinbar mit dem Christentum? Oder wird das Christentum in Japan nur missverstanden? Sollte man in diesem Fall nicht besser fragen, ob die Zahl der Getauften überhaupt für die „Evangelisierung" in einem authentischen Sinne relevant ist?

Auch in Europa verändern sich die Spiritualität und die Mentalität der Menschen, sodass sie das Christentum nicht unbedingt als die einzige Heilsmöglichkeit betrachten. Konfessions- und Religionswechsel sind im 21. Jahrhundert nicht mehr selten. Angesichts dieser überall sich herausbildenden religiösen Pluralität sollte man wohl die Spiritualität der Japaner nicht unbedingt für unvereinbar mit dem Christentum halten. Man sollte vielmehr beachten, dass das Christentum in der Vergangenheit auf die religiöse Welt, das Kulturverständnis und das Bildungswesen Japans, und sei es auch nur in indirekter Weise, einen starken Einfluss ausgeübt hat, dass die Zahl der Christen zwar immer noch gering ist, aber trotz der heutigen Krise der Religiosität stabil bleibt und dass das Christentum seit dem 19. Jahrhundert wieder als Religion in Japan etabliert ist.

In unserer Vorlesungsreihe möchten wir uns vor allem mit den Fragen auseinandersetzen, auf welche Art und Weise die Japaner Fremdreligio-

---

15 Vgl. Bunkachō – Agentur für religiöse Angelegenheiten (Hg.), *Shūkyō Nenkan* (Religiöses Jahrbuch), Tōkyō 2018, 35, 49. Es ist wichtig darauf hinzuweisen, dass hier nicht von der Gesamtbevölkerung die Rede ist, sondern von der Zahl der Religionsangehörigen. Die Gesamtbevölkerung Japans beträgt gegenwärtig etwa 120 000 000, aber die Zahl der Angehörigen verschiedener Religionen 181 164 731. Die Japaner bekennen sich nämlich manchmal zu mehreren Religionen gleichzeitig.

nen in ihre ursprüngliche Religionswelt integriert haben, welche Bedeutung das Christentum für die japanische Religiosität und für die Ethik hat und welchen Beitrag Religion überhaupt in der „gottlosen" Gesellschaft der Moderne leisten kann oder ob Religionen gar ein Hindernis auf dem Weg zu einem globalen Frieden darstellen.

Bevor wir zum Thema der Lebensmitte der japanischen Religionen kommen, schicken wir einiges zum Verständnis des besonderen Charakters der Religiosität und der Ethik der Japaner voraus.

1.1 Besonderheiten der japanischen Religiosität

Die autochthone Religion Japans ist der Shintō. Mit dem lebensfreudigen Shintō haben wir in der japanischen Religionsgeschichte das wohl einzige Beispiel dafür, dass sich eine Volksreligion, die anderswo meist untergegangen ist, bis heute erhalten hat, obwohl eine universale Religion wie der Buddhismus seit mehr als 14 Jahrhunderten an ihrer Seite steht und das Leben des Volkes entscheidend beeinflusst hat. In Europa ist eine Vielzahl archaischer Volkskulturen und Volksreligionen vom Christentum, in Arabien vom Islam, in Indien auf einer bestimmten Stufe vom Buddhismus abgelöst worden. Dagegen kennt man in Japan das Entweder-oder im religiösen Leben nicht, sondern den Pluralismus einer gegenseitigen Beeinflussung mit einer gewissen Rollenverteilung unter den Religionen. Das japanische Volk schöpft hauptsächlich aus dem Shintō eine religiöse Deutung der diesseitigen Erscheinungen und Lebensbedürfnisse, aber auch seine nationale Weltanschauung; es findet ethische Vorgaben für die zwischenmenschlichen Beziehungen im Konfuzianismus und im Buddhismus Inspiration für die individuelle Spiritualität.

Jedenfalls ließ man hier von jeher jeder Religion eine bestimmte Rolle und Bedeutung zukommen. Somit handelt es sich bei der japanischen Religiosität um einen Inklusivismus. Man trifft in Japan nicht selten ein kleines Shintō-Heiligtum in einer großen buddhistischen Tempelanlage (z. B. im Yakushiji) oder umgekehrt einen buddhistischen Tempel in einem großen Shintō-Schrein (z. B. im Tōshōgu in Nikkō) an, da man jeweils einer anderen Religion eine Schutzfunktion für das eigentliche Heiligtum zugeschrieben hat.

Anders ausgedrückt: Universalreligionen wie der Buddhismus und der Konfuzianismus wurden in das Gemeinschaftsprinzip des japanischen Volkes integriert. So hat im 7. Jahrhundert das vom ersten Buddhismus-Förderer, dem Prinzregenten Shōtoku, verkündete Ethos der Harmonie (jap. *wa*), basierend auf dem mahāyāna-buddhistischen Zentralbegriff des Mitleidens sowie der konfuzianischen Moral, das japanische Gemeinschaftsbewusstsein mitgeprägt. Unter dem Prinzip der Harmonie wurde so in Japan eine Gesellschaft geschaffen, die den Tennō (Kaiser) als Mitte des Volkskörpers gesehen hat und zum großen Teil auch noch sieht. Diese Gesellschaft hat ihr Bewusstsein nationaler Zusammengehörigkeit unverändert bis in die Gegenwart bewahrt, aber dieses Bewusstsein wurde im Zuge der Modernisierung durch eine illusorische Ideologie verstärkt. Weil sich Japan in der Auseinandersetzung mit den mächtigen europäischen Ländern rasch kulturell und technisch am westlichen Modell orientieren musste, verstand es sich umso mehr als Familien-Staat eines quasi blutsverwandten Volkes. Dieser Ideologie liegt die shintōistische Mythologie zugrunde, nach der alle Japaner seit dem Anfang der Geschichte des Landes mit dem Tennō verwandt und somit göttlichen Ursprungs sind.

Hier haben wir es mit dem Begriff des als religiöses Kollektiv aus einem Volk und einer Nation verstandenen „Japanertums" (*nippon-kyō*) zu tun, das als Analogie zum Judentum verstanden werden kann, wie Isaiah Ben-Dasan ausgeführt hat.[16] Die ideelle Grundlage des Japanertums, das im Unterschied zum Judentum kein absolutes, transzendentes Sein Gottes voraussetzt, bilden die in Japan etablierten Religionen, nämlich der Shintō, der Buddhismus und der Konfuzianismus. Nach Auffassung dieser Religionen ist die letzte Wahrheit in allem Seienden in ihrem So-Sein zu erkennen, also im Mond in seinem Sein als Mond; Analoges gilt für Berge, Tiere, Blumen, mächtige Personen wie den Tennō, aber auch für die Vergänglichkeit der Naturphänomene oder den Wind.

Im Folgenden versuchen wir, die religiöse Gedankenwelt des „Japanertums" zu analysieren, um eine Grundlage für interreligiöse und interkulturelle Dialoge zu schaffen. Und wir hoffen, in der Reflexion über die Geschichte des Christentums in Japan einige charakteristische Aspekte der Theologie im japanischen Kontext zu entdecken.

---

16 Vgl. *Nihonjin to Yudayajin*, Tōkyō 1970; engl.: *The Japanese and the Jews*, New York 1972.

1.2 Lebensmitte und Funktion der japanischen Religionen

1.2.1 *Der Shintō – die ursprüngliche oder autochthone Religion und ihre Rolle*

2018 haben sich 47,6 Prozent aller Japaner, die einer Religionsgemeinschaft angehören, als Anhänger des Shintō bezeichnet[17], wobei man bedenken muss, dass sich ein großer Teil der Japaner gleichzeitig zu zwei oder sogar drei anderen Religionen bekennt, sodass die Gesamtzahl der Gläubigen der verschiedenen Religionen fast 1,5 Prozent größer ist als die der Bevölkerung Japans.

Diese ursprüngliche Religion, der Shintō, beinhaltet animistisch geprägte Glaubensvorstellungen und Kultpraktiken und einen entsprechenden Lebensstil. Shintō bedeutet wörtlich *kamu nagarano michi*, „Weg der Gottheiten", der gewissermaßen vor der Übernahme des Buddhismus als Lebensprinzip des japanischen Volkes galt und heute noch gilt. Im Laufe der Geschichte hat sich der Shintō ständig mit dem Buddhismus, dem Taoismus, dem Konfuzianismus und dem Christentum auseinandergesetzt und wurde von diesen beeinflusst. Der Shintō ist heute noch im Volksglauben vertreten, in regional unterschiedlicher und lose strukturierter Form; bisweilen wird er auch als Staatsreligion oder legalistische Sekte angesehen.

Die für den Shintō charakteristische Natur-, Seelen- und Ahnenverehrung gründet auf mythologischen Vorstellungen, die fast vollständig in den beiden ältesten Geschichtswerken, dem *Kojiki* aus dem Jahr 712 und dem *Nihongi* aus dem Jahr 720, enthalten sind. Die *Kami*, also die Gottheiten im Himmel und auf der Erde, die darin dargestellt sind, werden im Shintō-Schrein verehrt. Darunter werden alle Wesen verstanden, z. B. Menschen, Tiere, Bäume, Gräser, Meer und Berge, die etwas Ungewöhnliches, Ehrfurchterregendes im positiven wie auch im negativen Sinne an sich haben. Sie haben keinesfalls einen absoluten, allwissenden und allmächtigen Charakter im christlichen Sinne.

Der Shintō war nicht an Spekulationen über den Anfang des Seins interessiert, sodass seine Mythen lediglich die Entstehung der ersten Gottheiten bezeugen, die aus dem Himmelsgefilde durch dessen immanente Lebenskraft hervorgebracht worden sein sollen. Unter den ins Dasein tretenden Gottheiten befindet sich ein Urgötterpaar (Izanagi und Izanami). Dieses Paar zeugte und gebar alle Dinge der Welt, das große

[17] Vgl. Anm. 15.

Achtinselland Japan und verschiedene Gottheiten bis hin zum Feuergott, bei dessen Geburt die Göttin Izanami starb. Nach modernem shintōistischem Verständnis wird daher die Welt, also Japan, als „Fleisch und Blut der *Kami*", als Kind des göttlichen Urpaars, aufgefasst, worauf die Vorstellung basiert, dass Japan selbst *Kami* ist oder den *Kami* gleichgestellt ist. Für den Shintō sind die Grenzen zwischen den Gottheiten, der Welt und den Menschen durchaus fließend: Nach den Mythen stieg z. B. der Enkel der Sonnengöttin Amaterasu in ihrem Auftrag in die Mittlere Welt der Menschen (*Nakatsu-kuni*) herab und wurde Ahnherr der Kaiserlichen Familie (Tennō).

Die Eigenschaften und Typen der *Kami* (Gottheiten) lassen sich folgendermaßen charakterisieren:

1. *Kami* als Inbegriff der Macht des Wachstums, der Fruchtbarkeit und der schöpferischen Kraft: Diese sind in den Mythen als *Musubi*-Gottheiten, d. h. als zeugende und gebärende Gottheiten konkretisiert, die traditionell im kaiserlichen Palast und auch als Ahnengottheiten vieler angesehener Sippen verehrt werden.
2. *Kami* als Inbegriff der Naturphänomene: Von alters her wird sowohl in literarischen als auch in philosophischen Schriften die Urerfahrung der Japaner beschrieben, dass Natur und Mensch von der gleichen spirituellen Macht ins Leben gerufen worden sind.
3. Als *Kami* verehrte Menschen: Erstens wird die Seele jedes Verstorbenen nach einer bestimmten Zeit in einen *Kami* transformiert und im Rahmen des Ahnenkultes verehrt. Zweitens sollen die Seelen derjenigen, die in ihrem Leben durch das Unrecht ihrer Untertanen oder ihrer Mitmenschen schweres Leid erfahren haben, durch ihre Verehrung als *Kami* besänftigt und versöhnt werden. Als dritte Kategorie vergöttlichter Menschen sind charismatische sowie besonders mächtige Menschen (Tennō, Helden, Politiker und Gelehrte) zu nennen. Die Kriegsgefallenen, die im Yasukuni-Schrein als Staatshelden verehrt werden, sind in diese Kategorie einzuordnen. Dass auch die Kriegsverbrecher des letzten Weltkriegs inzwischen dort zu finden sind, ist ein politischer Missbrauch des Shintō, der die außenpolitischen Beziehungen zu den Nachbarländern belastet.

Obwohl die Welt auch vom Bösen erfüllt ist, bejaht der Shintō das So-Sein der Welt und versteht ihr Wesen als eine schaffende und sich entwickelnde Kraft. Die Menschen werden in den Mythen als „grüne Menschenkräuter" (*Aohitogusa*) bezeichnet. Ob man sich die Entstehung der Menschheit so vorgestellt hat, dass die Menschen wie Kräuter aus der

Erde gewachsen sind oder dass sie zusammen mit dem Land Japan vom göttlichen Urpaar gezeugt und geboren wurden, bleibt offen. Hierbei ist es wichtig zu beachten, dass die beiden mythologischen Geschichtswerke *Kojiki* und *Nihongi* die Blutsverwandtschaft zwischen den *Kami* und den einzelnen Sippen betonen. Die blutsverwandte Beziehung der Menschen zu den *Kami* ist außerdem im Standesregister der Adelsgeschlechter *Shinsen Shōjiroku* (30 Bände) aus dem Jahr 815 erneut konstatiert worden. So werden der Tennō und die Hauptpersonen in verschiedenen Gemeinschaften als Eltern bezeichnet und das Volk und die Mitglieder der Gemeinschaften als Kinder. Daraus erklärt sich, warum ein Amt wie das des Tennō, des Priesters oder sonstige Ämter in der Gesellschaft in Japan grundsätzlich erblich sind, sei es auch nur in Form der Quasi-Blutsverwandtschaft.

Anschließend wollen wir noch auf die Ethik des Shintō hinweisen. Im Christentum wird das Unheil als Gottesferne erfahren. Somit ist die grundlegende Umkehr des einzelnen Menschen, also der Glaube, für die Wiederherstellung der Gottesbeziehung notwendig. Hingegen ist im Shintō das Heil von Anfang an kollektiv gegeben, sodass es nur um die Erhaltung dieses Zustands geht. Im Unterschied zur chinesischen Ethik war und ist hier die höchste Pflicht des Einzelnen neben der Familienpietät seine Treue zum vom Tennō gelenkten Staat. Im Verständnis des universalen Christentums ist der Einzelne Subjekt der Religion, das sich mit seiner eigenen religiösen Problematik seiner selbst bewusst geworden ist und sich in einer persönlichen Situation des Heils oder des Unheils befindet. Hingegen gründet der volksreligiöse Shintō im Kollektiv. Der Einzelne ist hier nur Teil einer Gemeinschaft, durch die er lebt und an deren Leben und Heil er Anteil hat.

Wegen des Selbstverständnisses des japanischen Volkes als Familie hat der Shintō keine Individualethik entwickelt, wie sie etwa einem transzendenten personalen Gott gegenüber konzipiert wird. Dafür hat sich eine Gemeinschaftsethik der zwischenmenschlichen Beziehungen entwickelt, nach der das Ideal des Guten und des Wahren in der Wechselbeziehung zwischen dem Selbst und den Anderen zu verwirklichen ist, wobei das aus dem Buddhismus und dem Konfuzianismus stammende Ethos der „Harmonie“ eine Rolle spielt. Angesichts der Globalisierung von Politik, Wirtschaft und Bioethik befindet sich der Shintō heute in einem Dilemma zwischen seinem traditionellen Kollektiv-Sein und dem modernen Autonom-Sein.

Zusammenfassend lässt sich die Lebensmitte des Shintō also mit Gustav Mensching als „sakrale Staats- und Familiengemeinschaft“[18] beschreiben. Da das individuelle Heil von dieser sakralen Gemeinschaft abhängt, kommt auch die Individualethik, die im Christentum besonders ausgeprägt ist, im Shintō nicht zum Zuge, sondern allein die Gemeinschaftsethik.

1.2.2 Der Buddhismus – seine japanische Version und seine Rolle

Gegenwärtig beträgt in Japan der Anteil der Buddhisten ähnlich wie derjenige der Shintōisten etwa 47,1 Prozent der Menschen, die sich zu einer Religion bekennen.[19] Der Buddhismus in der Tradition des Mahāyāna-Buddhismus mit seinem universalen Heilsangebot kam offiziell im Jahr 538 (oder 552) von Korea nach Japan und beeinflusste zusammen mit dem Shintō und dem Konfuzianismus die japanische Kultur. Diese Form des Buddhismus hat im Lauf der Zeit stark japanische Züge angenommen. Einerseits ist der Buddhismus dem naiven, lebensfreudigen Shintō in Bezug auf philosophische und religiöse Einsichten überlegen, sodass er mit Recht als Religion der Japaner bezeichnet wird, andererseits passte er sich vorzüglich der jeweiligen politisch-sozialen Ordnung und der Mentalität der Japaner an, sodass er sich oft von der eigentlich religiösen Strenge weit entfernt hat. Die Relativierung aller diesseitigen Werte, das Gebot der Heimatlosigkeit sowie der Verzicht auf Sexualität werden im Unterschied zu Indien, China oder Korea nicht einmal für das Mönchtum vorausgesetzt. Der japanische Buddhismus hat also einen besonderen Charakter.

1.2.2.1 Die Aufnahme des Buddhismus – von der Einführung bis zur Nara-Zeit (710–784)

Es gab anfänglich Widerstand in aristokratischen Familien, die den Buddha nur als *Kami* und als weiteren Träger magischer Kräfte akzeptieren wollten. Aber Prinzregent Shōtoku (574–622) förderte den Buddhismus und nutzte ihn auch politisch, um sein Ziel der Zentralisierung des Landes zu verwirklichen, die in dem von ihm erlassenen *17-Artikel-Gesetz* zum Ausdruck gebracht wird. Im 1. Artikel heißt es: „Das Beste für das Land ist die Harmonie (*wa*).“ Diese ist im Mahāyāna-Buddhismus ursprünglich

---

[18] Gustav Mensching, *Die Religion. Erscheinungsformen, Strukturtypen und Lebensgesetze*, Stuttgart 1959, 46.

[19] Vgl. Anm. 15.

ein alle Menschen verbindendes Prinzip, aber für Shōtoku ist die Harmonie in zwischenmenschlichen Beziehungen das Prinzip einer als absolutistisch verstandenen Einheit des Landes.[20] Tennō Shōmu ließ ab 741 mit staatlichen Mitteln buddhistische Tempel (*Kokubuji*) in allen Gegenden des Landes errichten. Dazu wurde ein Gesetz für Mönche und Nonnen (*Sōniryo*) erlassen, das forderte, dass diese für das Heil des Landes beteten. Der Buddhismus der Nara-Zeit hatte somit sowohl einen wissenschaftlichen, die Lehre betreffenden, als auch einen das Land beschützenden Charakter. Ursprünglich sollten die nach dem Heil Strebenden ohne Besitz und Heimat leben, aber in Japan musste ein Mönch, der traditionell als Bettelmönch leben wollte, um offizielle Erlaubnis bei der zuständigen Behörde bitten. Diesem Charakter des japanisierten Buddhismus entsprechend wurde auch die Heirat von Priestern geduldet.

1.2.2.2 Die erneut gestärkte Schutzfunktion für das Land – die Heian-Zeit (794–1185)

So befand sich der Buddhismus einerseits in einer gewissen Unabhängigkeit vom Staat, andererseits in einer Verstrickung in Machtkämpfe. Die wirtschaftlich und manchmal auch militärisch starken Tempel verbündeten sich mit Adelshäusern. Auch Mönche waren bewaffnet. Zu Beginn der Heian-Zeit verlegte Tennō Kammu die Hauptstadt von Nara nach Kyōto, wobei er versuchte, zum Schutz der neuen Hauptstadt einen neuen Buddhismus ins Leben zu rufen, um die Zuneigung des Volkes zu gewinnen.

Diese Periode war gekennzeichnet durch die beiden großen Richtungen des Tendai- und des Shingon-Buddhismus, die für das Land eine Schutzfunktion ausübten. Der Tendai-Mönch Saichō (767–822), der auf einer Studienreise in China den T'ien-t'ai-Buddhismus kennengelernt hatte, gründete 806 auf dem Hiei-Berg bei Kyōto die japanische Tendai-Denomination. Sie lehrt, dass allen Menschen zunächst in unvollkommenem Zustand die Buddha-Natur innewohnt. Durch die Praxis der Meditation kann der Mensch jedoch die volle Buddhaschaft erlangen. Die Tendai-Denomination ist ähnlich wie die Großkirche im Westen der Mutterboden, aus dem die reformierenden Denominationen wie der Zen- und der Amida-Buddhimus hervorgingen.

---

[20] Vgl. Haruko Okano, *Weiblichkeitssymbolik und Sexismus in alten und neuen Religionen Japans*, in: Elisabeth Gössmann (Hg.), Japan – ein Land der Frauen? München 1991, 121.

Die andere wichtige Denomination, die esoterische Shingon-Denomination, wurde von Kūkai (774–835) gegründet, der in China die tantristischen Geheimlehren kennengelernt hatte. Diese Denomination vertritt die monistische Auffassung, dass alles, was existiert, die Manifestation eines ewigen Urbuddha ist. 823 erhielt Kūkai von Tennō Saga den Osttempel (Tōji) in Kyōto zum Geschenk, den er zum Schutztempel des Tennō-Palastes machte. Außerdem errichtete Kūkai 834 direkt im kaiserlichen Palast die Kult- und Schulungshalle *Shingon-in*, wo er für den Frieden des Landes und eine reiche Ernte betete. So war Kūkai eng mit dem Tennōhaus und dem Land verbunden. Der Osttempel (Tōji), der für die staatsbewahrende Geheimlehre des Kūkai repräsentativ war, und der Tempel Kongōbuji auf dem Berg Kōya als Glaubenszentrum wurden später zum Ausgangspunkt für die weitere Entwicklung des Shingon. Es entstand also eine immer engere Verbindung zwischen den Hauptströmungen des Buddhismus und den Machthabern des Landes.

1.2.2.3 Die reformierenden Bewegungen des Buddhismus – die Kamakura-Zeit (1192–1333)

Diese Periode ist durch den Übergang der politischen Macht vom Tennō in die Hand des Militäradels in Kamakura und durch neue buddhistische Bewegungen charakterisiert. Ihr gemeinsames Ziel ist eine schlichte, jedem Laien unmittelbar zugängliche und tiefinnerliche Frömmigkeit.

Wir weisen hier nur auf die zwei wichtigsten Bewegungen hin. Bei der ersten, die das Heil aus „einer anderen Kraft“ betont (*Jōdo-mon*), handelt es sich um die beiden Amida-buddhistischen Gruppen, also die von Hōnen (1133–1212) gegründete Jōdo-Denomination und die von Shinran (1173–1262) gegründete Jōdo-Shin-Denomination. Beiden Lehren ist die Überzeugung gemeinsam, dass allein die Gnade des Amida-Buddha Erlösung ermöglicht und in das als Paradies vorgestellte Reine Land (*Jōdo*) führt. Der Glaube an diesen Amida-Buddha, der auf Grund der drei grundlegenden Mahāyāna-Sūtren, nämlich *Sukhāvatīvyūha/Muryōju-kyō*, *Amitāyurdhyāna-Sūtra/Amida-kyō* und *The Meditation on the Buddha of Infinite Life Sūtra/Kanmuryōju-kyō*, die abgesehen vom letzten Sūtra in den ersten beiden nachchristlichen Jahrhunderten entstanden sind, als Buddha des Erbarmens, also als Erlösergestalt verehrt wird, weist gewisse Parallelen zum Christentum auf. Da die Zeit von Hōnen nach der buddhistischen Zeitrechnung negativ als die letzte Phase der Weltverfallenheit gedeutet wurde, vertraute Hōnen ganz auf die Gnade des Amida-Buddha, derer man durch das Anrufen des Namens Amida („*Namu Amida Butsu*“) teilhaftig werden konnte bzw. kann.

Indem Shinran, der Gründer der Jōdo-Shin-Denomination, die Lehren von Hōnen tiefer erfasste und dahingehend deutete, dass kein eigenes Werk, sondern allein der Glaube an die Gnade des Buddha Erlösung bringen kann, ging er noch weiter in der Erkenntnis und lehrte, dass das Erlösungswerk des Amida bereits vollzogen sei, dass die Anrufung des Buddha-Namens nicht Voraussetzung für, sondern dankende Antwort auf die Gnade sei. Als wichtige Veränderung in Shinrans Lehre ist zu nennen, dass er das Mönchtum verwarf. Da es allein auf den Glauben ankomme, sei die Askese und somit das Mönchtum überflüssig. Die Jōdo-Shin-Denomination kennt also nur ein Weltpriestertum, d. h. der Priester ist nur Lehrer und Kultdiener und darf heiraten. Hier wird die Trennung von sakral und profan aufgehoben, indem das weltliche Leben dem Mönchsideal gleichgestellt wird oder dieses ersetzt, was eine erstaunliche Parallele zum Luthertum darstellt. Shinran sagt: „Nicht Mönch und Mönchin nur gefallen Buddha, auch Schmied und Zimmermann gehen ein zum Leben.“[21]

Auf die Vereinfachung und Verinnerlichung der Religion zielt die zweite Heilsrichtung, die den Heilsweg im Bemühen aus „eigener Kraft“ um Erleuchtung (*Satori*) sieht (*Shōdō-mon*). Das ist der aus China stammende Zen-Buddhismus, dessen Besonderheit vor allem darin liegt, dass der Versuch gemacht wird, ohne Dogmatik und ohne das rationale Mittel des logischen Denkens völlig unmittelbar „von Geist zu Geist“ zur Erleuchtung zu gelangen. Im Zen gibt es zwei Schulen: Rinzai und Sōtō. Das Rinzai-Zen von Eisai (1141–1214), bei dem Fragen und Antworten (*Kōan*) von Meister und Schüler als Mittel zur Erleuchtung eine Rolle spielen, fand vor allem in der hohen Samurai-Klasse und unter Adligen viele Anhänger. Dōgen (1200–1252), der das Sōtō-Zen gründete und sich an die Bauernschaft und den niederen Adel auf dem Lande wandte, befreite es von unnötigen Ritualen und betonte ausschließlich das meditierende Sitzen (*Shikan Taza*). Von dieser Zeit an spielte der Zen-Meister eine große Rolle als spiritueller Berater und Politiker für die Fürsten, die ständig Gefahr liefen, ihr Land und ihr Leben zu verlieren.

---

[21] Hans Haas, *Amida Buddha, unsere Zuflucht. Urkunden zum Verständnis des japanischen Sukhāvatī-Buddhismus* (Quellen der Religionsgeschichte 2), Göttingen 1910, 54. Gustav Mensching erörterte die Parallelen zwischen dem Gedankengut von Shinran und Luther in: Gustav Mensching, *Soziologie der großen Religionen*, Bonn 1966, 142.

1.2.2.4 Der Buddhismus als Quasi-Staatsreligion – die Tokugawa-Zeit (1600–1867)

Die Shōgunatsregierung versuchte, die Macht der das Feudalwesen bedrohenden Bewegungen an sich zu reißen, indem sie die religiösen Führer des Buddhismus damit beauftragte, den Glauben und das Handeln des Volkes zu kontrollieren und den Buddhismus so in gewissem Sinne zu institutionalisieren und zur Staatsreligion zu machen: Jede Familie war verpflichtet, sich in einem Tempel als gläubig registrieren zu lassen (*Danka Seido*: System der Tempelgemeinde), um zu beweisen, dass sie für die feudale Gesellschaft keine Gefahr – wie etwa das Christentum – darstellte. Außerdem wurden lokale Tempel bestimmten Haupttempeln untergeordnet, sodass der Inhalt der Religion unter staatlicher Kontrolle stand. Dadurch wurde die geistig-moralische Bedeutung des Buddhismus stark beschädigt. Seit dieser Zeit beschränkt sich die Funktion des Buddhismus in Japan gewöhnlich darauf, dass Beerdigungen meist nach buddhistischen Riten verlaufen.

1.2.2.5 Der Buddhismus in der säkularisierten Gesellschaft – von der Meiji-Restauration im Jahr 1868 bis zur Gegenwart

Die Meiji-Restauration (1868) nahm dem Buddhismus die staatlichen Privilegien, trennte den Buddhismus vom Shintō und wertete diesen zur „Staatsreligion" auf. Das obengenannte System der Tempelgemeinde wurde nun vom shintōistischen System der Schrein-Gemeinde abgelöst, sodass der Schrein gewissermaßen als Standesamt funktionierte, da jede Familie dort als gläubig registriert war. Der Buddhismus hätte eigentlich die Chance gehabt, sich endlich von der weltlichen Macht zu lösen, aber er tendierte zur Defensive.

Nach dem Zweiten Weltkrieg wurden die zwei Prinzipien der Freiheit der Religionsausübung und der Trennung von Staat und Religion ohne Religionsunterricht im Schulwesen umgesetzt. Dadurch kam eine für Europäer ungewöhnliche und schwer verständliche Situation in Bezug auf das religiöse Leben zum Vorschein: Viele Japaner sind in ihren alltäglichen Lebensanschauungen und bei den Hochzeitsritualen shintōistisch, in Bezug auf die Frage nach dem Sinn des Lebens aber buddhistisch und lassen sich nach buddhistischem Ritus bestatten, in Bezug auf die zwischenmenschlichen Beziehungen und die innerweltliche Ethik sind sie jedoch konfuzianisch und in Bezug auf eine westlich-moderne Erziehung vielfach christlich gesinnt. Manche lassen sich, ohne getauft zu sein, in einer christlichen Kirche trauen, was an bestimmte Voraussetzungen gebunden ist. Der übergreifende Begriff „Religion“ wurde erst im Zuge der Modernisierung eingeführt, sodass ein gewisses Chaos in unserem Verständnis des Begriffs herrschte und herrscht.

1.2.3 *Der Konfuzianismus*

Der Konfuzianismus, der chinesischen Ursprungs ist und nach Angaben japanischer Chroniken im 4. Jahrhundert n. Chr. von Korea nach Japan gelangte, ist in Japan nicht so sehr als Religion, sondern eher als Weltanschauung oder besser gesagt als eine in der Praxis angewandte Gesellschaftslehre rezipiert worden. In der japanischen Geschichte spielte und spielt der Konfuzianismus mit seiner Betonung der Loyalität gegenüber den Fürsten und der Pietät gegenüber den Eltern eine entscheidende Rolle als ein für die Herrschenden geeignetes politisch-soziales Regulativ. So fand sich der erste Ausdruck konfuzianischer Gedanken im ältesten Moralkodex, dem *17-Artikel-Gesetz*, das 604 von Prinzregent Shōtoku als Basis des entstehenden absolutistischen Staates verfasst wurde und für das japanische Staatswesen von großer Bedeutung war.

In der Tokugawa-Zeit vom 17. bis zum 19. Jahrhundert entfaltete sich der Konfuzianismus zu voller Blüte und wurde zur offiziellen Moral- und Staatsphilosophie. In dieser Zeit gab es drei Hauptströmungen des Konfuzianismus, deren Lehren jedoch mehr oder weniger eklektisch waren. Ihnen gemeinsam war die ablehnende Haltung dem Buddhismus sowie dem Christentum gegenüber, weil sie die Unvereinbarkeit dieser Religionen mit den Pflichten der Loyalität und der Pietät vermuteten. Gegen den Shintō hatten sie nichts einzuwenden, sodass dieser durch die konfuzianischen Lehren neu belebt wurde.

Die konfuzianischen Ideale der Loyalität und der Pietät beherrschten das Leben und wurden auch in vielen japanischen Dramen zum Thema. Wenn die Erfüllung der einen Pflicht nur durch eine Verletzung der anderen Pflicht möglich war, führte das zu einer tragischen Situation, und die einzige Lösung war dann, sich das Leben zu nehmen (*Harakiri*/*Seppuku*). Durch den Freitod leistete man Sühne für seine Schuld, aber er konnte auch die Unschuld eines Menschen beweisen. Bei einem Konflikt zwischen der Liebe zweier junger Leute und der Pflicht zum Gehorsam gegenüber den Eltern (Pietät) wurde oft ein Doppelselbstmord (*Shinjū*) vollzogen. Dadurch wurde die Schuld der Liebenden gegenüber der Familie gesühnt.[22]

---

[22] Vgl. Robert Schinzinger, *Japanisches Denken. Der weltanschauliche Hintergrund des heutigen Japan* (OAG-Reihe Japan modern 5), Berlin 1983, 31.

Für alle Stände des Volkes galten die konfuzianischen Regeln für die fünf grundlegenden menschlichen Beziehungen: nämlich zwischen Untertan und Herrscher, Kindern und Eltern, jüngeren und älteren Geschwistern, Frau und Mann, Freund und Freund. So legitimierte der Konfuzianismus auch die Unterordnung der Frau gegenüber dem Mann.

Von den drei konfuzianischen sozialen Pflichten – in der ursprünglichen Reihenfolge: Pietät (*kō*), Loyalität (*chū*) und Diszipliniertheit (*rei*) – wurde in Japan die Loyalität als die wichtigste angesehen und an die erste Stelle gesetzt. So verlangte der Konfuzianismus eine vertikale Gesellschaft, die noch heute Japan charakterisiert: Leitende Direktoren großer Firmen verweisen manchmal auf ihre konfuzianische Funktion als Herrscher bzw. Vater, um Arbeitnehmer bis in den persönlichen Bereich hinein, z. B. bei Eheschließungen oder politischen Wahlen, zu beeinflussen.

Um unser Bild von den religiösen Verhältnissen abzurunden, wollen wir nun auch einen Blick auf die sogenannten Neuen Religionen werfen.

1.2.4 *Die sogenannten Neuen Religionen*

Während der Buddhismus in der Tokugawa-Zeit vom 17. bis zum 19. Jahrhundert den Status einer Quasi-Staatsreligion gewann, entwickelte er sich in der religiösen Praxis zum sogenannten „Buddhismus der Totenzeremonie" (*Sōshiki Bukkyō*), von dem schon einmal die Rede war. Demgegenüber entstanden zu Beginn der Modernisierung und auch im Chaos der Nachkriegszeit mehrere religiöse Bewegungen, die den grundlegenden Bedürfnissen der Menschen entgegenkamen, die unter dem sogenannten „dreifachen Leiden des Volkes" – nämlich Armut, Krankheit und kriegerischen Auseinandersetzungen – leiden mussten. Diese neuen Bewegungen, die durch charismatische Persönlichkeiten oder starke Führer – einerseits aus Protest gegen die überkommenen Religionen, andererseits in Verbindung und Vermischung mit ihnen – ins Leben gerufen wurden, werden als „Neu aufgekommene Religionen" (*Shinkō Shukyō*) oder „Neue Religionen" (*Shin Shūkyō*) bezeichnet. Allerdings gibt es bezüglich des Gründungszeitpunktes große Unterschiede.

Der Begriff umfasst nämlich alles: von den um die Zeit der Meiji-Restauration (1868) entstandenen, relativ alten „Neuen" Religionen, deren Anhänger inzwischen der dritten oder vierten Generation angehören, über die Gruppen, die durch die Wirren des Zweiten Weltkrieges hervorgebracht wurden, bis zu den nach 1970 entstandenen religiösen Organisationen. Auch die Inhalte der jeweiligen Glaubenslehren sind von großer Vielfalt. Dennoch lässt sich bei diesen heute mehr als 200 registrierten

Neuen Religionsgemeinschaften eine ganze Reihe von Gemeinsamkeiten feststellen. Hier sei nur auf einige Gemeinsamkeiten hingewiesen, die für unser Thema am wichtigsten sind.

Die Besonderheit der Neuen Religionen liegt vor allem darin, dass sie – im Unterschied zu den herkömmlichen Religionen, deren organisatorischer Wasserkopf dies verhindert – die alltäglichen Bedürfnisse der Menschen berücksichtigen und Gemeinschaften gebildet haben, die auf einer Quasi-Blutsverwandtschaft basieren und in ihrer Struktur derjenigen des japanischen *Ie*[23], dem patriarchalisch strukturierten Haus, sehr ähnlich sind. Sie haben eine Quasi-Familie geschaffen, in welcher der Religionsstifter bzw. die -stifterin die Elternrolle innehat und die Leiter als ältere Brüder und Schwestern der Gläubigen fungieren – ein sicherer Hort für all diejenigen, denen die herkömmlichen Religionen nicht helfen konnten oder die durch das soziale Netz gefallen sind. Somit sind die religiösen Werte als diesseitig, innerweltlich und pragmatisch zu charakterisieren.

Bei den Neuen Religionen, die am Alltag der Menschen orientiert und zugleich politisch engagiert sind, handelt es sich um Gruppierungen mit ultra-konservativem Charakter, die ihren Gläubigen eine Heimat bieten und nach außen hin sozial und politisch aktiv sind mit dem Ziel, Japan – verstanden als nationale Gemeinschaft – zu stützen und zu stärken. So betrachtet ähneln sie in ihrer historischen Entwicklung und in ihrer Struktur wiederum sehr dem Shintō und dem japanischen Buddhismus.[24]

---

23 In der Tokugawa-Zeit herausgebildete, im japanischen BGB von 1898 rechtlich verankerte patriarchalische Struktur der Familie.

24 Weitere Gemeinsamkeiten sind folgende: Als erste Gemeinsamkeit ist die Herkunft der religiösen Autorität zu nennen, die hinter der jeweiligen Lehre steht. Trotz ihrer scheinbaren Verschiedenartigkeit ist diese doch immer den herkömmlichen Religionen – Shintō, Buddhismus oder Christentum – entlehnt. In dieser Hinsicht sind sämtliche sogenannten Neuen Religionen lediglich Abspaltungen der traditionellen Religionen. Als zweite Besonderheit ist eine Verbindung von Religion und Leben anzuführen. Die Erfüllung aller diesseitigen Wünsche und Bedürfnisse und die Fülle des Lebens wie etwa das Gedeihen der Familie sowie die Fruchtbarkeit der Erde sind als Ideal des Lebens dargestellt. So können die Neuen Religionen durch ihre ins Leben eingreifenden, mit dem Leben verbundenen magisch-schamanistischen Praktiken leidenden Menschen helfen. Dazu befähigt sie jener Optimismus, der den Erlösungsglauben dieser Neuen Religionen kennzeichnet. – Die Aum-Sekte, die wegen einer Reihe von Kriminalfällen bekannt geworden ist, wollte als diesseitige Utopie einen Familienstaat verwirklichen, in dem jedes Individuum nach Erleuchtung strebt. Einen guten Überblick über diese Sekte gibt das Buch von Martin Repp, *Aum Shinrikyō. Ein Kapitel krimineller Religionsgeschichte* (Religionswissenschaftliche Reihe 9), Marburg 1997.

Die Lehren dieser Neuen Religionen sind durch eine Gesellschaftsethik der zwischenmenschlichen Beziehungen (*Kanjin Shugi*)[25] charakterisiert, nach der das Ideal nur in der gelebten Wechselbeziehung zwischen dem Selbst und den Anderen zu verwirklichen ist, sodass man durch eine veränderte Haltung (*Kokoro no Tatekae*) – konkret gesagt: durch die Ethik des „Sich-Erniedrigens" (*Sagaru*) – die absurde und leidvolle Realität des Lebens überwinden kann. Nach dieser Logik soll man zunächst sich selbst ändern, wenn man die anderen ändern will. Die Beeinflussung der anderen ist also nur möglich als Folge der psychischen Selbständerung. Das ist gewissermaßen eine Taktik der sozial Schwachen den Mächtigeren gegenüber. Diese Lehre hat darum enormen Einfluss auf ihre große Anhängerschaft, vor allem auf Frauen, die unter Problemen innerhalb der Familie leiden müssen. Während in den Universalreligionen das Diesseitige angesichts der absoluten Werte des Heiligen relativiert und eine neue spirituelle Gemeinschaft zu bilden versucht wird, in der alle gleich sind, nehmen die Neuen Religionen diesseitige Werte ernst und versuchen, den Gegensatz von Herrschen und Beherrscht-Sein in der industriellen Gesellschaft zu überwinden. Es gilt jedoch auf keinen Fall als absurd und falsch, wenn die Starken stark und die Schwachen schwach bleiben, denn durch das Prinzip des „Sich-Erniedrigens" würden nach dieser Auffassung irgendwann auch die Starken beeinflusst und im Geburtenkreislauf könnten irgendwann auch die Schwachen die Position der Starken erlangen, sodass alle Menschen schließlich gleich würden.

In diesen Neuen Religionen sind übrigens viele Frauen aktiv und übernehmen verschiedene Ämter, sodass man den Eindruck bekommen könnte, dass diese Religionen besonders frauenfreundlich seien. Aber auch hier wird im Allgemeinen die geschlechtsspezifische Rolle als naturgegeben aufgefasst. So dient die Aktivität vieler weiblicher Gläubiger und Amtsträger als Alibi, um den immanenten Widerspruch zu verbergen, dass die Frauen ungefragt in die häusliche Sphäre gedrängt und diskriminiert werden.[26]

---

[25] Der Begriff *Kanjin Shugi* wurde von Hamaguchi Eshun geprägt. Vgl. Hamaguchi Eshun, *Nihonjin-rashisa no Sai-hakken*, Tōkyō 1988.

[26] Vgl. Okano 1991 (wie Anm. 20), passim.

1.3 Das religiöse Grundprinzip der „Harmonie“ der japanischen Gesellschaft und die Rolle des Christentums

1.3.1 *Der Sinn der traditionellen Religionen für die japanische Gesellschaft*

Die Vorstellung der einheimischen Volksreligion Shintō von der Gesellschaft als Mutterboden und als natürliche Lebensgemeinschaft von Urzeiten an blieb gleichsam wie ein archaisch-kollektiver Volkskörper mit geringem Individualitäts-Bewusstsein der Einzelnen erhalten. Das Mitglied einer solchen Gemeinschaft lebt in einer ungeteilten Einheit von Welt, Mitmensch und Selbst. Mit dem japanischen Psychologen Kawai Hayao lässt sich die für Japan spezifische Qualität einer solchen Gemeinschaft als mütterliches Prinzip des Umfassens oder Einschließens beschreiben: „Dieses Prinzip schließt alles ein, sei es gut oder schlecht, und in ihm hat alles eine absolute Gleichheit.“[27]

Der Shintō bietet also das Konzept des sakralen Familienstaates mit mütterlichem Prinzip und der Konfuzianismus die Ethik der zwischenmenschlichen Beziehungen, um die japanische Identität zu festigen. Hinzu kommt noch ein Konzept der „Harmonie“ (*wa*), das auf dem mahāyāna-buddhistischen Zentralbegriff der Barmherzigkeit beruht, aber bereits am Anfang der japanischen Geschichte zu einem Gesellschaftsprinzip uminterpretiert wurde und auf diese Weise wirkt. Wegen des Selbstverständnisses des japanischen Volkes als Familie haben die japanischen Religionen keine Individualethik entwickelt, wie sie etwa einem transzendenten personalen Gott gegenüber konzipiert wird. Dafür entwickelte sich die Gesellschaftsethik der zwischenmenschlichen Beziehungen, nach der das Ideal des Guten und des Wahren in der Wechselbeziehung zwischen dem Selbst und den Anderen zu verwirklichen ist.

1.3.2 *Die Rolle des Christentums in der japanischen Gesellschaft*

In einer solchen Gesellschaft ist die Missionsgeschichte des Christentums eine Leidensgeschichte: In der frühen Neuzeit wurde die christliche Frohbotschaft zuerst von engagierten Jesuiten erfolgreich verkündet, aber schließlich von den Machthabern Japans zu einem gefährlichen Element erklärt und abgelehnt. So war das Christentum für das japanische Volk, ähnlich wie im alten Rom, einerseits mit seinem Egalitätsgedanken revolutionär und wegen der liebevollen Unterstützung für sozial Schwache,

---

27 Kawai Hayao, *Bosei shakai Nihon no byōri*, Tōkyō 1976, 9.

Kranke und Waisen befreiend, andererseits für das Tennō-System gefährlich. Diese Ambivalenz und die Furcht vor einer Kolonialisierung durch fremde Mächte mussten eine Ablehnung des Christentums mit sich bringen. Die Ausweisungsedikte und die Verfolgung der Missionare sowie der japanischen Christen, die im Jahr 1597 im „Martyrium der 26 Heiligen" in Nagasaki einen ersten Höhepunkt fanden, zeigten deutlich die Grenze der religiösen Toleranz der Machthaber. Erst im 19. Jahrhundert, als die Glaubensfreiheit offiziell garantiert wurde, kamen erneut Missionare aus verschiedenen Konfessionen und spielten eine unentbehrliche Rolle für die Geistesbildung und die Moralerziehung der Japaner.

Interessant ist, dass auch der europäische Journalist Oskar Pfenninger, der viele Jahre in Japan gelebt hat, in den 1970er Jahren auf das mütterliche Prinzip des Japanertums hingewiesen hat: Er bezeichnet das Inselreich Japan als „große Mutter" und schreibt: „Alle (Japaner) sind Teile dieses Leibes. Als Teile sind sie glücklich, wollen mit dem Leib froh sein und leiden. Von ihm ausgestoßen zu werden, ist das Schlimmste, was einem Einzelnen zustoßen kann."[28]

Diese Symbolsprache macht deutlich, was Christsein in einer kleinen Minderheit in der japanischen Gesellschaft bedeutet, in der das Christentum den in Japan etablierten Religionen gegenüber die Rolle einer Antithese spielte und spielt: Das Christsein „in der inneren Emigration" bedeutet nach Oskar Pfenninger eine Abnabelung oder die Isolierung seiner „Einzelzelle" vom Leib, was aber zugleich eine geistige Bereicherung durch die Begegnung von östlichem und westlichem Denken mit sich bringt. Diese positive Auswirkung der christlichen Mission zeigt sich wohl am deutlichsten im Bildungswesen, in dem Institutionen christlicher Prägung nach wie vor auch bei den nichtchristlichen Bewohnern Japans beliebt sind.

2. *Historische Entwicklung des Christentums und prominente Christen*

Wie das Christentum in die japanische Kultur integriert wurde und welche besonderen Merkmale die Anfänge der christlichen Mission bestimmt haben, soll im Folgenden dargestellt werden. Wir nähern uns unserem Thema, indem wir zunächst einen Blick auf das religiöse Umfeld werfen, um dann die charakteristische Rolle der Christen in diesem Kontext her-

---

[28] Pfenninger 1974 (wie Anm. 1), 131.

auszuarbeiten. Am Ende stehen die Biographien einer japanischen Christin und eines japanischen Christen, deren vorbildhaftes Leben nicht nur in Japan, sondern – paradoxerweise – zunächst außerhalb ihrer Heimat bekannt geworden sind und Anerkennung gefunden haben.

2.1 Einführung in die Geschichte der christlichen Mission in Japan

Es gibt mehrere Hypothesen, nach denen das Christentum auf dem Weg über China bereits im Altertum, also vor der offiziellen Ankunft des ersten Missionars, in Japan bekannt gewesen sein soll. So soll z. B. der erste Förderer des Buddhismus, Prinzregent Shōtoku (574–622), im 7. Jahrhundert in enger Verbindung mit dem Christentum gestanden haben, weil sein Kindheitsname Umaya-do no Ōji („Prinz des Pferdestalls"), eine Anspielung auf den Geburtsort Jesu im Stall sein könnte. Da das älteste mythologische Geschichtswerk *Nihon Shoki* diesen Namen aber nicht so deutet, kann er auch ohne Beziehung zum nestorianischen Christentum in China entstanden sein.

2.1.1 *Der Beginn des „christlichen Jahrhunderts" in Japan (1549–1638) und der Inkulturationsversuch von Franz Xaver*

Die offizielle Geschichte des Christentums in Japan beginnt mit einem Jesuitenmissionar, dem heiligen Franz Xaver, der am 15. August 1549 im Hafen von Kagoshima in Südjapan eintraf. Sein Verständnis von Mission stützte sich auf das Konzept, das vom Gründer der Gesellschaft Jesu, Ignatius von Loyola, entworfen worden war, nämlich die Sprache der Völker, zu denen die Jesuiten gesandt wurden, zu erlernen und ihre Bräuche zu achten.[29] Franz Xaver war mit seiner Missionsarbeit bereits in Indien und Südostasien erfolgreich gewesen. In Malakka wurde der angesehene Missionar von einem japanischen Kaufmann mit Namen Yajirō (oder Anjirō) aufgesucht. Franz Xaver war von der hohen Intelligenz des Japaners beeindruckt und deshalb sofort von seiner Eignung für die Japan-Mission überzeugt. Yajirō übersetzte für Franz Xaver zum ersten Mal Texte ins Japanische und stand ihm später bei seiner Missionstätigkeit in Japan mit Rat und Tat zur Seite. Wegen der Wissbegierde der Japaner setzte Franz Xaver große Hoffnungen in sein Missionsvorhaben.

[29] Vgl. Heinrich Dumoulin, *Inkulturation in der Jesuitenmission Japans*, in: Michael Sievernich (Hg.), Ignatianisch. Eigenart und Methode der Gesellschaft Jesu, Freiburg i. Br. 1990, 257f.

Obwohl Franz Xaver viele positive Worte über die Japaner fand, erwähnte er auch moralisches Fehlverhalten. Besonders scharf kritisierte er die buddhistischen Priester:

„Ich beobachtete, dass die weltliche Bevölkerung mehr geneigt ist, natürlicher Einsicht zu folgen, und weniger Laster kennt als die Priesterkaste. [...] Diese ist widernatürlichen Sünden ergeben und gibt das offen zu; es ist dies in den buddhistischen Klöstern beiderlei Geschlechts und aller Altersstufen derart gebräuchlich und öffentlich bekannt, dass niemand sich mehr darüber entsetzt. Wer selbst nicht zur Priesterkaste gehört, ist dankbar, dass wir so abscheuliche Laster verurteilen; die Bevölkerung stimmt uns bei, wenn wir mit Recht betonen, wie verrucht solche Gewohnheiten sind und wie sehr sie dem göttlichen Gesetz widerstreiten.“[30]

Wie Xaver erkannte, gingen und gehen die buddhistischen Priester im Allgemeinen relativ locker und frei mit den religiösen Geboten um.

Trotz seiner Einsicht in die Verdorbenheit des buddhistischen Priesterwesens erkannte Franz Xaver in der Grundhaltung des japanischen Volkes religiöse und weltliche Kulturwerte, denen er in seinem Missionsvorhaben eine große Bedeutung zumaß. Diese Anerkennung der japanischen Kultur durch Franz Xaver, die wohl dem ignatianischen Missionsgeist entstammte, bedeutete die Umkehrung des bisherigen Missionsverständnisses und seiner Methode, worauf der englische Missionswissenschaftler Stephen Neill hinweist.[31] Franz Xaver und seinen Nachfolgern wurde bewusst, dass die einheimische Kultur um der Verkündigung der christlichen Botschaft willen nicht als wertlos betrachtet und ignoriert werden darf, sondern die Missionsarbeit so zu konzipieren ist, dass sie auf dieser Kultur basiert und sie gegebenenfalls rekonstruiert. Die interreligiöse Strömung in der Gegenwart wurde mit dieser Überzeugung der jesuitischen Missionare schon vorweggenommen. Allerdings war die Freundschaft Franz Xavers mit dem Vorsteher eines Zen-Klosters namens Ninshitsu für den Erfolg seiner Mission von Bedeutung.

Die Äußerungen des Zen-Mönchs waren geprägt von einer Art Humor oder Ironie, die wohl einerseits verwunderlich, andererseits faszinierend auf Xaver gewirkt haben muss. Beispielsweise wird die folgende Episode überliefert: Einmal wunderten sich die Missionare über die Zen-Meditation, in der absolute Bescheidenheit, Ruhe und Konzentration herrschten.

---

30 *Die Briefe des Francisco de Xavier 1542–1552.* Ausgewählt, übertragen und kommentiert von Elisabeth Gräfin Vitzthum, 3., verb. Aufl., München 1950, 201.

31 Vgl. Stephen Neill, *Christian Missions*, London 1965, 156.

Auf die Frage danach, was die Mönche dabei tun, lächelte Abt Ninshitsu und antwortete:

„Die einen berechnen, wieviel sie die vergangenen Monate von ihren Gläubigen eingenommen haben; andere überlegen, wo sie bessere Kleidung und Behandlung für ihre Person bekommen können; andere denken an ihre Erholung und ihren Zeitvertreib; kurz, keiner an etwas, das irgendwelche Bedeutung hätte.“[32]

Das muss Xaver und die Missionare verunsichert haben. Sicher hat diese Freundschaft mit dem Zen-Mönch Ninshitsu Franz Xaver aber auch dazu verholfen, sein Urteil über Nichtchristen zu revidieren und extreme theologische Standpunkte bezüglich der Heilsmöglichkeit für diese infrage zu stellen.[33]

Während seines gut zweijährigen Aufenthaltes in Japan unter der Obhut des mächtigen Gebietsfürsten Ōuchi Yoshitaka hat er selbst etwa 700 Japaner getauft. Unter ihnen gab es einen fahrenden Sänger mit dem Taufnamen Lorenzo, der später als Laienapostel wirkte und durch sein Charisma bei der Verkündigung eine große Rolle in der von Franz Xaver ersehnten Mission in der Hauptstadt Kyōto spielte.

2.1.2 *Die Gemeindebildung in der altjapanischen Kirche*

Wie es Franz Xaver von Anfang an richtig eingeschätzt hatte, förderten mehrere christliche Gebietsfürsten und Samurai, deren Lebensführung die Menschen beeindruckte und zur Nachahmung bewog, die Entwicklung der japanischen Kirche. Die konfuzianische Ordnung des Verhältnisses zwischen Feudalherren und Untergebenen diente also der Gemeindebildung in der altjapanischen Kirche. Ein treuer Mitarbeiter und Nachfolger von Franz Xaver, Cosme de Torrès, führte die Mission unter Berücksichtigung der folgenden drei Prinzipien fort:

1. Anpassung an die Kultur und Denkweise der Japaner
2. Missionierung mit Erlaubnis der Gebietsfürsten
3. Nutzung der portugiesischen Handelsschiffe auf deren Japanfahrten

Durch die Unterstützung des mächtigsten und einflussreichsten Gebietsfürsten, Nobunaga Oda, erfuhr das Christentum eine rasche Ausbreitung.

---

32 Luís Fróis, *Die Geschichte Japans 1549–1578*. Nach der Handschrift der Ajudabibliothek übers. und kommentiert von Georg Schurhammer und Ernst A. Voretzsch, Leipzig 1926, 7; vgl. Dumoulin, *Inkulturation* (wie Anm. 29), 257f.

33 Vgl. Elisabeth Gössmann, *Religiöse Herkunft, profane Zukunft. Das Christentum in Japan*, München 1965, 66.

Nobunaga war mit den dem Kaiser nahestehenden Tendai-Mönchen verfeindet und musste sich ständig mit den Aufständen der Jōdo-Shin-Gläubigen auseinandersetzen. Viele andere Gebietsfürsten, besonders in Südjapan, waren von Nobunaga beeinflusst und ließen sich samt ihren Untergebenen taufen.[34] Durch solche Massenkonversionen war die Zahl der japanischen Christen im Jahre 1582 auf etwa 130.000 gestiegen.[35] Ukon Takayama, der im Januar 2016 von Papst Franziskus seliggesprochen wurde, war einer dieser christlichen Gebietsfürsten. Wegen seines festen Glaubens nahm er es auf sich, aus Japan ausgewiesen zu werden; er starb 1615 in Manila. Sein vorbildliches Glaubensleben wurde durch die Briefe und Berichte der Jesuiten in Europa bekannt und bewundert.

2.1.3 *Missionsmethode und Formen des Christwerdens*

Die radikalen Missionsmethoden einiger Jesuiten, die z. B. Buddhabilder und buddhistische Bücher vernichteten oder in ihren Predigten die Shintō-Götter als Teufel bezeichneten, führten zu vielen Komplikationen und zur Feindschaft des Kaisers und der Adligen. Seitens der buddhistischen Mönche kam es zu einem Angriff auf die christliche Eucharistiefeier: Wie in urchristlichen Zeiten wurde in Japan den Christen Kannibalismus vorgeworfen. Das von Christen errichtete Waisenhaus galt als ein Beweis dafür.

Die öffentlichen Disputationen mit buddhistischen Mönchen, deren Konzeption auf Franz Xaver zurückgeht, waren andererseits manchmal eine Möglichkeit zur echten Begegnung der Japaner mit der christlichen Botschaft, wenn die Missionspredigt nicht Streitgespräch, sondern Mitteilung religiöser Überzeugungen im Sinne des Zeugnisgebens von der Güte und Menschenfreundlichkeit Gottes, von seiner unter den Menschen wahrnehmbaren Liebe bedeutete. Hierin liegt der eigentliche Grund dafür, um mit Elisabeth Gössmann zu sprechen, „warum der Glaube der ersten japanischen Christen mehr war als nur eine glatt aufgehende rationale Überzeugung, weshalb er sich auch mitteilen ließ von Mensch zu Mensch“.[36] In Form einer Disputation begegnet uns bereits im 16. Jahrhundert ein interessanter erster Versuch eines Religionsdialogs von Fa-

---

34 Vgl. Joseph Jennes, *A History of the Catholic Church in Japan from its Beginnings to the Early Meiji Era*, überarb., erw. Auflage, Tōkyō 1973, 38.

35 Die Einzelheiten über die Anfänge der Gemeindebildung, die Missionsmethode und das Frömmigkeitsleben aus den ersten Jahrzehnten sind uns bekannt durch die oben angegebene wichtige Quellenschrift *Die Geschichte Japans* des portugiesischen Jesuitenpaters Luís Fróis, der selbst seit 1563 in Japan tätig war und dort im Jahre 1597 starb.

36 Gössmann 1965 (wie Anm. 33), 78.

bian, einem japanischen Jesuiten, der jedoch später zu einem überzeugten Apostaten wurde. Von ihm wird noch im Zusammenhang mit dem interreligiösen Dialog zwischen japanischen Religionen und Christentum (9. Kapitel) die Rede sein.

Die Formen des Christwerdens waren verschieden, je nachdem, ob es sich um einfache Leute oder um nach dem Seelenheil suchende Intellektuelle handelte. Bei einfachen Menschen waren die Nöte des alltäglichen Lebens wie Armut, Krankheit oder Leiden die Hauptgründe für ihre Empfänglichkeit für den christlichen Glauben, denn der Buddhismus war nicht primär an karitativen Tätigkeiten interessiert. Die Errichtung eines Findelhauses für ausgesetzte Kinder sowie eines Hospitals für heilbare und unheilbare Kranke erregte in ganz Japan großes Aufsehen. So kam zum ersten Mal westliche Medizin nach Japan. Auch die christlichen Trauerzeremonien, die feierlich und würdig gleichermaßen für arme wie für reiche Leute vollzogen wurden, sprachen das Volk an. Dass die Christen außerdem Kriegsgefallene oder auf der Straße Zusammengebrochene, die sonst wegen des shintōistischen Unreinheitstabus nur von einer abgesonderten Kaste beigesetzt werden konnten, liebevoll bestatteten, löste bei den Japanern eine Art positiven Kulturschock aus. Gebildete Menschen erblickten im Christentum oftmals eine größere Möglichkeit, ihre Fähigkeiten und Begabungen zu entfalten. Sie fühlten sich in ihrem Lebensgefühl bereichert. Hinzu kam noch ein ästhetisches Moment, das viele Japaner in den biblischen Geschichten, den Heiligenlegenden und den geistlichen Liedern mit Orgelbegleitung erlebten. Auch Wissbegierde ist als Motiv für die Hinwendung der Japaner zum Christentum zu nennen, vor allem auf naturwissenschaftlichem Gebiet wie der Astronomie, der Mathematik und der Medizin. Auch wenn die naturwissenschaftliche Evidenz vor allem ein äußeres Argument darstellte, um nicht die innere Kraft des Glaubens gegenüber der Welt zuzugeben, kam es zu Entwicklungsschüben der Astronomie, der Erdvermessung und der Chirurgie.

2.1.4 *Die Neuorientierung unter Visitator Alessandro Valignano als Höhepunkt früher Inkulturation*

Alessandro Valignano (1539–1606) war von Rom mit der Visitation der asiatischen Mission beauftragt worden. Er kam im Jahr 1579 zum ersten Mal nach Japan und erkannte gleich die Tugenden und Untugenden des japanischen Volkes sowie die Licht- und Schattenseiten der Japan-Mission. Zwar nannte er die Japaner „das fähigste und besterzogene Volk im ganzen Orient“, doch schrieb er kritisch: „Sie haben eine sehr gute natürliche Begabung, obwohl sie keinerlei Art von Wissenschaft kennen; letzteres kommt daher, weil sie mehr als alle anderen Völker, die es in der Welt gibt, kriegerisch gesinnt sind und sich mit dem Kriegswesen befassen."[37] Dennoch war Valignano von der Eignung der Japaner für das Christentum überzeugt.

Valignano kam zu folgender missionarischer Erkenntnis: „Nie wird die Kirche in das japanische Volk eingehen, noch Achtung, Einfluss und Unterhaltsmöglichkeit gewinnen, es sei denn durch die Einheimischen selbst."[38] Aus dieser Erkenntnis hervorgegangen ist die gleichberechtigte Beteiligung der Japaner an der Missionsarbeit. Als Vorstufe dienten japanische Seminare für Knaben verschiedener Altersstufen zum Erwerb der notwendigen Bildung und gegebenenfalls als Vorbereitung für den Eintritt in den Ordensstand. Neben zweien dieser Seminare wurde schon an Weihnachten 1580 ein Noviziat mit zwölf Novizen eröffnet. Es wurde ferner ein Studienkolleg eingerichtet, in dem nicht nur Theologie, Latein und Moral, sondern auch die japanische Sprache sowie Philosophie, Religionen, Literatur, Sitten und Gebräuche unterrichtet wurden, um eine wirksame Verkündigung der christlichen Lehre in Japan zu ermöglichen. Damit wurden die pessimistischen Ansichten einiger Missionare entkräftet, die gegen die Seminare und die Aufnahme von Japanern in christliche Orden Einwand erhoben hatten.

In diesem Rahmen sei noch auf den Aspekt der Inkulturation hingewiesen. Es bestand nämlich eine auffällige Verwandtschaft zwischen der nach dem Heil strebenden Frömmigkeit des Amida-Buddhismus und den Bräuchen des Christentums in der damaligen Zeit, denn auch buddhistische Praktiken wurden mit Begriffen bezeichnet, die damals in der Kirche geläufig waren, wie Ablass, Gnadenbrief und Rosenkranz. Solche Praktiken vermittelten japanischen Christen eine Art Heilsgewissheit.

Über die äußere Inkulturation hinaus ist die Verinnerlichung der Glaubenslehre zu nennen. Die christliche Vergebungslehre, die oft mit buddhistischen Begriffen gepredigt wurde und somit im mahāyāna-buddhistischen Kontext verstanden und rezipiert wurde, verhalf den Japanern zu einem vertieften Verständnis des Buddhawesens und zeitgenössische sowie spätere literarische und religiöse Werke inhaltlich zu bereichern.[39]

---

37 Josef Franz Schütte, *Valignanos Missionsgrundsätze für Japan*, Bd. 1, Rom 1951, 357.

38 Ebd., Bd. 2, Rom 1958, 39.

39 Vgl. Arimichi Ebisawa/Saburō Ōuchi, *Nihon Kirisuto-kyō no rekishi*, Tōkyō 1966, 102ff.

In der japanischen Missionsgeschichte finden sich viele Freunde der Teezeremonie unter den Neuchristen, vor allem der christliche Gebietsherr Ukon Takayama, von dem bereits die Rede war. Die von den Zen-Mönchen tradierte Teezeremonie, in der religiös-ethische Werte und ästhetisch-künstlerische Reize miteinander verbunden sind, bringt innere Kraft, schenkt Stille und Ausgeglichenheit und zugleich geistige Wachheit und Spannkraft. Vor allem verbindet die Teezeremonie alle Anwesenden zu einer geistigen Gemeinschaft. Nach dem Zen-Philosophen Shin'ichi Hisamatsu (1889–1980) ist die Teezeremonie eine Inkarnation des Zen-Geistes, dessen Charakteristika in sieben Stichworten zum Ausdruck gebracht werden: (1) Asymmetrie (*fukinsei*), (2) Einfachheit (*kanso*), (3) edler Zustand einer getrockneten Pflanze (*kokō*), (4) Natürlichkeit (*jinen*), (5) subtile Tiefgründigkeit (*yūgen*), (6) unbeschränkte Freiheit (*datsuzoku*), (7) Stille (*seijaku*).[40] Ich würde hier noch das Stichwort „Vertrautsein in der Harmonie" hinzufügen.

2.1.5 *Das Edikt zur Ausweisung der Missionare und die Verfolgung der Christen*

Nach dem durch eine Rebellion verursachten Tod von Nobunaga Oda, der stets der europäischen Kultur gegenüber freundlich gesinnt gewesen war und im Großen und Ganzen die Mission unterstützt hatte, mehrten sich die Konflikte. So erging im Sommer 1587 durch den auf Nobunaga Oda folgenden Machthaber Hideyoshi Toyotomi das erste Ausweisungsedikt an die Missionare. Dass das Edikt noch nicht vollständig umgesetzt wurde, bezeugt ein Zeitdokument über den Anstieg der Zahl der Neugetauften, die ein halbes Jahrhundert nach Franz Xaver im Jahr 1600 zwischen 500 000 und 750 000 angegeben wird.[41] Von den vermutlich 27 Millionen Menschen, die damals in Japan lebten, sollen etwa 1,8 Prozent innerhalb eines halben Jahrhunderts Christen geworden sein. Man erkennt daran, wie rasch sich im 16./17. Jahrhundert die Christianisierung vor dem Hintergrund der turbulenten kriegerischen Umstände in dieser Zeit vollzog.

Der Machthaber Hideyoshi Toyotomi wurde sich immer stärker der Gefahr bewusst, dass Japan wie die Philippinen von europäischen Mächten mit Hilfe des Christentums kolonialisiert werden könnte. Als Maßnahme gegen Missionare und Christen erließ er ein erneutes Auswei-

---

[40] Vgl. Shin'ichi Hisamatsu, *Sadō no Tetsugaku*, Tōkyō [12]1995, 29–64.

[41] Vgl. Ebisawa/Ōuchi 1966 (wie Anm. 39), 54; Takashi Gonoi, *Nihon Kirisuto-kyō-shi*, Tōkyō 1990, 160, 170.

sungsedikt und begann mit Verfolgungen, die im Jahr 1597 im „Martyrium der 26 Heiligen“ in Nagasaki gipfelten.[42]

Gleich am Anfang des ersten Ausweisungsediktes von Hideyoshi sind folgende Gründe angegeben:

1. Es ist Unrecht, dass die falsche Religion des Christentums aus dem Westen in Japan, also im sakralen Land der Kami, eingepflanzt worden ist.
2. Es ist ein beispielloses und unerhörtes Ereignis, dass die Missionare das Volk bekehrt und Schreine und Tempel zerstört haben.[43]

Diese negative Einstellung zum Christentum wurde aus den gleichen Gründen vom neuen Machthaber, Ieyasu Tokugawa, beibehalten, der endlich den langjährigen kriegerischen Auseinandersetzungen ein Ende machte und nun durch das Lehnswesen die Einheit des Staates zu sichern versuchte. Das Edikt aus dem Jahr 1614, das im Namen von Ieyasu Tokugawa erlassen wurde, geht noch einen Schritt weiter, indem es erneut konstatiert, dass Japan ein sakrales Land der Kami ist:

„Die Christen übertreten alle Gesetze und Vorschriften. Sie lehnen den Shintō ab, verleumden die Buddha-Lehre und vernichten Gerechtigkeit und Güte. Den Sündern gegenüber zeigen sie ihre Ehrfurcht und Liebe. Das nennen sie das Wesen ihrer Religion. Es ist nichts anderes als eine falsche Religion, die den Kami und Buddha feindlich ist. Wenn man diese Religion nicht sobald wie möglich verbannen würde, würde sie künftig die Ursache aller Übel für das Land sein. Würde man mit politischen Maßnahmen nichts gegen sie tun, wäre die Strafe des Himmels zu fürchten.“[44]

An diesem politisch und religiös begründeten Edikt sieht man, dass Shintō, Buddhismus und Konfuzianismus eine harmonische Einheit in der

---

42 Hintergrund für dieses tragische Ereignis war ein unerfreulicher Konflikt zwischen den Jesuiten und den Franziskanern, weil diese an der Inkulturation des Christentums nicht interessiert waren und sie eher ablehnten. Die Franziskaner erkannten die Entscheidung Papst Gregors XIII. nicht an, nach der die Missionsarbeit in Japan ausschließlich den Jesuiten erlaubt sein sollte, und führten ihre Missionstätigkeit mit prunkvollen Hochämtern und feierlichen Prozessionen weiter, obwohl nur geduldet wurde, dass die Jesuiten in dieser Notsituation die Christen im Verborgenen betreuten und den Gottesdienst in Privathäusern mit einfachen Mitteln abhielten. Hideyoshi duldete aber bald auch die Missionsarbeit der Franziskaner in Kyōto nicht mehr und ließ sie mit ihren japanischen Missionshelfern und irrtümlich auch drei japanischen Jesuitenbrüdern verhaften; er verurteilte sie zum Tod durch Kreuzigung. So kam es im Jahr 1597 zum berühmten Martyrium von Nagasaki.

43 Vgl. Teruo Furuya/Hideo Ōki, *Nihon no Shingaku*, Tōkyō 1989, 56.

44 Zit. in ebd., 57.

Religiosität der damaligen Japaner bildeten, was wir im letzten Kapitel in Analogie zum Judentum „Japanertum“ genannt haben. Aus Furcht vor einer Kolonialisierung schloss sich Japan 1639 ganz von der Außenwelt ab, und nur die protestantischen Holländer und die Chinesen behielten Handelsrechte. Hier begegnet uns das Motiv des „sakralen Landes der Kami“, das als Vorwand für den Ausschluss des Christentums diente und auch später während der Modernisierung in der Meiji-Zeit für das Identitätsbewusstsein der Japaner eine entscheidende Rolle spielte.

Die Abschließungspolitik, die bereits mit der Christenverfolgung begonnen hatte, wurde im Jahre 1637 durch den Shimabara-Aufstand, eine Revolte von Bauern gegen ihre Grundherren, an der viele Christen beteiligt waren, endgültig besiegelt. Das über zwei Jahrhunderte dauernde Zeitalter der Abschließung, das dem Land politische, wirtschaftliche und technische Stagnation, aber dafür konstanten Frieden sowie ein Erblühen der bürgerlichen Kultur brachte, hat das Christentum in Japan größtenteils ausgerottet.

2.1.6 *Die Öffnung des Landes und die erneute Missionierung*

Im Jahre 1853 gelang es dem Amerikaner Admiral Perry, zwei japanische Häfen für amerikanische Schiffe zu öffnen und gewissermaßen einen „Freundschaftsvertrag“ mit Amerika zu erzwingen – ein Ereignis, aus dem auch andere westliche Großmächte Nutzen zogen. Auch eine Gruppe japanischer Gelehrter spielte in diesem Zusammenhang eine Rolle. Sie hatte bereits im 18. und 19. Jahrhundert mit den Holländern in deren Handelsniederlassung auf der künstlichen Insel Dejima vor Nagasaki in ständigem Kontakt gestanden und hier von den Europäern Kenntnisse in den Bereichen Heilkunde, Geographie, Weltgeschichte, europäische Politik und Militärkunde erworben. Diese Gruppe bewog die Tokugawa-Regierung zur Öffnung des Landes, um Japan als moderne Nation erstarken zu lassen. Das Christentum galt in Japan zwar immer noch als „verbotene und verderbliche Ausländerreligion“, aber Gelehrte und Politiker waren sich durch ihre Begegnung mit der europäischen Wissenschaft inzwischen bewusst, dass man die westliche Naturwissenschaft und Technik durchaus übernehmen könne, ohne vom religiösen Inhalt des Christentums tangiert zu werden. Unter den Intellektuellen kursierte damals das Schlagwort „Japanische Ethik – westliche Wissenschaft“ (*wakon – yōsai*), was lange im Denken und Fühlen der Japaner nachwirkt hat.

In Nagasaki wurde im Jahr 1865 von der Gesellschaft der Pariser Missionare eine Kirche für Franzosen gebaut, die den „26 Märtyrern“ von

1597 geweiht wurde. Diese Kirche, ein in Holz ausgeführter neugotischer Bau, wurde unter dem Namen „Französischer Tempel" im ganzen Land bekannt. Sie wird heute noch als berühmtes Kulturdenkmal von vielen Japanern bewundert. Kurz nach der Einweihung dieser Kirche kam plötzlich eine Gruppe von japanischen Männern, Frauen und Kindern herein. Drei ältere Frauen traten nahe an den vor dem Altar betenden Pater Petitjean heran und legten das Glaubensbekenntnis ab: „Unser aller Herz ist eins mit dir." Sie ließen den Pater wissen, dass im Tal Urakami bei Nagasaki fast alle Menschen verborgene Christen seien. Man pflegt dies in der Kirchengeschichte Japans als Wiederentdeckung der alten Christen zu bezeichnen, aber hier handelt es sich nicht darum, dass die Missionare sie wiederentdeckt haben, sondern dass die japanischen Christen in den Missionaren die Nachfolger jener Glaubensboten entdeckt haben, die ihren Vorfahren einst die christliche Heilsbotschaft verkündet hatten. Mit der Frage, ob der Pater Kinder habe, vergewisserten sie sich, dass die neu angekommenen Missionare auch wirklich die legitimen Boten des christlichen Glaubens und somit die Nachfolger der alten Japanmissionare seien. Ende 1865 wurde die Zahl der verborgenen Christen, die sich der katholischen Kirche anschlossen, auf etwa 20.000 (oder sogar 50.000) geschätzt. Eine noch größere Anzahl von Christen jedoch schloss sich nicht der katholischen Kirche an, sondern setzte die alten religiösen Praktiken und Gebräuche bis heute fort.

Am 1. Januar 1868 wurde die Regierungsgewalt vom Tokugawa-Shogunat an den Tennō zurückgegeben. Damit wurde die Meiji-Ära eingeleitet. Aber das Verbot des Christentums war immer noch nicht aufgehoben worden. Im Gegenteil: Es begann noch ein letztes Stadium der Christenverfolgung mit zahlreichen Deportationen von Christen aus dem Süden des Landes in den Norden, wobei viele umkamen. Im Jahr 1873 erklärte die kaiserliche Regierung endlich, dass die deportierten Christen zurückgeführt werden sollten und das Verbot des Christentums aufgehoben sei. Anlass dafür waren Proteste gegen die japanische Christenverfolgung in Europa und die Verweigerung besserer Handelsbedingungen. Von den rund 3000 Vertriebenen sind über 600 gestorben. 1889 garantierte die Meiji-Verfassung schließlich Religionsfreiheit für alle Bürger: „Japanische Untertanen haben die Freiheit des religiösen Bekenntnisses, soweit sich das mit der öffentlichen Ruhe und Sicherheit und ihren Pflichten als Untertanen verträgt" (Artikel 28 in Kapitel II).[45] So zeigt sich

---

[45] Vgl. Gössmann 1965, *Religiöse Herkunft* (wie Anm. 33), 138. – Diese Verfassung, die nicht auf den Prinzipien des englischen Parlamentarismus, sondern auf dem Grundsatz

einerseits, dass sich die politische und historische Neuorientierung Japans in der Meiji-Ära im Bewusstsein der Gefährlichkeit des Christentums vollzog; andererseits wird deutlich, dass sie durch das Christentum geistig beeinflusst wurde, wenn auch auf indirekte Weise.[46]

Endlich erklärte die von den alliierten Mächten entworfene neue Verfassung Japans von 1946 die Trennung von Religion und Staat (Artikel 20 in Kapitel III). Dreieinhalb Jahrhunderte nach dem ersten Ausweisungsedikt gegen die Christen wurde so zum ersten Mal wahre Religionsfreiheit als Recht des japanischen Volkes garantiert.

2.2 Die Entdeckung der prominenten Christen

Im Folgenden stehen zwei Christen im Mittelpunkt: zum einen Fürstin Gracia Hosokawa aus dem turbulenten Mittelalter, zum anderen der Diplomat Chiune Sugihara aus der Zeit des Zweiten Weltkriegs. Diese beiden und ihr ungewöhnliches Leben sind auf Grund ihres starken Glaubens zunächst im Westen und erst später im Inland bekannt geworden.

2.2.1 *Fürstin Gracia Hosokawa und ihr Leben (1563–1600)*

Der deutsche Jesuit und Dramatiker Pater Hermann Heuvers (1890–1977), einst Rektor an der Sophia-Universität in Tōkyō, schrieb 1940 ein

---

der vom Parlament unabhängigen Regierungsgewalt des Tennō beruhte, hat übrigens in gewisser Weise einen widersprüchlichen Charakter, da sie Religionsfreiheit nur in eingeschränkter Form gewährt. Indem die Verfassung das Kaisertum juristisch legitimierte, legte das kaiserliche Erziehungsedikt von 1890, das dem religiösen Inhalt des Christentums gegenüber ablehnend eingestellt und stark konfuzianisch geprägt war, eine geistige und ethische Grundlage für die Tennō-Verehrung. Die Erklärung der beschränkten Religionsfreiheit in der Verfassung und das Erziehungsedikt haben später in Bezug auf das Christentum und überhaupt auf jede religiöse Institution manche Konflikte hervorgerufen. In der kriegerischen Auseinandersetzung zwischen China und Japan im Jahr 1937 forderte nämlich die Regierung von jeder religiösen Institution, das ganze Volk zur Mitarbeit bis zum Sieg aufzufordern. Beim Entwurf dieser Verfassung hatte Hermann Roesler, einer der Gründer der sogenannten sozialrechtlichen Schule der deutschen Nationalökonomie, tatkräftig mitgearbeitet.

46 „Sowohl das katholische Denken von Naturrecht und Schöpfungsordnung als auch die protestantische Aufgeschlossenheit für mitmenschliche Probleme haben den entsprechenden Beitrag zur Selbstfindung Japans geleistet. [...] Es war die neue Erfahrung der Japaner in der Meiji-Zeit, dass jenseits eines auf das eigene Volk beschränkten mythologischen Kaiserkultes, der noch auf lange Zeit als Bildvorstellung weitergetragen werden musste, etwas vorgegeben ist, das in absoluter Verbindlichkeit alle Menschen in gleicher Weise angeht.“ Gössmann 1965 (wie Anm. 33), 165.

Drama über Gracia Hosokawa für die Oper und das Kabuki-Theater. Er charakterisiert diese Heldin im Vorwort folgendermaßen:

„In der Weltliteratur sind mehrere Heldinnen zu finden, die sich in unvergleichlich vollem Glanz zeigen, wie Antigone sowie Iphigenie in Griechenland, Beatrice in Italien, Jeanne d'Arc in Frankreich und Elisabeth in Deutschland. Wenn man nachdenkt, ob eine entsprechende Gestalt in Japan zu finden ist, fällt mir gleich der Name Gracia Hosokawa ein."[47]

Wer ist also diese japanische Heldin?

2.2.1.1 Das Leben der jungen Tama, der späteren Gracia Hosokawa

Tama wurde 1563 als dritte Tochter von Mitsuhide Akechi geboren. Ihr Vater Mitsuhide, der nicht nur in den Kriegskünsten, sondern auch in der klassischen chinesischen Literatur ausgebildet war, wurde später ein treuer Gefolgsmann des mächtigsten Fürsten, Nobunaga Oda. So konnte seine wegen ihrer Schönheit gerühmte, außergewöhnlich begabte und wissbegierige Tochter Tama auch die Lehren des Buddhismus, besonders des Zen-Buddhismus, studieren. Wie die europäischen Missionare oft mit Staunen nach Europa berichteten, gab es damals in der japanischen Oberschicht viele gelehrte Frauen. Demnach müssen sie wohl bei den europäischen Frauen einen Bildungsrückstand wahrgenommen haben.[48]

Wohl auf Vorschlag von Nobunaga Oda wurde Tama im Alter von 16 Jahren mit dem gleichaltrigen Tadaoki Hosokawa verheiratet. Die Väter beider Brautleute standen zu dieser Zeit im Dienst und hoch in der Gunst des höchsten Machthabers, Nobunaga Oda. Ihr relativ glückliches Eheleben mit drei Kindern endete abrupt am 21. Juni 1582, als Tamas Vater Mitsuhide Akechi zum Verräter und indirekt zum Mörder von Nobunaga Oda wurde, der sein Ehrgefühl verletzt hatte. Die Familie Hosokawa distanzierte sich entrüstet von der Tat Mitsuhide Akechis, denn der machtbewusste General Hideyoshi Toyotomi wollte der konfuzianischen Ethik entsprechend den Mord rächen und besiegte Mitsuhide tatsächlich 13 Tage später in einer Schlacht vor Kyōto. Und so spricht man von Mitsuhide Akechis „an sich gerissener Herrschaft von dreizehn Tagen". Ein großes Problem war die Frage, wie sich die Familie Hosokawa ihrem Ehrgefühl und Standesbewusstsein entsprechend der Tochter des Verräters gegenüber verhalten sollte. Da man von der Meinung ihres Eheman-

---

47 Hermann Heuvers, *Hosokawa Garashia Fujin*, Tōkyō 1966, 1.

48 Vgl. Elisabeth Gössmann, *Gracia Hosokawa Tama (1563–1600)*, in: dies. (Hg.), Japan – ein Land der Frauen? München 1991, 63.

nes Tadaoki gar nichts hörte, wurde der Ausweg gewählt, Tama in die Bergeinsamkeit von Mitono bei Kyōto zu schicken.

Unter Hideyoshi stabilisierte sich die politische Lage in Japan endlich wieder. So konnte Tadaoki, der auf der Seite Hideyoshis gute Dienste geleistet und dessen Gunst erworben hatte, seine Frau Tama zu sich nach Ōsaka zurückrufen. Hideyoshi tolerierte um die Zeit von 1586 noch das Christentum und erlaubte den Missionaren sogar, in Ōsaka eine Kirche zu errichten.

2.2.1.2 Ihr Weg zum Christentum

Aus Furcht, dass Tama von dem als Wollüstling bekannten Hideyoshi zu sich gerufen werden könnte, schloss Tadaoki sie ein und ließ sie streng bewachen. Sie war quasi eine Gefangene im Palast. Tadaoki, der im Kreis des bekanntesten Teemeisters, Sen no Rikyu, den prominentesten japanischen Christen, Ukon Takayama, kennenlernte, übermittelte auch seiner Frau Tama Informationen und Kenntnisse über das Christentum. Dadurch wurde ihr das Christentum immer vertrauter als Religion, die hilft, eine Antwort auf die Frage nach dem Warum und Wozu des Leids zu finden, das den Menschen so oft unvorbereitet und unmotiviert trifft. Und das war genau die Frage, mit der sie sich am meisten beschäftigt hatte.

Als sich Tadaoki 1587 im Dienst von Hideyoshi auf dem Kyūshū-Feldzug befand, gelang es Tama, die Wachen durch eine Verkleidung zu täuschen und mit Hilfe ihrer Kammerfrauen die Jesuitenkirche in Ōsaka zu erreichen. Es war der erste und letzte Kirchenbesuch ihres Lebens. Durch Gespräche mit Pater Cespedes fand sie zu dem Glauben, nach dem sie lange gesucht hatte.[49]

Aber am 24. Juli 1587 erließ Hideyoshi erneut ein Verbannungsedikt für alle Missionare: Sie sollten sich in Kyūshū sammeln und binnen 20 Tagen das Land verlassen.[50] Die Kirchen in Kyūshū wurden zerstört und jene in Kyōto, Ōsaka und Sakai wurden konfisziert. In letzter Minute wollte Tama vor dem Abzug der Missionare die Taufe empfangen, sodass Pater Organtino Maria Kiyohara beauftragte, die vertraute Freundin heim-

---

49 Der von Louís Froís verfasste Jahresbrief von 1588 aus Japan, auf Deutsch bereits 1590 erschienen, ist die Hauptquelle für unsere Kenntnis von Gracias Weg zum Christentum und zugleich für die Rezeption der Gestalt der Gracia in Europa. Vgl. Gössmann 1991 (wie Anm. 48), 73; Heuvers 1966 (wie Anm. 47), 39ff.

50 Als Hintergrund dieser Entscheidung von Hideyoshi werden verschiedene Motivationen und Ereignisse angegeben, z. B. protestierende Appelle seitens der Buddhisten und der Sklavenhandel der portugiesischen Kaufleute. Vgl. Gössmann 1991 (wie Anm. 48), 71.

lich zu taufen, nachdem er Maria die lateinische Taufformel beigebracht und ihr erklärt hatte, wie sie die Handlung auszuführen hatte.[51]

In einer Zeit relativer Ruhe um 1590 waren die Missionare wieder in ihren Kirchen, da Hideyoshi die Christen in Frieden ließ. Gracia teilte ihrem Mann in indirekter Form mit, dass sie Christin geworden war, und Tadaoki zeigte keine negative Reaktion, sondern war stolz darauf. Er ließ an seinem Hof sogar ein Oratorium und einen Altar errichten.[52] Aber dass zwei seiner Kinder ebenfalls getauft waren, scheint sie ihm verschwiegen zu haben.[53]

Indessen verlief die Geschichte dieser Jahrzehnte in Japan weiter dramatisch. Hideyoshi änderte seine Politik gegenüber dem Christentum erneut, als er durch die Lotsen des gestrandeten Schiffs San Felipe erfuhr, dass Missionare die politische Eroberung durch Spanien vorbereiteten. Daraufhin wurden im Jahr 1597 die sechs Franziskaner in Kyōto mit ihren 17 japanischen Missionshelfern und irrtümlich auch drei Jesuiten-Brüder, darunter Paul Miki, insgesamt 26 Christen, zum Tod durch Kreuzigung verurteilt. Aus dieser Zeit wissen die Missionare von einer großen Begeisterung der japanischen Christen für das Martyrium, die auch Gracia und ihren Kreis, zu dem nun auch zwei ihrer Töchter gehörten, erneut ergriff.

2.2.1.3 Gracias Tod

Gracias Tod hat direkt mit den Streitigkeiten um die Nachfolge Hideyoshis zu tun. Er hatte fünf Regenten für seinen unmündigen Sohn Hideyori eingesetzt, an deren Spitze Ieyasu Tokugawa stand. Zwischen Mitsunari Ishida, einem dieser Regenten, und Ieyasu, der sich lange auf die Aufgabe vorbereitet hatte, brachen heftige Streitigkeiten aus, durch die unter den Fürsten Japans zwei gegnerische Parteien entstanden. Tadaoki Hosokawa stand auf der Seite Ieyasus, womit er sich zum Feind von Mitsunari Ishida machte. Dieser fasste den Plan, die Frauen und Kinder der Tokugawa-Anhänger als Geiseln zu nehmen. Gracia wurde als erste Geisel ausgewählt. Um seine Ehre zu retten, befahl ihr Mann Tadaoki dem Vorsteher der Wache des Hauses, sie nicht aus dem Hof holen zu lassen. Nach dem Jahresbrief des Jesuiten Carvalho für das Jahr 1600 war Gracia entschlossen, dem Befehl ihres Gatten zu gehorchen, und ließ die Kinder und die

---

51 Der Brief des Jesuiten Antonio Prenestino von 1587 berichtet zum ersten Mal über den ersten Kirchenbesuch sowie die Taufe Tamas. Vgl. Gössmann 1991 (wie Anm. 48), 72.

52 Nach dem Jahresbrief der Jesuiten von 1601. Vgl. Heuvers 1966 (wie Anm. 47), 154.

53 Johannes Laures, *Two Japanese Christian Heroes. Justo Takayama Ukon and Gracia Hosokawa Tamako*, Tōkyō 1959, 104.

Dienerinnen, die ihr alle in den Tod folgen wollten, wegbringen. Nachdem sie im Oratorium gebetet hatte, um sich auf den Tod vorzubereiten, rief sie mehrere Male die Namen von Jesus und Maria an und entblößte mit eigener Hand ihren Hals. Ein treuer Untertan schlug ihr mit einem Hieb den Kopf ab. Dann zündeten die Samurai Pulver an, sodass Gracia und alle Bewohner samt dem prachtvollen Palast verbrannten.[54]

Der 13. Band der *Hosokawa-Chronik*, die viel später verfasst wurde – sie entstand 1778 –, verschweigt das Christsein von Gracia und beschreibt ihr Leben aus einer patriarchalischen, androzentrischen Perspektive heraus nur im Rahmen des Lebens ihres Mannes. Dennoch schildert diese Chronik ihr Sterben sehr dramatisch. Darin stehen verschiedene Versionen nebeneinander: Die eine ähnelt den jesuitischen Berichten, die andere entspricht der japanischen Tradition, nach der die Gattin eines Fürsten am eigenen Hof einen ehrenhaften Freitod gestorben sein soll, wobei sie auch ihre Kinder getötet habe.[55] Das Leben der Gracia wird auch in der *Kriegsgeschichte in Kantō* (*Kantō-Gunki*, verfasst von Ōta Gyūichi im 16./17. Jh.) und in der *Chronik der starken Frauen* (*Honchō-Retsujo-den*, verfasst 1668) als konfuzianisch gefärbtes Idealbild dargestellt.[56]

2.2.1.4 Die Bewertung von Gracia in West und Ost

Die Darstellung dieser Heldin mit ihrem schweren Schicksal in turbulenten Zeiten ist unterschiedlich, je nachdem, wer ihr Leben beschreibt und zu welchem Zweck dies getan wird. Schon zu Lebzeiten wird sie durch die jesuitischen Berichte im Westen als „männliche Christin“[57] bekannt, während man sie in Japan lange als Ideal einer Samurai-Ehefrau angesehen hat: Sie sei weiblich-schwach, aber ihr Geist männlich-stark wie der eines Helden in der Schlacht, und sie habe sich für die Ziele ihres Mannes geopfert bzw. sie habe vorbildlich gezeigt, dass der christliche Glaube dazu befähigt, einen ungerechten Tod als Gottes Willen annehmen und ruhig sterben zu können.[58]

Diese Bilder von Gracia sind durch klischeehafte Vorstellungen der männlichen Europäer zustande gekommen: Wenn von einer außergewöhnlich gebildeten und frommen Frau die Rede ist, erhält sie männliche

---

54 Vgl. Heuvers 1966 (wie Anm. 47), 154f.; vgl. Gössmann 1991 (wie Anm. 48), 77f.

55 Vgl. Heuvers 1966 (wie Anm. 47), 164–176.

56 Vgl. ebd., 176f.

57 Johannes Laures, *Gracia Hosokawa*, Kaldenkirchen 1956, 64.

58 Vgl. Junichi Natori, *The Life of Gracia Tama Hosokawa. A Great Christian Woman in Japan*, Tōkyō 1955, Vorwort und 35; Gössmann 1991 (wie Anm. 48), 61f.

Züge und wird damit vom üblichen Bild der leiblich und geistig schwachen Frau des Christentums und des Konfuzianismus befreit.

Am 31. Juli 1698 führten Jesuiten im Theater ihres Professhauses in Wien vor Kaiser Leopold I., seiner Familie und geladenen Gästen ein Musikdrama auf mit dem Titel *Starkes Weib / Dessen Werth von den eüssersten Weld-Enden / Das ist: Gratia, Königin deß Reichs Tango, Berühmd von Standhaftigkeit im Christlichen Glauben*. Der Verfasser dieses Dramas ist P. Johann Baptist Adolph SJ. Er stützt sich inhaltlich auf das Buch von Cornelius Hazard SJ *Kirchengeschichte [...] durch die ganze Welt ausgebreitet*, Wien 1678. In diesem erfolgreich aufgeführten Drama wird Gracia als Heldin dargestellt, die in ihrer Standhaftigkeit im Glauben besonders von der vielgelesenen Schrift *Imitatio Christi* ergriffen war und den Wunsch hegte, als Märtyrerin sterben zu dürfen. Es sei ihr nach ihrem Tod schließlich gelungen, ihren Gatten zu verändern und aus dem Tyrannen einen großen Bewunderer seiner verstorbenen Gattin Gracia zu machen. Das ist wieder ein Bild, das aus missionarischer und männlicher Perspektive gezeichnet wurde. Nach Margret Dietrich wird Gracia jedenfalls in der Habsburger-Dynastie als Vorbild für weibliche Tugenden dargestellt.[59]

Abschließend sei ein Abschiedsgedicht von Gracia vorgestellt, das sie vor ihrem Tod ihrer Dienerin anvertraute. Es sind die letzten bekannt gewordenen Worte von Gracia:

„Chirinubeki Toki shiritekoso yononaka no Hanamo Hananare Hito mo Hitonare.“

In seiner Prägnanz ist dieses Gedicht in deutscher Sprache schwer wiederzugeben, wie die folgenden Übersetzungsversuche erkennen lassen:

„Die Blüte in der Welt, die die rechte Zeit kennt, wann sie zu Boden fällt, kann vollendet Blüte werden, so kann der Mensch endlich Mensch werden.“

Oder:

„Die Blüte ist so schön (bewundernswert),
weil sie ihre Zeit kennt, zu Boden zu fallen,
So auch kann der Mensch vollendet Mensch werden.“

[59] Vgl. Margret Dietrich, *Gratia Hosokawa. Ein japanisches Vorbild für die Habsburger-Dynastie*, in: Theodor Schneider/Helen Schüngel-Straumann (Hg.), Theologie zwischen Zeiten und Kontinenten. Für Elisabeth Gössmann, Freiburg/Basel/Wien 1993, 445–465.

Mit dieser Erkenntnis kann nach Auffassung der Japaner in der damaligen Zeit auch der Mensch vollendet Mensch werden.

Das bekannte Abschiedsgedicht von Gracia ist in unserem Zusammenhang interessant, da es den idealisierten Geist der Samurai-Klasse widerspiegelt. Die Kirschblüten sind in Japan – vor allem in der Samurai-Klasse – so beliebt, weil sie nur einige Tage in voller Blüte zu sehen sind und darin ihre ganze Schönheit entfalten. Sie sind gleichsam eine Metapher für die Männer, die wegen ihrer Loyalität stolz, tapfer, mutig und ohne Zögern bereit sind, in den Tod zu gehen. In der konfuzianischen Tradition soll Gracia als tapfere und stolze Fürstin mit männlichem Geist verehrt worden sein. So könnte man auch in der Gesinnung Gracias eine tiefe Verinnerlichung der japanischen Samurai-Tradition erkennen. Der ehemalige Premierminister Morihiro Hosokawa (Amtszeit: 1993/94), ein Nachkomme von Gracia Hosokawa, entschied sich wegen eines Skandals frühzeitig zum Rücktritt. Dabei zitierte er dieses Abschiedsgedicht.

Die Darstellung Gracia Hosokawas als Heldin ist ein gutes Beispiel dafür, wie ein Frauenbild – unabhängig davon, ob es um eine historische Wahrheit oder um eine Dichtung geht – von den politischen Herrschern der jeweiligen Zeit oder anderen Kreisen aus ihrer androzentrischen Perspektive geprägt wurde.

Anschließend wollen wir uns noch kurz dem prominenten Christen Chiune Sugihara aus dem 20. Jahrhundert widmen, der als Diplomat in Litauen durch sein mutiges Handeln 6000 Juden rettete.

2.2.2 *Chiune Sugihara (1900–1986), der sogenannte „japanische Schindler"*

2.2.2.1 Wie Sugihara 6000 Juden gerettet hat

Oskar Schindler, der durch den Film *Schindlers Liste* von Steven Spielberg weltweit bekannt wurde, bewahrte während des Zweiten Weltkrieges gemeinsam mit seiner Frau etwa 1200 bei ihm angestellte jüdische Zwangsarbeiter vor der Ermordung in den Vernichtungslagern der Nationalsozialisten. Mit ihm wird Chiune Sugihara verglichen, der in Litauen als stellvertretender Konsul durch die mutige Erteilung von Visa 6000 Juden gerettet hat und deshalb als „japanischer Schindler" bezeichnet und viel später auch in Japan bekannt wurde. Erst 1992 wurde ihm nachträglich vom damaligen Premierminister Kiichi Miyazawa offiziell Ehre erwiesen.[60]

---

[60] Vgl. Yukiko Sugihara, *Rokusen Nin no Inochi no Visa*, Tōkyō 1999 (1993), 226.

Sugihara begann seine Tätigkeit in diplomatischen Diensten 1924 in Harbin/Mandschurei, nachdem er in der Sprachschule der Japanisch-Russischen Gesellschaft in Harbin mit großem Erfolg Russisch gelernt hatte. Im gleichen Jahr heiratete er die Russin Klaudia Semionovna Apollonowa, von der er sich allerdings elf Jahre später scheiden ließ. Bemerkenswert ist dabei, dass er wohl aus Anlass der Eheschließung in der russisch-orthodoxen Kirche getauft wurde, obwohl man darüber kaum Einzelheiten kennt. Bekannt ist uns nur, dass er sich lebenslang an folgendem Motto orientierte und dieses tatsächlich gelebt hat: „Falle anderen nicht zur Last! Handle immer für die anderen! Erwarte nie Belohnung!“[61] Während das erste Gebot mit Sicherheit aus dem konfuzianischen *Lun-yü* („Die Gespräche [zwischen Konfuzius und seinen Schülern]“) stammt, zeugen die anderen deutlich von der christlichen Botschaft.

Im Jahr 1939 trat er mit seiner zweiten Frau Yukiko, der Schwester seines besten Freundes, seine Stelle als stellvertretender Konsul in Litauen an. Ein Jahr später drangen die Nazis in Polen ein und etwa 3 500 000 Juden flohen nach Litauen. Sie suchten in ihrer verzweifelten Situation nach einer Möglichkeit, mit der Transsibirischen Eisenbahn bis Wladiwostok und dann über Japan in irgendein Drittland zu gelangen, wo sie endlich menschenwürdig aufgenommen würden.

Eines Morgens im Juli 1940 erblickte Sugihara vor seinem Konsulatsbüro eine große Menge todmüder jüdischer Flüchtlinge. Seine wiederholte Bitte um die Genehmigung, ihnen ein Visum erteilen zu dürfen, wies das japanische Auswärtige Amt entschieden ab, da Japan bald mit Deutschland und Italien ein Bündnis schließen sollte.

Da das Lebensmotto Sugiharas und seiner inzwischen getauften Frau Yukiko „humanitär und menschenfreundlich“ (*Jindoshugi* und *Hakuaishugi*) lautete, entschloss er sich, von seinem Privileg als Konsul vollen Gebrauch zu machen und Visa zu erteilen, sofern die Grundbedingungen erfüllt waren, obwohl das Leben der Familie Sugihara dabei auf dem Spiel stehen würde. Aber seine Überzeugung, Menschen, die sich in Not und Gefahr befanden, nicht im Stich lassen zu dürfen, besiegte seinen inneren Konflikt bzw. die Furcht davor, dem offiziellen Befehl des Auswärtigen Amts nicht zu folgen.

Vom 26. Juli bis zum 5. September 1940 stellte er alleine unermüdlich Visa für die geflüchteten Juden aus. Die Sowjetunion hatte inzwischen Litauen annektiert, sodass Sugihara schon am 2. August den Befehl des

[61] Kenji Hattori, *Sugihara Chiune*, in: Takeshi Ueki (Hg.), Kokusaishakai de katsuyakushita Nihonjin, Tōkyō 2009, 146f.

Auswärtigen Amtes erhielt, das Konsulat in Litauen zu schließen und den Ort sofort zu verlassen. Aber er hatte sein Büro heimlich in ein Hotel verlegt und setzte bis zum letzten möglichen Aufenthaltstag seine als Berufung verstandene Aufgabe fort. Frau Sugihara beschreibt dies in ihren Memoiren folgendermaßen: „Er schrieb noch am Bahnhof mehrere Erlaubnisscheine anstelle von Visa, händigte sie den Flüchtlingen aus und rief schließlich aus dem Fenster des Zugs nach Berlin den Juden ohne Erlaubnisscheine zu: ‚Verzeihen Sie mir! Ich kann nicht mehr für Sie schreiben. Ich wünsche Ihnen Glück!‘ Und da rief jemand aus der Menge der Juden zurück: ‚Sugihara! Wir vergessen Sie nie! Wir werden Sie wiedersehen!‘“[62] – was später tatsächlich geschehen sollte.

Danach stand er mit seiner Familie noch weiter in diplomatischen Diensten in Prag, Königsberg und Bukarest, wo er schließlich erfuhr, dass Japan die „Potsdamer Erklärung“ vom 26. Juli 1945 angenommen hatte. Es war April 1947, als die Familie Sugihara nach einer langen Reise mit der Transsibirischen Eisenbahn mit vielen Schwierigkeiten und Nöten endlich nach Japan heimkehrte. Im Juni wurde er dann plötzlich aus dem Auswärtigen Dienst entlassen, wohl wegen seiner Handlung gegen den offiziellen Befehl. Die Sugiharas vereinbarten aus Kummer darüber, dass nie mehr über die Sache mit den Visa für die Juden gesprochen werden sollte. Auf Grund seiner erfolgreichen beruflichen Laufbahn und seiner hervorragenden Sprachkenntnisse erhielt Sugihara weiterhin gute Positionen in mehreren Unternehmen und Institutionen, die seinen Lebensunterhalt sicherten.

2.2.2.2 Anerkennung seiner Handlungen und offizielle Versöhnung mit der japanischen Regierung

Die Juden, die in Litauen und in Prag von Sugihara ein Visum zur weiteren Flucht erhalten hatten, haben ihn nie vergessen und mit viel Mühe und Anstrengungen nach ihm gesucht – mit Erfolg: 1969 wurde er nach Israel eingeladen, wo ihn der Religionsminister empfing, der selbst einer der damaligen Flüchtlinge war. Ihm wurde ein Orden verliehen, auf dem die Worte „Gedenke! Vergiss nie!“ eingraviert sind. Im Jahr 1985 erhielt er die höchste Auszeichnung der Gedenkstätte Yad Vashem, den Ehrentitel „Gerechter unter den Völkern“, und am „Berg des Gedenkens“ (*Har Hasikaron*) in Jerusalem wurde für ihn ein Gedenkstein errichtet.

[62] Sugihara 1999 (wie Anm. 60), 35–43.

Infolge einer Reihe von Auszeichnungen für Sugihara in Israel und in den USA kam es durch einen Beschluss des Parlaments vom 11. März 1992 endlich auch in Japan zu einer Versöhnungs- und Rehabilitationswelle. Bis dahin wurde der Fall Sugihara als Litauen-Vorfall bzw. -Ereignis (*Ritoania-Jiken*) halboffiziell als erledigt betrachtet. In Litauen wurde bald danach eine Straße nach Sugihara benannt. In seiner Heimat in der Präfektur Gifu wurde der „Parkhügel der Humanität" errichtet, um an die Verdienste von Chiune Sugihara zu erinnern, der die Tugenden Humanität und Liebe wirklich gelebt hat.

Frau Sugihara und der älteste Sohn nahmen noch lange an seiner Stelle Auszeichnungen in den USA und in Europa entgegen, wo sie überall gerettete jüdische Flüchtlinge und deren erfolgreiche Nachkommen trafen. Und immer wieder hörten sie den Spruch aus dem Talmud: „Wer nur ein einziges Leben rettet, rettet die ganze Welt." Das abgelaufene Visum mit der Unterschrift Sugiharas haben alle lebenslang als ihren größten Schatz aufbewahrt.

Zum Schluss versuchen wir, die Frage zu beantworten, woher Sugihara die Kraft für seine äußerst schwierige Aufgabe geschöpft und welche Rolle sein Christsein dabei gespielt hat. In den Memoiren von Frau Sugihara und in anderen biographischen Schriften begegnen uns zwar kaum Hinweise auf eine christliche Motivation, wohl aber auf seine Überzeugung, Mitmenschen in Not nicht im Stich lassen zu dürfen, obwohl die Regierung einen anderen Weg gewiesen hatte. Er soll später nach dem dramatischen Wiedersehen mit Flüchtlingen, die durch seine Hilfe überlebt hatten, gemurmelt haben: „Was ich getan habe, ist für einen Diplomaten wohl falsch gewesen, aber als Mensch hatte ich recht"[63] oder: „Wenn ich die Leute im Stich gelassen hätte, hätte ich Gott verraten!"[64] Wie wir im ersten Kapitel angedeutet haben, erleidet ein Mensch wie Sugihara, der seinen eigenen Weg geht, möglicherweise das Schicksal eines vom Mutterleib ausgestoßenen, isolierten Wesens: In der am Grundprinzip der Harmonie beziehungsweise am Kollektiv orientierten Gesellschaft Japans verstehen sich viele Japaner als Teil des großen Mutterleibes Japan und leben dort glücklich. Der prominente Christ Chiune Sugihara hat durch sein tiefes Vertrauen auf Gott als ausgestoßener Japaner ein erfülltes Leben gelebt, indem er vielen Mitmenschen Hoffnung schenkte.

---

63 Ebd., 177.

64 Ebd., 200.

II. Die Perspektive des Alltagslebens

3. *„Menschwerden" in der multireligiösen Gesellschaft Japans*

„Menschwerden" ist ursprünglich in den traditionsgebundenen Kulturen ein lebenslanger Prozess, der den Menschen über mehrere „Stufen" in Form von Initiationen zum vollen Menschsein und schließlich auch darüber hinaus in eine jenseitige Existenz führt.[65] Die verschiedenen leben- bzw. machtspendenden Initiationen weihen den Menschen in seinen wechselnden Lebensphasen auf diese Weise Gott als der letzten Quelle des Lebens oder sie weihen ihn den Ahnen als den Vermittlern des Lebens. Das „Menschwerden" durch den Initiationsritus setzt eigentlich eine Gemeinschaft voraus, die, im Unterschied zu einem beliebigen Kollektiv, einem Verein oder zu etwas bewusst Geschaffenem, etwas Gegebenes ist. Man tritt dieser Gemeinschaft nicht bei, sondern gehört hinein.[66] Von Relevanz ist dabei die erzieherische Dimension des Initiationsritus. Junge Menschen lernen hier Gehorsam, Disziplin oder Selbstbeherrschung und andere Eigenschaften, die für das Gemeinschaftsleben unentbehrlich sind. Bemerkenswert ist auch eine weitere Funktion des Initiationsritus, dass nämlich ein spontanes Gemeinschaftsgefühl unter den mitinitiierten Menschen durch gemeinsame Erfahrungen von Freude und Leid wächst und sie alle miteinander verbindet, während sich andererseits das Individuum dadurch, dass es sich seiner Identität bewusst wird, selbst verwirklicht.[67]

Im modernen Prozess der sich entwickelnden Industriegesellschaften, aber auch infolge der globalen Migration verlieren Gemeinschaften und Initiationsriten ihre Bedeutung, sodass man von Initiationsverlust oder von Ersatzinitiation sprechen muss. Anstelle der traditionellen Initiationen, die immer mehr verschwinden, werden in der säkularisierten Gesellschaft überall Aufnahmeprüfungen intellektueller und physischer Art eingeführt – ein Ergebnis der sogenannten Konkurrenz-Gesellschaft. Das geht manchmal so weit, dass brutale Taten oder unmenschliche Situationen hingenommen werden oder gar schon für den Kindergarten Aufnah-

---

65 Vgl. Mircea Eliade, *Das Mysterium der Wiedergeburt. Versuch über einige Initiationstypen*, Frankfurt a. M. 1988.

66 Vgl. Gerardus van der Leeuw, *Phänomenologie der Religion*, Tübingen ^{4}1977, 271.

67 Vgl. Bénézet Bujo, *Initiation*, in: Hans Waldenfels (Hg.), Lexikon der Religionen, Freiburg i. Br. ^{3}1996, 305f.

meprüfungen stattfinden. In solch einer Gesellschaft finden sozial schwache Menschen nur schwer ihren Lebenssinn.

Zunächst werden wir uns damit beschäftigen, wie sich „Menschwerden“ traditionell in den japanischen Religionen vollzogen hat und vollzieht und worauf „Menschwerden“ in Japan zielt.

Die kulturelle Identität der Japaner basiert auf der autochthonen Religion des Shintō und den japanisch geprägten Fremdreligionen, also dem Konfuzianismus und dem Buddhismus, die Japan als ein von Göttern und von Buddha gesegnetes Land und somit als seelische Heimat der Japaner legitimiert haben. Auch tragen die im 19. und 20. Jahrhundert entstandenen sogenannten „Neuen Religionen“ mit ihrer grundsätzlich konservativen und nationalistischen Gesinnung unmittelbar zur Festigung der japanischen Identität bei. Aufgrund dieser Religionen herrscht das Ethos der Harmonie (*wa*) seit dem Beginn der historischen Zeit innerhalb der japanischen Gesellschaft, sodass sie bis in die Gegenwart ihr Bewusstsein von nationaler Zusammengehörigkeit behalten hat. Dieses Ethos der Harmonie prägt das „Menschwerden“ der Japaner im Zusammenspiel der Religionen, die jeweils verschiedene Initiationsriten tradieren.

3.1 „Menschwerden“ im shintōistischen Kontext

Die Volksreligion Japans, der Shintō, kennt weder einen Stifter noch heilige Bücher und auch keine verbindliche Institution wie die Kirche. Das Hauptmerkmal des Shintō, der heute vielfach als charakteristisch japanischer Lebensstil angesehen wird, ist die Divination, d. h. ein intuitives Erkennen der von numinosen Mächten erfüllten Naturerscheinungen, Persönlichkeiten und nicht zuletzt der nahrungsspendenden und Leben erzeugenden Kräfte. Aufgrund der in der shintōistischen Mythologie verwurzelten Vorstellung, dass alle Japaner seit dem Anfang der Geschichte des Landes mit dem Tennō, dem Nachkommen der höchsten Gottheit, Amaterasu, verwandt und somit göttlichen Ursprungs seien, festigte sich das Selbstverständnis der Japaner als homogenes Volk. Dies wurde auch von jeder anderen in Japan praktizierten Religion legitimiert. So konnte sich in Japan das ideologische Konstrukt des Staates als „Familie“ entwickeln. Hier haben wir es mit dem Begriff des als Religion zu verstehenden „Japanertums“ (*nippon-kyō*) zu tun – einem Konzept, das in Analogie zum Judentum verstanden werden kann. Während jedoch das Judentum einen absoluten, transzendenten Gott voraussetzt, nimmt im Shintō die als Familie verstandene Gemeinschaft – also der Staat, die

Institutionen und die sozialen Verbindungen – die Stelle Gottes ein. Vor diesem Hintergrund erklärt sich die absurde Diskriminierung von Ausländern und bestimmten Berufsgruppen, wie z. B. WanderkünstlerInnen und WanderpriesterInnen, da der Familienbegriff für die Japaner Homogenität, religiöse Reinheit und Sesshaftigkeit voraussetzte und noch immer latent voraussetzt.

Der Mensch wurde nach der shintōistischen Mythologie weder geschaffen noch geboren; stattdessen herrscht die Vorstellung, dass er aus der Erde wächst wie ein Kraut. In der Mythologie wird der Mensch nämlich als „grünes Kraut" bezeichnet. Dementsprechend stellt man sich die Neugeborenen als subtile, feine Zwischenwesen vor, die zwischen der Herkunftserde, zu der auch die Toten gehören, und den in der Erde gedeihenden Menschenkräutern umherwandern. So wird verständlich, warum man früher nicht gleich am Geburtstag die Ankunft des Kindes in der Welt feierte, sondern erst am siebten Abend (*oshichiya*) nach der Geburt im Kreis der Familie und der örtlichen Gemeinschaft. Man kleidete dann das Kind zum ersten Mal mit einer dem Menschen entsprechenden Kleidung und gab ihm seinen Namen. Am hundertsten Tag nach der Geburt bekommt es zum ersten Mal gekochten Reis (*okuizome*) und wird in den Shintō-Schrein gebracht, um den göttlichen Segen zu empfangen. Die Mädchen werden dann im dritten und siebten Lebensjahr nochmals in den Shintō-Schrein geführt, die Jungen im dritten und fünften Lebensjahr (*shichigosan*).

Japaner werden heute mit 20 Jahren volljährig. Dazu veranstalten die Stadtverwaltungen eine offizielle Zeremonie, allerdings ohne besondere religiöse Riten. Die volljährig Gewordenen fühlen sich tatsächlich ganz anders als zuvor, wenn sie mit dem Segen des Umfelds und teuren Geschenken von den Eltern überhäuft werden. Diese Zeremonie ist ein Symbol für den Abschied der Betreffenden von der Kindheit und zugleich eine weihevolle Aufnahme in die Gesellschaft, in der sie nun als gleichberechtigte Mitglieder auch das Wahlrecht besitzen.[68]

Das Fundament des als Familie verstandenen Staates ist selbstverständlich die Kleinfamilie. Die Initiation, die zur vollen Mitgliedschaft in der Gesellschaft führt, erfolgt traditionell mit der Eheschließung und folglich mit der Gründung der eigenen Familie. Es muss allerdings hinzugefügt werden, dass sich die Vorstellungen von der Ehe oder von anderen Lebensformen vor allem bei den Jugendlichen in verschiedener Hinsicht ändern, sodass heute die traditionelle Familie in Frage gestellt wird.

---

[68] Seit 2016 besitzen Jugendliche ab 18 Jahren das Wahlrecht.

Die Eheschließung war kaum eine private Angelegenheit der Ehepartner, sondern die öffentliche Kundgabe der Gründung einer neuen Familie. Die Ehe wurde früher häufig und auch heute noch manchmal von machtvollen Personen, d. h. von Verwandten oder vom Chef auf der Arbeitsstelle, arrangiert. Bei der Hochzeit liegt der Schwerpunkt oft nicht auf der religiösen Zeremonie, sondern auf dem anschließenden gesellschaftlichen Ereignis, zu dem im Allgemeinen Verwandte, Freunde und wichtige Personen aus dem Arbeitsumfeld des Brautpaares eingeladen werden. Erst mit der Heirat gilt ein Mann als sozial vertrauenswürdig, weil er mit seiner eigenen Familie zum großen Lebensstrom des „Japanertums" beiträgt.

3.2 „Menschwerden" im konfuzianischen Kontext

Während in Bezug auf das „Menschwerden" in der Gesellschaft traditionell der Shinto auf der Ebene des Lebensgefühls die Basis bildet, stärkt der Konfuzianismus mit seiner Staatsphilosophie die Identität der Japaner auf sozial-ethischer Ebene. Indem der Konfuzianismus die Relevanz des Ahnenkultes und somit die religiös-ethische Rolle der Familie betont, normiert er die zwischenmenschlichen Beziehungen. Von den drei sozialen Pflichten – das sind in der ursprünglichen Reihenfolge die Pietät den Eltern gegenüber, die Loyalität und die Treue gegenüber den Mitmenschen – wurde in Japan die Loyalität als die wichtigste angesehen und an die erste Stelle gesetzt. So ist eine vertikal strukturierte Gesellschaft zustande gekommen, die noch heute Japan charakterisiert: Direktoren großer Firmen berufen sich manchmal auf ihre konfuzianische Funktion als Herrscher bzw. Vater, um ihre Arbeitnehmer bis in deren persönliche Bereiche hinein, beispielsweise bei der Eheschließung oder politischen Wahlen, zu beeinflussen.

Besonders wichtig für die gesellschaftliche Ordnung sind im Konfuzianismus die fünf grundlegenden menschlichen Beziehungen (*gorin*), die als naturgegeben verstanden werden: Herrscher – Untertan; Eltern – Kinder; Ältere – Jüngere; Mann – Frau; Freund – Freund. Abgesehen von der Beziehung zwischen Freunden handelt es sich immer um hierarchische Verhältnisse.

Außerdem sollte man in diesen zwischenmenschlichen Verhältnissen die fünf Grundtugenden (*gojo*) erfüllen. Diese sind Menschlichkeit (*jin*), Rechtschaffenheit (*gi*), Schicklichkeit (*rei*), Weisheit (*chi*) und Wahrhaftigkeit (*shin*). Unter ihnen ist *jin* von zentraler Bedeutung – ein Begriff, der mit Menschlichkeit, Liebe, Mitleid oder Humanität wiederzugeben ist.

Jin ist ein geistig-psychischer Zustand, der den Menschen von den anderen Lebewesen unterscheidet, der ihn zum Menschen macht. Diejenigen, die *jin* permanent in sich verwirklichen, gelten als vollkommene Menschen (*seijin*).[69]

Nach dem Neo-Konfuzianismus ist die menschliche Existenz ebenso vom Ordnungsprinzip *li* wie vom Materie-Energie-Prinzip *ki* bestimmt, sodass von der Einheit von Makrokosmos und dem Menschen als Mikrokosmos gesprochen wird. In dieser Einheit des Kosmos ist auch das Konzept von Schuld und Sühne unbekannt, das das Christentum dem allmächtigen Gott gegenüber kennt. Verschiedene Unterschiede zwischen den Menschen, wie Zu-Höherem-bestimmt-Sein und Zu-Niederem-bestimmt-Sein, Begabt-Sein und Unbegabt-Sein, erscheinen als unabänderliche Tatsachen. Diese Unterschiede sind für den Neo-Konfuzianismus ontologisch, nicht moralisch. Dennoch gibt es eine Art Volksglauben konfuzianischer Prägung, der den Himmel als Richter ansieht, der das Laster bestraft und die Tugend belohnt (*kanzen-chōaku*).

Nach der konfuzianischen Ethik hängt der ideale Zustand des gesamten Kosmos vom moralischen Handeln des einzelnen Menschen ab. Wenn der (die) Einzelne seiner (ihrer) Bestimmung entsprechend lebt und die Tugend (*jin*) verwirklicht, wird die Familie gedeihen, werden im Staat Gerechtigkeit und Friede herrschen, und schließlich wird unter dem Himmel die absolute Harmonie und Einheit erreicht sein (*shusin-saika-chikoku-heitenka*).

In Bezug auf das „Menschwerden" wird seit der Zeit von Konfuzius im 6. Jahrhundert v. Chr. folgendes Ideal – nach Altersstufen unterteilt – angestrebt: Mit 15 Jahren beschließt man, durch Lernen zur Weisheit zu gelangen; mit 30 Jahren wird man selbständig; mit 40 Jahren irrt man sich nicht mehr; mit 50 Jahren erkennt man seine eigene Bestimmung und Berufung, die vom Himmel vorgegeben ist; mit 70 Jahren übertritt man das himmlische Gesetz nie mehr – auch nicht bei der Befriedigung seiner Begierden.[70] Das heißt, Konfuzius sah den Höhepunkt des „Menschwerdens" in der Verwirklichung der absoluten Harmonie zwischen individueller Begierde und sozialer Gerechtigkeit.

Während sich der Shintō nie für die Reifung des Menschen interessiert hat, vertieft der Konfuzianismus mit diesem Modell des „Menschwerdens" die japanische Vorstellung vom Menschen in Bezug auf seine Rolle

---

69 Vgl. Lunyü VI, 30.

70 Vgl. Lunyü II, 4.

in der Gesellschaft. Das Erreichen jeder Altersstufe, die hier angeführt wurde, wird auch heute noch als eine Art Initiation gefeiert.

In Bezug auf das Problem der Überalterung der Gesellschaft ist die Vorstellung von der inneren Reifung des Menschen sehr relevant, da das Alter in der modernen Gesellschaft Japans immer stärker mit der Vorstellung von Hässlichkeit und Nutzlosigkeit als Abfallprodukt der industriellen Gesellschaft verbunden wird. Aufs Ganze gesehen ist der japanische Konfuzianismus stark an den Herrschenden orientiert und kaum an der Würde des Menschen und den Menschenrechten der sonstigen Bevölkerung interessiert.

3.3 „Menschwerden" im Buddhismus

Der Buddhismus, dessen Lebensmitte im Erwachen aus der unheilvollen Situation des Unwissens besteht und der den Menschen zunächst als in der Ichsucht gefangen sieht, ist eigentlich eine Religion, die sich an jedes Individuum richtet. In Japan vollzog sich aber seit seiner Einführung aus Korea im 6. Jahrhundert die Institutionalisierung des Mahāyāna-Buddhismus und seiner Gottheiten teilweise durch Identifizierung mit den Shintō-Gottheiten zugunsten einer dem Land dienende Religion. Auch japanische Mönche und Nonnen kennen die Initiation in zwei Formen: zum einen im Entschluss zur Heimatlosigkeit, also des Abschieds von der Welt, und zum anderen in der Erlangung der vollen Mitgliedschaft im *Saṅgha*, also in einer ordensähnlichen Gemeinschaft; beides bedeutet Ordination. Die Aufnahme in den *Saṅgha* vollzieht sich durch die Bekleidung mit dem Mönchs- bzw. Nonnengewand, dem Scheren des Haupthaares und der Namensgebung. Das war beim Buddhismus im japanischen Altertum (6.–11. Jahrhundert) der Fall, der sowohl einen wissenschaftlichen, die Lehre betreffenden, als auch einen das Land beschützenden Charakter hatte. Das Leben der Mönche und Nonnen wurde von einem zentralen Amt organisiert. Sie waren quasi verbeamtete Priester und Priesterinnen, die beide Formen der Initiation auf strengste Weise vollziehen mussten. So bedeutete Initiation im Buddhismus des Altertums nichts anderes als die Übernahme in den Dienst des Landes.

Die Japaner waren jedoch von Anfang an am Laienbuddhismus interessiert, der keine Weltabgeschiedenheit forderte. Dies wird daran deutlich, dass der erste Buddhismus-Förderer, Prinz-Regent Shōtoku, nur die Sūtren für Laien geschätzt und ausschließlich zu ihnen Kommentare geschrieben hat. Außerdem wurde die Heirat von Priestern von Anfang an geduldet, sodass viele Priester nur nominell heimatlos sind.

Im Prozess der Rezeption des Buddhismus als Landesreligion ist außerdem die politische Einstellung von Prinz Shōtoku beachtenswert, die in seinem 17-Artikel-Gesetz zum Ausdruck kommt. Im ersten Artikel heißt es: „Das Beste für das Land Japan ist die Harmonie (*wa*)." Nach Hajime Nakamura, einem bedeutenden Buddhologen, ist hier der Begriff Harmonie nicht konfuzianisch zu verstehen, wie oft angenommen wird, er beruht vielmehr auf der buddhistischen Konzeption von Barmherzigkeit.[71] Diese ist im Buddhismus ursprünglich ein die Menschen verbindendes Prinzip, aber für Prinz Shōtoku war die Harmonie in den zwischenmenschlichen Beziehungen das Prinzip einer als absolutistisch verstandenen staatlichen Einheit. In Artikel 12 heißt es: „Für die Untertanen gibt es keine zwei Herren im Staat." Damit wird ganz klar die absolutistische Tendenz des Tennō-Systems zum Ausdruck gebracht. Prinz Shōtoku beabsichtigte bei der Rezeption des Buddhismus durch die Aufnahme ausländischer Ideen mit ihrem tief philosophischen Inhalt das japanische Staatswesen kulturell und politisch zu optimieren.

Das religiöse Prinzip der Barmherzigkeit wird also von ihm benutzt, um das Bewusstsein der Einheit des Volkes zu stärken. Dies gilt als seine eigentliche Leistung für die japanische Geschichte und ist als solche anerkannt. So wurde die buddhistische Idee der Heimatlosigkeit in dieser Welt im Laufe der japanischen Buddhismus-Rezeption immer weniger als Hintansetzung des eigensüchtigen Selbst verstanden, sondern vielmehr als Stärkung der archaisch-mütterlichen Gemeinschaft uminterpretiert.

Die spätere Entwicklung des japanischen Buddhismus ist von Bedeutung für das „Menschwerden" im religiösen Sinne. Einerseits ist der Amida-Buddhismus zu nennen, der die asketische Heimatlosigkeit und damit das Mönchtum radikal abgelehnt hat. Derjenige, der sich zutiefst seiner Sündhaftigkeit, seiner Unwissenheit und seiner Unzulänglichkeit bewusst wird, ist eingeladen zum vertrauenden Glauben an die Gnade des Amida-Buddha. Hier kommt es bei der Erlösung nur auf den Glauben an Amida an, keineswegs auf das eigene Werk. So ruft der Glaubende den Namen Amidas (*nenbutsu*) in Dankbarkeit für die Begegnung mit ihm an. Dieser Akt, der als Verwirklichung der Selbstlosigkeit und der Hingabe des Menschen an den Amida-Buddha aufgefasst wird, ist nichts anderes als die Selbstverwirklichung in der Welt. Im Amida-Buddhismus, in dem der Unterschied zwischen der sakralen und der profanen Sphäre aufgehoben ist, spielt daher der Initiationsritus keine wesentliche Rolle.

---

[71] Vgl. Hajime Nakamura, *A History of the Development of Japanese Thought from A.D. 592 to 1868*, Bd. 1, Tōkyō [2]1969, 5.

Die andere Form des buddhistischen „Menschwerdens“ geschieht im Zen-Buddhismus, dessen Besonderheit vor allem in dem Versuch liegt, ohne Dogmatik und ohne rationale Mittel des logischen Denkens völlig unmittelbar „von Geist zu Geist“ zur Erleuchtung zu gelangen. Dabei wird das hierarchische und exklusive Verhältnis zwischen Lehrer und Schüler besonders wichtig, sodass das Aufgenommen-Werden durch den Lehrer schon ein Initiationsritus ist. Die durch Meditation angestrebte Erleuchtung im Zen, welche die Begegnung mit dem Buddha und die Umkehr von der ichbezogenen Existenzweise zum ursprünglichen Selbst voraussetzt, wird auch als Selbstverwirklichung erfahren. Kennzeichnend für die Selbstverwirklichung des erkennenden Menschen ist sein völliges Eins-Sein mit dem Erkannten und die dadurch entstehende vollkommene Freiheit und Unerschütterlichkeit in allen Situationen. Der Erleuchtete nimmt alles in der Welt so hin, wie es ist. Diese Art der Selbstverwirklichung des Menschen im Buddhismus ist ohne Zweifel eine echte Heilsgröße, die absolute Befreiung bedeutet, aber sie richtet sich vorwiegend auf den inneren Zustand des Menschen. Nach buddhistischer Ansicht hängen alle Phänomene der Welt kausal voneinander ab (*engi*). Das ist eigentlich eine ausgezeichnete Grundlage für die Idee der sozialen Wohlfahrt: Man könnte das eigene Unglück und das der anderen relativieren, weil man durch Mitgefühl am Schicksal der sozial Schwachen teilhaben könnte. Stattdessen ergibt die absurde Realität der Gesellschaft selbst für das Auge der Erleuchteten einen religiösen Sinn, sodass oft die Kritik an sozialer Ungerechtigkeit ausbleibt. Hier liegt eine gewisse Grenze des buddhistisch geprägten Altruismus der Japaner.

Seit dem Bann über das Christentum im 17. Jahrhundert wurde die Trauerzeremonie, die als eine Art Initiationsritus und ein würdevolles Abschiednehmen von der Gemeinschaft der Lebenden galt und gilt, fast ausschließlich zur Aufgabe buddhistischer Priester. Diese monopolartige Aufgabe des Buddhismus wurde im Laufe der Geschichte zu bloßem Brauchtum.

3.4 „Menschwerden“ in den zwischenmenschlichen Beziehungen als Synthese der synkretistischen Kultur Japans

Fassen wir zusammen, wie die japanischen Religionen eine geistige Heimat für die Japaner geschaffen haben: Durch den Shintō ist die Idee des Familienstaates zustande gekommen, zu dem die blutsverwandte Familie sowie die lokale Gemeinde und verschiedene Organisationen gehören.

Außerdem sind Geburt und Eheschließung die traditionellen Bereiche der shintōistischen Initiation. Die konfuzianische Staatsphilosophie und ihre Sozialethik verstärkten das Zusammengehörigkeitsgefühl der Japaner und gaben den zwischenmenschlichen Beziehungen ein Ordnungsprinzip. Durch ihre Begegnung mit dem Buddhismus lernten die Japaner die Größe der Selbstlosigkeit im Sinne der Überwindung der Ichsucht, den Wert der Harmonie auch in divergierenden Anschauungen, Meinungen und Prinzipien kennen und sie erfassten die Bedeutung des Verhältnisses der Menschen untereinander, welches im Prinzip der kausalen Zusammenhänge (*engi*) gründet.

Für die Japaner, die sich einen transzendenten Schöpfergott nicht vorstellen können, haben zwischenmenschliche Beziehungen die Bedeutung einer absoluten Größe. Diesen glorifizierten zwischenmenschlichen Beziehungen, die keineswegs als ein rationalistisch gedachtes Verhältnis von *do ut des* zu verstehen sind, liegt eine tiefe Erkenntnis gegenseitiger Abhängigkeit und eine daraus folgende Dankbarkeit zugrunde, weil eine Existenz ohne die andere undenkbar ist. Anders formuliert: Nach japanischem Verständnis wird die menschliche Existenz (*ningen*) im „Zwischen" von Mensch zu Mensch eingeordnet, sodass die Japaner diese Beziehung als Bestandteil des eigenen Selbst auffassen.[72] Die Japaner besitzen insofern eine kontextuelle Existenz, als sie im Kontext mit den anderen ihre eigene Existenz finden. Das heißt, Japaner handeln aktiv und subjektiv, indem sie denken: „Ich bin in dir, du bist in mir." Es wäre falsch zu behaupten, dass die Japaner ihre Individualität im Kollektiv verschwinden lassen. Sie wirken vielmehr aktiv, subjektiv und individuell in ihrer homogenen Gesellschaft, in der diejenigen angesehener sind, die mehr Beziehungen besitzen, als diejenigen, die Qualifikationen und Fähigkeiten vorweisen können.

Wenn sich zwei einander fremde Japaner treffen und ein Gespräch führen, suchen sie bewusst oder unbewusst nach einer Person, die sie beide kennen. Finden sie einen oder mehrere gemeinsame Bekannte, fühlen sie sich besser vom anderen verstanden. So gilt die soeben geschaffene Beziehung der beiden durch ihre gemeinsame Kontextualität als gesichert und somit als stabil.

Im Hintergrund der Entwicklung der japanischen Mentalität steht darüber hinaus die Wertschätzung der Natürlichkeit (*jinen*) im Sinne des

---

[72] Diese Auffassung vom Menschen vertreten folgende Philosophen und Psychologen: Tetsurō Watsuji, *Nihon Rinri Shisō-shi, jo*, in: Watsuji Tetsurô Zenshu, Bd. 1, Tōkyō 1962; Kimura 1995 (wie Anm. 3); Hamaguchi 1996 (wie Anm. 3).

So-Seins, was ursprünglich eine Art religiöse Auffassung war. Die Natürlichkeit entwickelte sich im Kulturwandel und im Prozess der Popularisierung der Religion langsam zur bloßen Bejahung des So-Seins in allen Phänomenen einschließlich der Lebensverhältnisse. So wird auch die herausragende Bedeutung der Initiation als Abschied von einer früheren Entwicklungsstufe, als möglicherweise gefahrvoller Übergang und Aufnahme in eine neue Gemeinschaft kaum mehr als solche erkannt. Die Geburt, die Einschulung, das Erreichen der Volljährigkeit mit 20 Jahren, das Ergreifen eines Berufes und die Eheschließung (Familiengründung) gelten heute als Initiationen in säkularisierter Form, ohne dass man nach ihrer eigentlichen Bedeutung fragt.

3.5 Die Rolle des Christentums als Ergänzung oder Antithese zum Konzept des „Menschwerdens“ in der japanischen Gesellschaft

In Japan fasste das Christentum als organischer Einheitskörper nicht richtig Fuß, aber es wird de facto in die traditionellen Religionen sowie das volkstümliche Brauchtum symbolisch, thematisch und praktisch-rituell integriert. Viele Japaner, die tendenziell weniger auf die inhaltlichen Lehren der Religion als auf Riten und Ästhetik Wert legen, mögen besonders christliche Rituale oder Feiern wie Weihnachten, den Valentinstag und vor allem Hochzeiten, an denen die ursprünglich in Japan praktizierten Religionen kaum interessiert waren. Wir werfen nunmehr aber einen Blick auf die Rolle des Christentums aus der Perspektive der Sozialethik und im Zusammenhang mit der Sozialisierung von Jugendlichen.

Der herausragenden Bedeutung zwischenmenschlicher Beziehungen für die Japaner steht das Modell des Menschen mit Individualitätsbewusstsein gegenüber, der sich auf sich selbst stützt, wie es bei den Europäern vorwiegend der Fall ist. Inwiefern das Christentum zur Individualisierung der Europäer beigetragen hat, ist ein Kapitel für sich. Doch das Individualitätsbewusstsein als ein personales Dasein, das die elementare Voraussetzung für die Reifung des Menschen und der Gesellschaft darstellt und mit Werten wie Freiheit, Menschenrechten und Menschenwürde verbunden ist, wäre ohne die jüdisch-christliche Tradition nicht zustande gekommen. Sicher ist jedenfalls, dass sich das Christentum nicht an ein Kollektiv richtet, sondern an den einzelnen Menschen mit seinem individuellen Willen und seiner persönlichen Freiheit. Unter dem Vorzeichen einer eschatologischen Spannung ist überall die Rede von der Reifung des Menschen, während man in Japan kaum danach fragt, denn man schätzt in erster Linie die Kontinuität in zwischenmenschlichen Beziehungen und somit die Stabilität im Verhältnis der Menschen untereinander. Diese Einstellung verstärkte die familiäre Bindung der Japaner innerhalb der Gesellschaft, was insbesondere auch zur Triebkraft für den japanischen Kapitalismus wurde.

Die Demokratie ist europäisch-amerikanischen Ursprungs und setzt reife Erwachsene voraus; sie ist nach dem Zweiten Weltkrieg auch nach Japan gekommen. Hier allerdings herrscht eine gegenseitige Abhängigkeit vor, also eine Form von Beziehungen zwischen unreifen, halbreifen und reifen Erwachsenen, die nicht dem christlichen Maßstab entspricht – der allerdings auch im Westen selten erreicht wird.

In der japanischen Demokratie herrscht noch heute eine gewisse Unsicherheit. Erstens ist in Japan nicht immer ein gleichberechtigtes Verhältnis der Menschen zueinander zu verwirklichen, welches eine Voraussetzung dafür ist, dass ein Netzwerk entstehen und eine Diskussion zustande kommen kann, da man manchmal Diskussionen als eine Art Streit missdeutet. Zweitens bleibt die Idee der Reifung der Persönlichkeit vage. In Japan besitzt der Begriff „Reifung“ erstaunlicherweise einen Beigeschmack von „Unreinheit“ bzw. „Übel“. Oft wird ein Mensch, der durch unmoralisches Handeln einen Beitrag für die Gemeinschaft oder eine Organisation leistet, als wertvoller Mensch betrachtet. So sind die Japaner zwar dem biologischen Alter und dem Wissensstand nach erwachsen, aber sie sind in Bezug auf die Politik nicht reif genug für eine Demokratie und, was ihre psychische Struktur betrifft, nicht erwachsen genug für eine ethische Gestaltung der Persönlichkeit.

Die Behauptung, dass Japaner kein Konzept für die Menschenrechte bräuchten, wird in Japan oft damit begründet, dass die glorifizierten zwischenmenschlichen Beziehungen gut funktionierten und die traditionelle Ethik der Loyalität, Pietät und Treue den Mitmenschen gegenüber die Wahrung der Menschenrechte sicherstelle. Diese These spiegelt das Ziel der traditionellen Initiation bzw. des Initiationsersatzes wider: dass initiierte Menschen zur Selbstwerdung und zum Bewusstsein ihrer Identität gelangen. Bei dieser These wird allerdings die Tatsache außer Acht gelassen, dass sowohl die zwischenmenschlichen Beziehungen in Japan als auch die japanische Ethik der Loyalität, Pietät und Treue nur in der als „homogen“ verstandenen Gesellschaft Japans gut funktionieren können. Diese Relationalität sowie die japanische Ethik stoßen in der Praxis insofern deutlich an Grenzen, als auch die Fremden und die diskriminierten Schichten in der japanischen Gesellschaft kooperativ leben wollen. Die politischen Spannungen zwischen Japan und den anderen asiatischen

Ländern, die zumeist Opfer des japanischen Kolonialismus gewesen sind, beruhen auf der fehlenden Einsicht der Japaner in Bezug auf diesen Teil ihrer Geschichte und die Brutalität ihrer Kriegsführung. So scheint mir der kulturellen Identität der Japaner, der japanischen Ethik sowie der japanischen Philosophie oft sowohl die Perspektive der „Anderen“ als auch die kritische Auseinandersetzung mit dem eigenen sozialen System zu fehlen.

Die Tatsache, dass im Bildungswesen nach dem Krieg Religion und Ethik voneinander getrennt wurden, spielt ebenfalls eine Rolle. Religionsunterricht ist nur in privaten Schulen möglich. Die Religion ist jedoch eine reichhaltige Quelle an Vorbildern für eine ethische Handlungsweise und an Vorstellungen vom reifen Menschen, auch wenn sie nationalistisch missbraucht werden kann.

Wir erinnern uns hier an die Goldenen Regeln in den Religionen, die in Japan und in Europa auf die Grundeinstellung der Menschen im Rahmen ihrer Erziehung gewirkt haben. Bekannt sind die konfuzianischen Goldenen Regeln aus dem *Lunyü*, der Aufzeichnung der Gespräche des Konfuzius: „Derjenige, der sich selbst Erfolg wünscht, lässt zunächst den Anderen Erfolg haben. Wenn er ein Ziel erreichen will, lässt er zunächst den Anderen das Ziel erreichen“ (Lunyü VI,30). Oder: „Was man sich selbst nicht wünscht, soll man dem Anderen nicht tun“ (Lunyü XV,24). Denjenigen, der sich in seinem Leben stets an die erste Regel hält, nennt Konfuzius einen vollkommenen Menschen, der mit der höchsten Tugend, mit *jin* („Menschlichkeit“), ausgestattet ist. Dieses Ideal ist allerdings auch nach Konfuzius am schwierigsten und höchst selten zu realisieren. Hingegen wird die zweite Regel sehr oft in Japan zitiert. Hier geht es um *jo*, also Tugend, die man mit Rücksichtnahme oder Mitgefühl beschreiben kann. Sie ist eine unentbehrliche Voraussetzung für gelingende zwischenmenschliche Beziehungen.

Im Unterschied zu diesen Goldenen Regeln des Ostens, die in der japanischen Gesellschaft gelten, ist die christliche Goldene Regel innovativ und provokativ; sie deckt sich in gewisser Weise mit der ersten konfuzianischen Regel: „Alles, was ihr wollt, dass euch die Menschen tun, das tut auch ihnen!“ (Mt 7,12). Diese Botschaft steht im Kontext der Aussage, dass alle Gebote des Gesetzes in der vertrauenden Liebe verwirklicht und vollendet werden, indem man bittet, sucht und anklopft, wie der Vater im Himmel denen Gutes geben wird, die ihn darum bitten. Hier sind neue Beziehungen der Menschen zueinander und zu Gott gefordert, die im absoluten Respekt vor dem Nächsten realisiert werden, wie ihn auf vorbildliche Weise der barmherzige Samariter (Lk 10,25f.) zeigt. Während die zweite konfuzianische Goldene Regel eher die a priori angelegte Ordnung der Gesellschaft verstärkt und festigt, zielt die christliche Goldene Regel mit ihrem Postulat einer positiven und tatkräftigen Aktivität auf eine grundlegende Veränderung des Menschen. Was die Entwicklung des Menschen mit dem Ziel seiner Reifung betrifft, würde das Christentum das Menschenbild des Buddhismus und des Konfuzianismus gut ergänzen.

3.6 Zum Schluss: ein ideales Bild der Selbstwerdung und des „Menschwerdens"

Das Idealbild, das die Japaner von sich haben, spiegelt ein Bericht des Zentralen Bildungsrats Japans (*Chuo Kyoiku-shingikai Toshin*) von 1966 wider. Inhaltlich hat sich daran bis heute kaum etwas geändert, allerdings ist die Vaterlandsliebe immer stärker in den Vordergrund getreten. Der erste Teil des Berichts schildert die primäre Aufgabe der Japaner angesichts der sich ändernden Verhältnisse in der internationalen Gemeinschaft, und der zweite Teil entwirft ein ideales Bild vom japanischen Menschen als Individuum, als familiärem und sozialem Wesen und als Element des Volkes. Vom Japaner als Individuum wird hier erwartet, frei zu sein, die Familie für den idealen Ort zum Ausruhen zu halten, sich selbst zu schätzen, einen starken Willen zu zeigen und Ehrfurcht vor dem Urgrund des Lebens zu haben. Dieses Bild vom Menschen, dessen Verwirklichung der Staat erwartet, entspricht genau dem, was die japanischen Religionen über den Menschen lehren, wenn sie die familiären Bindungen und die Harmonie in den zwischenmenschlichen Beziehungen sowie die Wertschätzung des Selbst in den Vordergrund stellen. Der Begriff des Frei-Seins und des starken Willens des idealen Menschen scheint auf dem europäisch-amerikanischen Menschenbild zu basieren.

Zum Schluss möchte ich mit Karl Jaspers ein modernes Bild von der Reife des Menschen präsentieren, das er in seiner Baseler Radio-Vortragsreihe *Einführung in die Philosophie* von 1949 zum Ausdruck bringt. Er spricht von der Grundeinstellung der Menschen angesichts von „Grenzsituationen", auf die man entweder mit Verschleierung, mit Verzweiflung oder mit „Wiederherstellung" reagiert. Was er unter „Wiederherstellung" versteht, macht er mit dem Satz deutlich: „Wir werden wir selbst in einer Verwandlung unseres Selbstbewusstseins."[73] Er erläutert seine Position mit den folgenden Worten:

„Es ist entscheidend für den Menschen, wie er das Scheitern erfährt, ob es ihm verborgen bleibt und ihn nur faktisch am Ende überwältigt, oder ob er es unverschleiert zu sehen vermag und als ständige Grenze seines Daseins gegenwärtig hat; ob er phantastische Lösungen und Beruhigungen ergreift, oder ob er redlich hinnimmt im Schweigen vor dem Undeutbaren. Wie er sein Scheitern erfährt, das begründet, wozu der Mensch wird."[74]

Diese Einsicht in die Realität des Lebens vergrößert die Anzahl der Optionen, die Japanern bei ihren Entscheidungen in den verschiedenen Lebenssituationen offenstehen. Einsicht in die Realität des Lebens ist den Japanern allerdings auch vom Buddhismus her bekannt, denn im Buddhismus geht es in erster Linie um eine Antwort auf die vielfältigen Formen des Leidens, also des Scheiterns der Menschen.

4. *Ethik auf der Basis der Religionen im Wandel*

Vorbemerkung

Angesichts der Pluralität der Kulturen in einer Gesellschaft wird die Objektivität der Ethik bzw. ethischer Normen immer häufiger in Frage gestellt. Heute sind wir uns bewusst, dass den Normen oder Definitionen der Ethik bestimmte Erfahrungen zugrunde liegen, die in der Weltanschauung und der Wertordnung bestimmter erwachsener Menschen aus bestimmten Kulturkreisen wurzeln. Die anderen, wie viele Frauen, Kinder und sonstige, die nicht zur Kategorie dieser einflussreichen Menschen gehörten, mussten sich lange Zeit fremdbestimmt fühlen.

Bevor ich nun meine Gedanken zu Ort, Art und Funktion der Ethik in Japan zusammenfasse, tauchen verschiedene Fragen auf: Wer bestimmt eigentlich, was richtig oder gerecht ist? Wie ist der Maßstab für die Gerechtigkeit oder Richtigkeit einer Sache zustande gekommen? Vielleicht durch die öffentliche Meinung? Ob meine innere Stimme dann immer der öffentlichen Meinung zustimmen kann? Am utilitaristischen Prinzip des modernen Sozialstaats „größtmögliches Glück der größtmöglichen Men-

---

[73] Karl Jaspers, *Einführung in die Philosophie*, München [23]1983, 18.

[74] Ebd., 20.

ge“[75] orientieren sich viele Japaner, aber es brachte und bringt den Schwachen viele Nachteile. Außerdem bleibt die Frage offen, wie der Begriff „größtmöglich“ zu bestimmen ist.

In Japan hat es nie eine verbindliche Institution wie die christliche Kirche gegeben, die sich mit sozialethischen Problemen und der Individualethik auseinandersetzt. Bis zum letzten Weltkrieg war es der Staat, der auf der autoritativen Basis des Tennō-Systems in sittlichen Fragen die Maßstäbe setzte, wie es am „Erziehungsedikt“ beispielhaft zu sehen ist, das sich auf die Gesellschaftsethik beschränkt.

Im Japan der Gegenwart allerdings, in dem traditionelle japanische Ethik und westliche Ethik im Zuge der Globalisierung der Wirtschaft koexistieren und interagieren, scheint die Ethik prinzipiell von einem normativen oder wahrnehmenden Urteil über eine Sache unterschieden zu werden. So besitzt heute ein ethisches Urteil die Eigenschaft, bestimmte Normen den anderen nicht aufzuzwingen, sondern an die Zustimmung der anderen zu appellieren. In der japanischen Geschichte ist dieses ethische Urteil unglücklicherweise oft mit einem normativen Urteil verwechselt worden, was zum Faschismus und schließlich zur Tragödie des Zweiten Weltkriegs führte. Demnach galt allein der Nationalstaat als jene Instanz, die bestimmen kann, was wahr, gut und schön ist. Er besaß die Autorität, die subjektiven und inneren Werte der einzelnen Menschen zu diktieren. Solange man anders dachte, diese Gedanken aber nicht aussprach, konnte man mit den offiziellen Werten leben.[76]

Die Intention dieser japanischen Ethik, die der diktatorische Nationalstaat für seine Modernisierung konzipiert hat, bleibt auch nach dem Weltkrieg in der funktionalen Bedeutung des Kultusministeriums und im Bildungswesen erhalten. Die ethischen Paradigmen sind somit bis zum heutigen Tag ohne große Änderungen geblieben.

---

[75] „The greatest happiness of the greatest number“ – das ist das Prinzip, das Jeremy Bentham (1748–1832) in seiner utilitaristischen Philosophie geprägt hat und das dann ein Prinzip der bürgerlichen Gesellschaft wurde und oft noch ist. In heutigen pluralistischen Gesellschaften, in denen verschiedene Kulturen, diskriminierte Gesellschaftsschichten, ethnische Minderheiten usw. koexistieren müssen, sollte jedoch dieses Prinzip, das sich auf die moralische Arithmetik stützt, in Frage gestellt werden.

[76] Vgl. Haruko K. Okano, *Der Körper des Landes. Japans unvollendete Modernisierung*, in: Lutherische Monatshefte 34 (1995) 4, 16.

Shintō, Konfuzianismus und Buddhismus haben in Japan die Weltanschauung, das Lebensgefühl, das Verhalten der Menschen und deren Identität grundlegend geprägt. Durch die shintōistische Mythologie, nach der alle seit dem Anfang der Geschichte des Landes mit dem Tennō verwandt und somit göttlichen Ursprungs sind, bildete sich ein Selbstverständnis der Japaner als homogenes Volk heraus, was auch von den beiden anderen in Japan praktizierten Religionen legitimiert wurde.

So konnte sich in Japan die ideologische Vorstellung des sakralen Staates als „Familie" entwickeln, im religionswissenschaftlichen Sinne also ein religiöses Kollektiv. Nach Shichihei Yamamoto, einem Philosophen der Gegenwart, ist dieses als Religionsgemeinschaft aufzufassende Kollektiv aus einem Volk und einer Nation als „Japanertum" (*nippon-kyō*) – in Analogie zum „Judentum" – zu bezeichnen.[77]

Während jedoch das Judentum einen absoluten und transzendenten Gott voraussetzt, nimmt im Japanertum die als Familie verstandene Gemeinschaft – also der Staat, die Institutionen und die Vereine – die Stelle einer Gottheit ein. Man hat nämlich im Laufe der Geschichte mehrmals versucht, alle drei japanischen Religionen mit jeweils verschiedensten Vorstellungen von der letzten Wirklichkeit als Heilsgröße in Einklang zu bringen.

Alle drei Religionen haben im Laufe der Zeit mehrere synkretistische Strömungen hervorgebracht, die sich je nach (buddhistischer oder konfuzianischer) Denomination oder (buddhistischer bzw. shintōistischer) Kultstätte unterschieden. Ihnen ist jedoch das antwortende Handeln des Menschen gemeinsam, nämlich die Glorifizierung des Staates, der Familie und der zwischenmenschlichen Beziehungen.

Das fundamentale Ideal dieses Japanertums ist somit „der Mensch", „das Menschliche", „der Sinn fürs Menschliche"; anstelle einer „Gotteslehre" wie im Judentum hätte es hier einer „Menschenlehre" bedurft, worauf der Psychologe Bin Kimura zu Recht hinweist.[78] Die Träger des religiösen Japanertums sind in Wirklichkeit Japaner mit unterschiedlichen religiösen Erfahrungen, Weltanschauungen und Ansichten über das Leben. Hier wäre es nötig, ein verbindendes Prinzip zu konzipieren. Um ein Zusammengehörigkeitsgefühl innerhalb des Japanertums zu schaffen, ist

---

[77] Vgl. Shichihei Yamamoto (unter dem Pseudonym Isaiah Ben-Dasan), *Nihonjin to Yudayajin*, Tōkyō 1970, engl.: *The Japanese and the Jews*, New York 1972.

[78] Vgl. Kimura 1995 (wie Anm. 3), 12.

das ethische System des Konfuzianismus von Bedeutung, das die Beziehungen der Menschen zueinander regelt und Ordnung und Harmonie in Familie und Staat zum Ziel hat. Indem der Konfuzianismus die Wichtigkeit des Ahnenkultes und somit die religiös-ethische Rolle der Familie betont, schreibt er die Gestaltung der zwischenmenschlichen Beziehungen vor. Im japanischen Konfuzianismus wurde unter allen Regeln für die zwischenmenschlichen Beziehungen die hierarchisch verstandene Loyalität als die wichtigste angesehen und an die erste Stelle gesetzt, sodass eine vertikal und patriarchalisch strukturierte Gesellschaft zustande gekommen ist. Der so strukturierten Gesellschaft liegt ein konfuzianisches Verständnis des determinierten Menschseins zugrunde, nach dem Unterschiede zwischen den Menschen naturgegeben sind, wie zu Höherem bestimmt zu sein und zu Niederem bestimmt zu sein, begabt zu sein oder unbegabt zu sein. Hier fehlt in gewissem Sinne der Begriff der Freiheit als natürliches Recht. So konnten auch die Absurditäten der sozialen Verhältnisse wie einer strengen Hierarchie und der Diskriminierung der sozial Schwachen in Japan als prinzipiell unveränderlich hingenommen werden.

Der Shintō bietet das Konzept des sakralen Familienstaates und der Konfuzianismus die Ethik der zwischenmenschlichen Beziehungen, um die japanische Identität zu festigen. Hinzu kommt noch ein Konzept der „Harmonie" (*wa*), das auf dem mahāyāna-buddhistischen Zentralbegriff der Barmherzigkeit beruht. Diese ist im Buddhismus ursprünglich ein verbindendes Prinzip von Mensch zu Mensch gewesen, aber nach dem ersten Buddhismus-Förderer, Prinzregent Shōtoku, ist die Harmonie in zwischenmenschlichen Beziehungen das Prinzip einer als absolutistisch verstandenen staatlichen Einheit. Dies kommt in seinem *17-Artikel-Gesetz* zum Ausdruck. Im 1. Artikel heißt es: „Das Beste für das Land ist die Harmonie." Und im 12. Artikel steht der Satz: „Für die Untertanen gibt es keine zwei Herren im Staat."[79] Damit wurde das Fundament für das absolutistische Tennō-System gelegt, dessen Spuren noch heute im demokratischen Japan in symbolisierter Form zu finden sind.

Durch die Begegnung mit dem Buddhismus lernten die Japaner außerdem die Größe der Selbstlosigkeit, der Befreiung von der Ichsucht, kennen, den Wert der Harmonie auch bei divergierenden Anschauungen, Meinungen und Prinzipien sowie die Bedeutung des Verhältnisses der

---

[79] Nihon-shoki, Bd. 22; vgl. Haruko K. Okano, *Weiblichkeitssymbolik und Sexismus in alten und neuen Religionen Japans*, in: Elisabeth Gössmann (Hg.), Japan –ein Land der Frauen? München 1991, 120f.

Menschen zueinander aufgrund des buddhistischen Prinzips der kausalen Zusammenhänge (*engi*).

Der Mensch, der ständig von der Natur deren Gaben und Segnungen empfängt, sieht sich einerseits als bedürftiges Wesen, aber andererseits auch als Teil der Natur oder des Numinosen. Indem die vom Numinosen durchwaltete Natur als Makrokosmos verstanden wird, wird der Mensch, der in sich die Buddha-Natur, den Geist oder die letzte Wahrheit trägt und in dessen Herz das Ordnungsprinzip im Sinne des Konfuzianismus verankert ist, zum Mikrokosmos. Er fühlt sich verpflichtet, auf den Segen des Göttlichen, der Natur, antwortend zu handeln, sei es aus Dankbarkeit oder weil er nach einem kontinuierlichem Integriert-Sein in die numinose Wirklichkeit strebt.

4.2 Die Entwicklung der Ethik im Prozess der Modernisierung

Wir blicken nun kurz auf die Einzelheiten im japanischen Modernisierungsprozess, in dessen Rahmen die Japaner gezwungenermaßen den europäischen Mächten, deren Kultur und Technologie begegneten. Das feudale System der Tokugawa-Zeit geriet schon um 1800 in eine Krise, die ursprünglich durch wirtschaftliche Schwierigkeiten verursacht worden war. Die wirtschaftliche Ausgewogenheit zwischen Dorf und Stadt, zwischen Arm und Reich war verloren gegangen, und das führte zu gesellschaftlichen und politischen Spannungen. Zu der jahrzehntelangen inneren Krise kam noch eine Bedrohung von außen hinzu, als der amerikanische Admiral Perry, dessen „Schwarze Schiffe“ 1853 in die Bucht von Edo eindrangen, die Shōgunatsregierung aufforderte, die japanischen Häfen für den Außenhandel zu öffnen. In dieser Notsituation funktionierte die mehr als zweieinhalb Jahrhunderte bestehende Machtstellung des Tokugawa-Shōgunats nicht mehr.

Die Orientierungslosigkeit, die durch die doppelte, von innen und von außen kommende Krise entstanden war, führte zu einer bis dahin unbekannten Fremdenfeindlichkeit und erzeugte bei der Inselbevölkerung Japans zum ersten Mal ein Zugehörigkeitsgefühl zu „Nippon“ als ihrem eigenen, einer fremden Außenwelt gegenüberstehenden Staatswesen. Bis dahin war der Staat nicht in der Lage gewesen, dem Volk ein Einheitsbewusstsein zu vermitteln, weil das Reich in zahlreiche Herrschaftsgebiete aufgespalten war und die von Standesunterschieden geprägte Sozialordnung der Zerrissenheit Vorschub leistete. Je mehr man die doppelte Krise erkannte, desto mehr gewannen Reformvorstellungen an Überzeugungskraft, weil man einsah, dass es nur durch die Aufhebung dieser Zersplitterung möglich sein würde, einen japanischen Nationalstaat zu schaffen. So kam es zu einem revolutionären Wechsel. Unter dem Symbol des Tennō als Souverän und unter seiner aktiven Mitwirkung wurde ein Programm des nationalen Aufbaus und der gesellschaftlichen wie wirtschaftlichen Reform Japans mit dem Ziel eines modernen Nationalstaates entwickelt.

Die Besonderheit der Meiji-Restauration beruht zum einen auf der Tatsache, dass es zwei verschiedene Gruppen gab, die Kaisertreuen (*sonnō*) und die Fremdenfeinde (*jōi*), die aber beide in ihrer absolutistischen Gesinnung übereinstimmten und bei der Durchsetzung sozialer und politischer Veränderungen zusammenarbeiteten. Andererseits war die Meiji-Restauration durch den pragmatischen Grundsatz *wakon – yōsai*, „japanischer Geist und europäische Technik [bzw. Zivilisation]", gekennzeichnet, denn man versuchte die traditionelle japanische Ethik mit der europäischen Technik zu verbinden, um sich nicht ganz dem Fremden preiszugeben. So konnten in manchen Bereichen westliche Vorbilder schnell assimiliert werden.

Die Entwicklung, die vor der Meiji-Zeit schon in den Herrschaftsgebieten einzelner Daimyō eingeleitet worden war, wurde nun auf Landesebene intensiviert. Die autoritäre Meiji-Verfassung von 1889 und das konfuzianisch beeinflusste kaiserliche „Erziehungsedikt" (*kyōiku-chokugo*) waren Leitbilder für den neuen Staat, in dem moderne westliche, auch deutsche oder besser preußische Regierungspraktiken auf eine Grundlage traditionell japanischer und nun zentralisierter Institutionen und Werte gestellt wurden.

Wenn man den Modernisierungsprozess Japans geschichtlich betrachtet, zeigt sich, dass es nicht von Anfang an ein Prinzip des nationalen Gemeinwesens gegeben hat, von dem aus man nach neuen Orientierungsmöglichkeiten hätte suchen können, vielmehr bildete sich dieses Prinzip erst als Verteidigungsmaßnahme gegen die sich rasch und weitläufig vollziehende Europäisierung heraus. Die Besorgnis wegen der militärischen Überlegenheit und wirtschaftlichen Übermacht des Westens war so groß, dass man sich von der Vorstellung eines kolonialisierten Japan ständig bedroht fühlte. Zusammenfassend könnte man es so formulieren: Der Meiji-Nationalstaat schöpfte seine Antriebskraft aus einer Energiequelle, in der Europäisierung und patriotische Gesinnung eng miteinander verbunden waren. Während die Modernisierung in Europa auf der Basis des in der Renaissance entstandenen Selbstbewusstseins und der von der Reformation geprägten christlichen Ethik erfolgte, vollzog sich der japanische Modernisierungsprozess in einer Form, die die

Subjektivität und Autonomie der einzelnen Menschen noch nicht ermöglichte.

4.2.1 *Die Rolle der Religionen für die Modernisierung Japans*

Um bei den Japanern ein Bewusstsein für ihre nationale und kulturelle Identität zu schaffen und dieses tief in ihnen zu verankern, nutzte die Regierung zunächst den traditionellen Glauben an die Abstammung des Tennō von der Sonnengottheit. So wurde die Sakralität des Politischen künstlich wiederbelebt, in deren Zentrum der Tennō und das Ideal der Einheit von Kult und Regierungsausübung (*saisei-itchi*) standen. Der mit buddhistischen und schamanistischen Elementen vermischte volkstümliche Shintō sollte nun abgeschafft werden, und der reine Shintō, dessen Wiederbelebung schon seit Anfang des 18. Jahrhunderts von Philologen und Altertumsforschern (*kokugakusha*) vorbereitet worden war, wurde im Jahr 1868 zur Staatsreligion erhoben. So kam der sogenannte Staatsshintō (*kokka-shintō*) zustande, der aber als nicht-religiöser oder überreligiöser Kult der Staatsethik und des Patriotismus definiert wurde, für Angehörige aller Religionen Gültigkeit haben sollte und ihre Teilnahme forderte. Die Meiji-Verfassung von 1889 garantierte zwar erstmalig Religionsfreiheit, aber nur, soweit die Religionen mit den Interessen des Staates nicht in Konflikt gerieten.

Der Buddhismus war insofern ein Hindernis für die japanische Modernisierung, als er keine autochthon japanische Religion war. Die Meiji-Regierung forderte shintōistische Bestattungsriten anstelle der traditionell buddhistischen, und alle buddhistischen Priester, die während der Zeit der Verschmelzung beider Religionen in den Shintō-Schreinen Dienst geleistet hatten, wurden entweder entlassen oder als Shintō-Priester übernommen. Dies war, um mit Max Weber zu sprechen, eine Maßnahme der „Entzauberung" im japanischen Modernisierungsprozess. Aber nicht nur der Shintō wurde in den Dienst des Nationalbewusstseins gestellt, auch Konfuzianismus und Buddhismus sowie Elemente der Volksfrömmigkeit ließen sich im Bereich von Politik und Wirtschaft für die Modernisierung funktionalisieren, wie es der amerikanische Soziologe Robert N. Bellah anschaulich beschrieben hat.[80] Im Folgenden beschreiben wir die Rolle der Religionen, indem wir seine Analyse zum Ausgangspunkt nehmen.

---

80 Vgl. Robert N. Bellah, *Tokugawa Religion. The Values of Pre-Industrial Japan*, Glencoe (Ill.) 1957.

4.2.2 *Das Numinose in den japanischen Religionen*

Den mannigfaltigen Erscheinungsformen japanischer Religionen liegen zwei Konzeptionen des Numinosen zugrunde: Zum einen ist es die der höheren Gottheiten, welche die Menschen erziehen, pflegen, schützen und lieben; dazu gehören der Amida-Buddha und sonstige personifizierte Mahāyāna-Gestalten wie die Bodhisattvas, Himmel und Erde nach konfuzianischer Konzeption, die Nahrung und Lebenskraft spendenden Shintō-Götter sowie die vergöttlichten Ahnen. Lokale Schutzgötter einzelner Sippen werden als niedere Götter eingestuft. Zum anderen gibt es die Konzeption des Numinosen als letztem Urgrund alles Seienden, welcher der sichtbaren Realität immanent ist, wie das Ordnungsprinzip (*ri*) oder im Neokonfuzianismus der Geist (*shin*), bei Laotse die letzte Wahrheit (*tao*), im japanischen Buddhismus die im Menschen lebende Buddha-Natur und nicht zuletzt das nach der shintōistischen Theologie in den Naturerscheinungen erfahrbare Göttliche.

In der Religiosität der Japaner schließen sich diese beiden Konzeptionen des Numinosen keineswegs aus. Sie sind in allen religiösen Institutionen und Denominationen Japans, mit wenigen Ausnahmen in den radikalen Strömungen des Buddhismus, in irgendeiner Form miteinander verbunden. Besonders anschaulich spiegeln sich diese beiden Konzeptionen des Numinosen im Verständnis der Natur, die den Japanern sowohl als eine liebenswürdige, Leben und Segen spendende Kraft als auch als Konkretisierung jenes Urgrundes der Wirklichkeit erscheint. In der Natur und durch die Natur begegnet man dem Numinosen oder erfährt gar seine Einheit mit diesem.

Den beiden Formen des antwortenden Handelns ist es gemeinsam, die Selbstsucht als die größte Sünde anzusehen, die der Haltung des Dankens widerspricht und die innere Harmonie des menschlichen Wesens zerstört. In folgender Hinsicht wird ein Unterschied zu China deutlich: Beim antwortenden religiösen Handeln dominiert nach japanischem Verständnis eine spannungsreiche, dynamische Aktivität, während die entsprechende chinesische Haltung sich eher in einer zum Quietismus neigenden Kontemplation äußert. Anders ausgedrückt: In Japan, wo keinerlei Grenze zwischen dem sakralen und dem profanen Bereich wahrgenommen wurde, zog man die Ethik der Pflichterfüllung den anderen Formen antwortenden Handelns wie Ritualen, Gebeten und Kontemplation vor. So ist in Japan seit langem von Shintō, Buddhismus und Konfuzianismus die Verpflichtung des Einzelnen gegenüber dem Staat (in welcher Form auch immer) und der Familie religiös begründet und betont worden.

Der Mensch, der sich nach japanischem Verständnis im „Zwischen“ von Mensch zu Mensch realisiert, ist ein kontextuelles Wesen. Der Ort, an dem diese kontextuellen Menschen miteinander und füreinander leben, heißt auf Japanisch *seken*, „Zwischenwelt“ oder „Innerwelt“, die ebenfalls auf die Beziehungen angewiesen ist.

In einer psychisch so strukturierten Gesellschaft ist die Frage „Wer bin ich?“ oder „Wer bist du?“, also die Frage nach dem Wesen und der Bedeutung der Persönlichkeit als solcher, nicht primär wichtig, denn beide werden erst durch die jeweilige Seinsweise des Menschen im „Zwischen“ von Mensch zu Mensch immer neu bestimmt. Ebenfalls werden die Pflichten des Menschen durch das „Zwischen“ situationsabhängig bestimmt.

In diesem an der Relationalität orientierten sozialen Kontext tauchen etwa die folgenden, durch Ruth Benedict im Westen bekannt gewordenen Normen für das ethische Handeln der Japaner auf, die zweifelsohne in den oben angegebenen Religionen verankert sind.[81] Das „Pflichtgefühl“ (*giri*), die „Zuneigung“ (*ninjō*) und die „Dankesschuld“ (*on*) sind markante Normen für funktionierende Relationalität. Das Pflichtgefühl der Japaner kommt dadurch zustande, dass eine Seele in der zwischenmenschlich bestimmten Innerwelt mit einer anderen Seele vertrauensvoll kommuniziert oder sympathisiert, indem der betreffende Mensch sich unter den „Augen“ des Anderen deutet, sich also des Urteils der Gesellschaft zutiefst bewusst ist. Hingegen wird das Pflichtgefühl im Westen durch den Dialog mit dem eigenen Gewissen bzw. letztlich mit Gott geweckt. Dabei ist das Urteil der Mitmenschen nebensächlich. Die Pflicht (*giri*) im japanischen Sinne entsteht also genau genommen nicht aufgrund eines moralischen Postulats, sondern durch das emotionale Band zwischen Mensch und Mensch, das die Wertordnung von Ehre und Scham sichert. Vielleicht finden sich hierfür bei Emmanuel Lévinas Analogien, wenn er davon spricht, dass die Ethik der Philosophie vorausgeht und dass das Antlitz des Anderen, dessen Blick mich in seiner Nacktheit und Hilflosigkeit trifft, mich unmittelbar zu einem ethischen Verhalten motivieren sollte.[82]

---

[81] Vgl. Ruth Benedict, *Chrysantheme und Schwert. Formen der japanischen Kultur*, Frankfurt a. M. 2006.

[82] Vgl. Emmanuel Lévinas, *Jenseits des Seins oder anders als Sein geschieht*, Freiburg/München [3]2011; ders., *Die Spur des Anderen. Untersuchungen zur Phänomenologie und Sozialphilosophie*, Freiburg/München [6]2012; ders., *Totalität und Unendlichkeit.*

Jenseits der Normen, die Gut und Böse definieren, wünschen sich alle Japaner die Zuneigung des Anderen, sodass die zwischenmenschlichen Beziehungen harmonisch sind. Die Begleichung der Dankesschuld ist unentbehrlich, damit die Relationalität und die Reziprozität realisiert werden. Dazu braucht es nicht unbedingt ein hierarchisches oder asymmetrisches Verhältnis zwischen einem mächtigeren und einem anderen, weniger mächtigen, selbstlosen Menschen als Voraussetzung.

Die oben beschriebenen Normen für das Handeln der Japaner wie Pflichtgefühl (*giri*), Zuneigung (*ninjō*) und Dankesschuld (*on*) sind durchaus auf einer emotionalen Ebene zu verstehen, sodass sie sich vom europäischen Begriff der Norm grundlegend unterscheiden. In diesem Zusammenhang werden wir uns damit beschäftigen, wie die Japaner Gut und Böse sowie Gerechtigkeit und Ungerechtigkeit definieren.

Wegen des Prinzips der Relationalität könnte das Urteil der Japaner über Gut und Böse als situationsabhängig relativiert werden, sodass man es unterlässt, eine Norm dafür zu objektivieren und zu universalisieren. Wie Ruth Benedict zu Recht hervorhebt, tritt die Scham (*haji*) in Japan an die Stelle der Sünde im Westen. Scham und Sünde sind aber nicht so wesensverschieden, wie Ruth Benedict angenommen hat. Mit den Worten Dietrich Bonhoeffers aus seinem Werk *Ethik* findet der Philosoph Takeo Doi im Phänomen der Scham eine ähnliche Struktur wie im Phänomen der Sünde:

„Scham […] ist eine nicht zu beseitigende Erinnerung des Menschen an seine Entzweiung mit dem Ursprung, sie ist der Schmerz über diese Entzweiung und das ohnmächtige Verlangen, sie rückgängig zu machen […]. Scham ist ursprünglicher als Reue.“[83]

Dem Gefühl der Scham liegt nicht nur die Angst oder die Furcht vor der Verachtung der Gesellschaft zugrunde, sondern eine grundlegende Isoliertheit vom Eigentlichen, was durchaus mit dem christlichen Sündenbegriff zu vergleichen ist.

„Unreinheit“ (*kegare*) wird auch als Sünde aufgefasst: Handlungen, die gegen die Gemeinschaft verstoßen, oder die Berührung von etwas Unreinem wie Leichen oder Blut verursachen, dass die betreffende Person und die ganze Gemeinschaft unrein werden. Dann müssen sie sich einem

---

Versuch über die Exteriorität, Freiburg/München [5]2014; ders., *Wenn Gott ins Denken einfällt. Diskurse über die Betroffenheit von Transzendenz*, Freiburg/München [5]1999; ders., *Die Zeit und der Andere*, Hamburg [3]1995.

83 Dietrich Bonhoeffer, *Ethik*, München 1949, 131; zitiert bei Takeo Doi, *Amae. Freiheit in Geborgenheit. Zur Struktur japanischer Psyche*, Frankfurt a. M. 1982, 66.

bestimmten Ritus mit Wasser oder Feuer unterziehen. Bei der Vorstellung von Unreinheit als Sünde rückt die Ethik in die Nähe der Ästhetik.

Ein weiterer Maßstab für Gut und Böse besteht darin, ob das Handeln des Menschen natürlich oder widernatürlich ist. Die Japaner betrachten die Natur als göttliche Gabe und somit als gut; dementsprechend wertschätzen sie jedes natürliche Gefühl samt allen Begierden, weil es naturgemäß ist. Oft ist ein seinem Gefühl treuer, dankbarer und seiner Pflicht bewusster Mensch beliebter als ein gerechter Mensch.

4.4 Ethische Auseinandersetzungen im Bereich der Politik

Die ursprüngliche, natürliche Lebensgemeinschaft in Japan als Mutterboden der einheimischen Volksreligion Shintō hatte von Anfang an sakralen Charakter. Auch die Fremdreligionen Buddhismus und Konfuzianismus führten zu keinem Umbruch, wie es in Europa durch das Christentum geschah, sondern wurden vom japanischen Gemeinschaftsprinzip assimiliert. So hat das von Prinz Shōtoku im 7. Jahrhundert verkündete Ethos der Harmonie das japanische Gemeinschaftsbewusstsein und die Autorität des Tennō mitgeprägt.

Aufgrund dieser Sakralität des eigenen Landes verschwimmen in der Vorstellung des japanischen Volkes die Grenzen zwischen der politischen Autorität und der Autorität des Numinosen, dem man seine vom Segen des Göttlichen begleitete Existenz verdankt. Seit der vom Feudalismus geprägten Tokugawa-Zeit (1600–1868) verabsolutierte der größte Teil der Neokonfuzianer (Seika Fujiwara, Tōju Nakae u. a.) die Loyalität zwischen Herrscher und Untertan, während die Chinesen traditionell der Pietät gegenüber den Eltern den Vorrang vor der Loyalität gegenüber dem Fürsten gaben. Seitdem vor allem die sich als nationale Philosophie verstehende Kokugaku und das Institut für nationale Geschichtsschreibung die Bedeutung des Kaisertums und die Stellung des Tennō als souveränem, durch den Auftrag der Ahnengottheit Amaterasu legitimiertem Herrscher betonten, ist die Loyalität ausschließlich auf den Tennō konzentriert. Nachdem der Gelehrte der Kokugaku-nahen Mito-Schule Seishisai Aizawa (1782–1863) kurz vor der Meiji-Zeit den Begriff *kokutai* geprägt hatte, den man mit „Körper des Landes“ oder „Körper des Volkes“ übersetzen könnte, wurde der Tennō im Sinne der Ideologie der Einheit von Kaiser und Volk zum Objekt der Verehrung; mit ihm sollte sich das Volk, im Streben nach seinem „wahren Herzen“, identifizieren – in Analogie zum Verhältnis des Menschen zur letzten Wirklichkeit. Somit förderte die ideologisch forcierte erneute Vereinigung des religiösen und des politischen Prinzips in seiner Verabsolutierung die zunehmende Machtstellung des Tennō und die Rationalisierung des politisch-wirtschaftlichen Bereichs. Zu dieser Entwicklung hat auch die aufs Neue betonte Sakralität der Familie beigetragen.

Die Verehrung der Seelen der Toten und besonders der eigenen Ahnen, die seit dem Altertum im genealogischen Bewusstsein des Tennō-Hauses und der großen Adelsgeschlechter wichtig gewesen war, entwickelte sich ab der Mitte des 17. Jahrhunderts, also im Vorfeld der Modernisierung, zum politisch geförderten Ahnenkult, zu dessen Zentrum die aus mehreren Generationen bestehende Familie wurde. Durch das von Konfuzianern wie Tōju Nakae u. a. sowie von den national eingestellten Philosophen der Kokugaku wie Norinaga Motoori u. a. politisch propagierte Konzept der Loyalität und Pietät kam der Verehrung von Tennō und Land eine herausragende Bedeutung zu. Es entwickelte sich die Überzeugung, man werde durch die Verwirklichung von Loyalität und Pietät mit dem Makrokosmos vereinigt. Sowohl die Eltern als auch der Tennō wurden also in gewissem Sinne in den Status einer Gottheit erhoben. Das Konzept des sakralen Familienstaates beruht demnach auf dem Fundament der Ahnenverehrung.

Wie oben ausgeführt, wurde sowohl der Familie als auch dem Staat ein religiöser Charakter zugesprochen, sodass jede Pflichterfüllung gegenüber den Eltern und dem Tennō als heilig und zugleich als Garantie für Schutz und künftiges Glück galt. Übrigens ist es kein Zufall, dass die Antriebskraft für die Modernisierung in erster Linie von den Samurai ausging. Sie waren die Träger der Ideologie des als Körper verstandenen Landes und erhöhten die Motivation für den Militärdienst durch die Betonung der Selbstlosigkeit, indem sie sich, asketisch aus dem Geist des Zen-Buddhismus schöpfend, mit dem Tod auseinandersetzten und ihn in gewissem Sinne mystifizierten. Die Loyalität und Dankesbezeigung gegenüber dem in der Hierarchie höher Stehenden schenkten den Samurai ihren persönlichen Seelenfrieden.

4.5 Ethische Auseinandersetzungen im Bereich der Wirtschaft

Nach der konfuzianischen Lehre, die das japanische Konzept von Politik stark beeinflusst hat, bilden Wirtschaft und Politik eine Einheit. Das Ziel eines idealen Herrschers besteht demnach darin, das Land zum Wohl des Volkes zu regieren, auf Japanisch: *keikoku saimin*, was wörtlich bedeutet:

„Landeswirtschaft Volksheil“. Die Vorrangstellung der Produktion gegenüber dem Verbrauch und die Betonung der Sparsamkeit machen nämlich die klassische Wirtschaftspolitik aus, wie man in einer der wichtigsten der in Japan rezipierten Schriften des chinesischen Konfuzianismus aus dem ersten vorchristlichen Jahrhundert lesen kann. Hier findet sich eine religiöse Motivierung dafür, dass man sich im selbstlosen Dienst um die Verwirklichung des gemeinsamen Wohlstandes bemühen muss, um mit sich selbst und mit dem Himmel in Frieden zu leben.

Das Tokugawa-Shōgunat stützte sich, um die Einheit des Staates durch sein Lehnwesen zu sichern, auf den Neokonfuzianismus (*shushigaku*) als Staatsideologie und ethisches System. Vor allem prägten die Neokonfuzianer Kyūsō Muro (1658–1734) und Ekiken Kaibara (1630–1714) den Begriff des Berufs, der nicht nur als Mittel zum Lebensunterhalt jedes Einzelnen, sondern als Teil des Gesellschaftslebens verstanden wurde.

Nach seinen Anweisungen, wie die Bauern, Handwerker und Kaufleute ihre Pflichten erfüllen sollen, sagt Kyūsō Muro Folgendes (ich zitiere ihn in der englischen Übersetzung von Bellah):

„Why are the farmers, artisans, and merchants like this? This is because they take as their mind the mind of heaven and earth; they take as their business the transformations of heaven and earth; they mutually see other people as one family; they love working for people and hate to cause other people work; they aid the Way of heaven and earth and perform the transformations of heaven and earth; and they do not give a thought to their own hardships. Because of this the farmers, artisans, and merchants have mutual concern for each other; they mutually work together; they mutually nourish each other [...]. But when they have greed for profit and damage the heavenly reason, because they do not have mutual concern for each other and cause people work but do not work for people, the farmers do not cultivate for the empire, the artisans do not produce for the empire, the merchants do not trade for the empire, they steal the wealth of the empire, they rob the wealth of the empire, they obscure the Way of heaven, and break the transformation of heaven.“[84]

Der Beruf bedeutet demnach die Erfüllung der eigenen Pflichten bzw. die Bestimmung des Menschen innerhalb der Gesellschaft, die durch den Segen des Himmels und der Erde legitimiert wird. Dieses Verständnis des Berufs, das über die politische Verpflichtung zur wirtschaftlichen Tätig-

---

[84] Zitiert bei Bellah 1957 (wie Anm. 80), 114f.

keit motivierte, war nicht nur bei den Samurai, sondern auch bei den Bauern, den Handwerkern und den Kaufleuten weit verbreitet. Die Ethik des Produzierens und sparsamen Verbrauchens sowie der selbstlose Dienst des einzelnen Menschen jeden Standes sollten zunächst nicht dem Staat, sondern der als sakral betrachteten Familie von Nutzen sein, zu Ehren ihres seit langem bestehenden Namens. Im Laufe der Zeit, als sich die Ideologie des als Körper aufgefassten Landes herausgebildet hatte, wurde der Beruf als Mittel zur Pflichterfüllung gegenüber dem Tennō als Person verstanden. So prägte zu Beginn des 19. Jahrhunderts der national gesinnte Philosoph Moribe Tachibana (1781–1849) das Verständnis des Berufs als Dienst jedes Einzelnen dem Tennō gegenüber. Da der Beruf nun ganz konkret auf den souveränen Tennō bezogen war, gewann er dynamischere Züge als im klassischen Konfuzianismus.

Zudem darf nicht vergessen werden, dass Prinzregent Shōtoku im 7. Jahrhundert betont hatte, dass das Ideal des Buddhismus primär im sozialethischen System zu liegen habe, obwohl im Theravāda-Buddhismus angesichts der letzten Wirklichkeit (*nirvāṇa*) die Ethik nur zweitrangige Bedeutung hat.

Die enge Verbindung von Religion und Berufsarbeit im Calvinismus, in der Max Weber die Antriebskraft für den europäischen Kapitalismus sah, findet sich in Japan in der Lehre der buddhistischen Jōdo-Shin-Denomination wieder. Nachdem Shinran (1173–1262), ihr Gründer, im 13. Jahrhundert die Hierarchie zwischen Priestern und gewöhnlichen Gläubigen (*hisō hizoku*) aufgehoben hatte, vertrat diese religiöse Richtung die Ansicht, dass alle Berufe gleichwertig sind vor der letzten Wirklichkeit, wenn nur der Glaube an den Amida-Buddha das Herz erfüllt.

Allerdings hat der Jōdo-Shin-Buddhismus, der den emotionalen Bedürfnissen der Menschen entgegenkam, keine rationale, innerweltliche Askese entwickelt, worauf Max Weber zu Recht hinweist.[85] Hingegen machte der Zen-Buddhismus, der eigentlich ähnlich wie der Theravāda-Buddhismus auf die Ethik, die nur als sekundärer Weg zum Heil betrachtet wird, keinen großen Wert legt, interessanterweise seit der Tokugawa-Zeit einen weiteren Schritt zur Betonung der *vita activa*, indem er die innerweltliche Ethik mit dem asketischen Streben nach Erleuchtung gleichsetzte. Dies ist typisch für Shōsan Suzuki (1579–1655). Somit weist der Zen-Buddhismus in der Tokugawa-Zeit in der Theorie viele Gemein-

---

[85] Vgl. Max Weber, *Gesammelte Aufsätze zur Religionssoziologie II*, Tübingen [7]1988, 304.

samkeiten mit dem Calvinismus auf, allerdings übte er keinen so großen Einfluss auf die Realität aus.

Fassen wir kurz zusammen: Der japanische Modernisierungsprozess vollzog sich durch eine von der Regierung veranlasste radikale Umgestaltung der Gesellschaft. Unter dem Symbol des Tennō und seiner aktiven Mitwirkung als Souverän wurde ein Programm für den nationalen Aufbau und die gesellschaftliche sowie wirtschaftliche Reform Japans mit dem Ziel eines modernen Nationalstaates entwickelt. Aufgrund der nationalistischen Ideologie, die in der Tokugawa-Zeit durch die Kokugaku-Philosophie verbreitet wurde, konnte in der Vorstellung der Japaner die politische Autorität leicht mit der Autorität des Numinosen identifiziert und mit ihr verwechselt werden, sei es das Numinose der als persönlich vorgestellten Gottheiten oder der apersonale Weltgrund. Um dem sakralen Nationalstaat Loyalität und der sakralen Familie Pietät zu erweisen, war das japanische Volk von alters her gewohnt gewesen, selbstlose Dienste zu leisten, was nun ideologisiert und für staatliche Zwecke instrumentalisiert wurde, wobei der Shintō, der Buddhismus und vor allem der Konfuzianismus stark einbezogen wurden. Demzufolge diente die auf den Religionen basierende, ursprüngliche Ethik in ihrer verfremdeten Form der Modernisierung des Staatswesens. Die traditionelle Idee der sakralen Familie wirkte weiterhin als Antriebskraft und strukturelles Vorbild für den japanischen Kapitalismus nach, der anfänglich unter der Obhut des Staates gefördert wurde und bis heute Förderung erfährt (z. B. im Fall der Atomkraftwerke).[86]

4.6 Reflexionen über die japanische Ethik

In der das Kollektiv in den Mittelpunkt stellenden Ethik Japans hat der Gedanke der Unersetzbarkeit und Einmaligkeit der Person kaum Gewicht, sodass die Menschenrechte und die Menschenwürde als Grundlage der Ethik nur schwerlich religiös oder philosophisch begründet werden können. Doch mitten im Modernisierungsprozess, Ende des 19. Jahrhunderts, vertrat Hiroyuki Katō (1836–1916), Rektor der Universität Tōkyō, zunächst die Idee vom naturgegebenen Recht eines jeden männlichen Individuums auf Freiheit, Gleichheit und Autonomie und unterstützte die in Japan noch junge Bewegung für Freiheit und Volksrecht (*jiū-minken-undō*), änderte aber allmählich seine Meinung, als er die Evolutionslehre

[86] Vgl. Shin Ogasawara, *Kindaika to Shūkyō*, Kyōto 1994.

Darwins rezipiert hatte und danach das Christentum komplett ablehnte. Seitdem entwickelten sich in Japan kaum noch philosophisch-religiöse Diskussionen über die Menschenrechte.[87] Diese „Konversion" des Hiroyuki Katō von der metaphysischen Spekulation über das Menschsein zum naturwissenschaftlich-pragmatischen Verständnis findet sich auch bei japanischen Intellektuellen und tritt im Laufe der Geschichte wiederholt in Erscheinung.

Im religiös-ethischen Verständnis der Menschwerdung wurde und wird Menschsein in Japan stets im Kontext von Beziehungen definiert, im Unterschied zu westlichen Kulturen, in denen das Individuum große Bedeutung hat und Selbständigkeit und Unabhängigkeit besondere Werte darstellen. In der Moderne wurde dieses Konzept entscheidend vom Philosophen Tetsurō Watsuji (1889–1960) geprägt, dessen Ethik noch heute von großer Bedeutung ist. Er wandte sich mit Nachdruck gegen die westlichen ethischen Konzeptionen, welche die Ethik seiner Meinung nach zu einer Individualethik degradiert haben, bei der es nur um Fragen wie die der Unabhängigkeit des Selbst von der Natur, der Autonomie des Subjekts oder der Befriedigung der eigenen Wünsche gehe. Für Watsuji liegt das Zentrum aller ethischen Fragen nicht im Bewusstsein des isolierten Individuums, sondern in der Intersubjektivität, in der „Beziehung zwischen Mensch und Mensch"[88], wie wir schon gesehen haben. Er vertrat die Meinung, dass der Mensch seinem Wesen nach von der Gemeinschaft abhängig sei. Angesichts des Erstarkens des Nationalismus müssen wir hier anmerken, dass in dieser weit verbreiteten Ethik Watsujis die Gefahr liegt, jedes Individuum im Kollektiv aufgehen zu lassen. Dies war zu Beginn des 20. Jahrhunderts ein für die Ideologie der familiären Einheit des kaiserlichen Volkes gefährlicher Denkansatz, der vom japanischen Kolonialismus missbraucht wurde.[89] So entwickelte sich in Japan im Unterschied zum Westen kaum ein Verständnis vom Menschen als einem selbständigen, vom anderen unterschiedenen Subjekt, das über Autonomie und einen freien Willen verfügt.

---

[87] Vgl. Haruko K. Okano, *Das Problem „Mensch und Natur" im japanischen Kontext. Eine Reflexion aus der ökologischen Perspektive*, in: Hans Kessler (Hg.), Ökologisches Weltethos im Dialog der Kulturen und Religionen, Darmstadt 1996, 142.

[88] Tetsurō Watsuji, *Nihon Rinri-shisōshi, jo*, in: ders., Zenshū 10, Tōkyō 1977, 37; Lydia Brüll, *Die japanische Philosophie. Eine Einführung*, Darmstadt ^{2}1993, 150f.

[89] Vgl. das Problem der glorifizierten zwischenmenschlichen Beziehungen in der dritten Vorlesung „‚Menschwerden' in der multireligiösen Gesellschaft Japans".

Das Prinzip der Harmonie in zwischenmenschlichen Beziehungen trägt zweifelsohne zum Entstehen des Zusammengehörigkeitsgefühls der Japaner bei, das in einer homogenen Gesellschaft von großer Bedeutung ist. Dieses Prinzip bringt grundsätzlich kein Häresie-Problem mit sich, sodass darin eine Ursache für die religiöse Toleranz in Japan zu liegen scheint. Die Kehrseite des so geschaffenen Zusammengehörigkeitsgefühls ist die ausgeprägte Unterscheidung zwischen dem „Wir" und den „Anderen". Die Gesellschaft, die sich als homogen versteht, hat prinzipiell einen exklusiven Charakter. Wer für den Staat etwas Grundlegendes zu entscheiden hat und wer gehorchen muss, ist gleichsam a priori seit dem Erlass des *17-Artikel-Gesetzes* von Prinzregent Shōtoku aus dem 7. Jahrhundert festgelegt. Nach den Menschenrechten und der Menschenwürde des Einzelnen wurde in der japanischen Geschichte kaum gefragt, wie oben schon festgestellt wurde.

Die in Japan oft vertretene Meinung, dass die Japaner wegen der großen Bedeutung der zwischenmenschlichen Beziehungen und der Harmonie kein Konzept für die Menschenrechte und die Menschenwürde bräuchten, übersieht, welche Schwierigkeiten die Fremden und die diskriminierten Schichten in der japanischen Gesellschaft haben. Die politischen Spannungen zwischen Japan und den anderen asiatischen Ländern, die zumeist Opfer des japanischen Kolonialismus gewesen sind, beruhen zudem auf der fehlenden Einsicht der Japaner in Bezug auf ihre eigene Geschichte im asiatischen Kontext und in Bezug auf ihre gewalttätige Kriegsführung, weil Japaner nicht daran gewöhnt sind, auf die Rechte und die Würde der Anderen zu achten. So stellen wir fest, dass die Konzepte der zwischenmenschlichen Beziehungen und der Harmonie nur begrenzt funktionieren.

4.7 Wandel und Konflikte der japanischen Ethik angesichts der Begegnung mit der amerikanisch-europäischen Ethik

Zunächst möchte ich von einem Defizit in der japanischen Ethik sprechen, das mir durch die amerikanisch-europäische Feministische Theologie bewusst geworden ist. Feministische Theologinnen wie Carter Heyward, Rosemary Radford Ruether oder Dorothee Sölle haben die „Beziehung" als das Fundamentale und Grundlegende für den Menschen wiederentdeckt. Für Carter Heyward beispielsweise ist diese Beziehung, in der sich die göttliche Macht manifestiert, durch Gegenseitigkeit charakterisiert. An der Jesusgeschichte zeigt sie – im Gegensatz zur sonst betont hierarchischen Beziehung – die Macht der Gegenseitigkeit, in der Gott gegenwärtig ist und die Menschen zu erlösender Aktivität befreit sind.[90]

Rosemary Radford Ruether spricht von einer ursprünglichen Harmonie, von einem Symbol für den guten, authentischen Urgrund, auf dem die feministische Spiritualität ruht. Dualismen wie Ying und Yang, das Weibliche und das Männliche, Geist und Körper, Mensch und Natur, die Natur und das Göttliche, die durch das dichotome patriarchalische Denken hervorgebracht worden sind, gehörten eigentlich zusammen und seien Bestandteile dieser ursprünglichen Harmonie. Ruether sagt über den Verlust der ursprünglichen Harmonie des Seins und das, was traditionell „Sünde" genannt wird:

„Die gebrochenen Beziehungen zwischen Mensch und Mensch, Mensch und Gott, Mensch und Natur sind nicht einfach eine falsche Sicht der Dinge, sondern eine reale Störung, die zwischen der Wirklichkeit des menschlichen Miteinander und dem schöpferischen Urgrund steht."[91]

Daran knüpft sie das moralische Postulat unserer Verantwortung für das Böse, das aus gestörten, zerbrochenen Beziehungen entsteht, deren tiefere Ursachen ein einseitiges männliches Denken und die patriarchale Herrschaft sind. Gleichheit und Gegenseitigkeit, Autonomie und Beziehung sind für diese feministischen Befreiungstheologinnen Schlüsselworte, um das Menschsein in seiner Ganzheit, in der ursprünglichen Harmonie und in seinem Eingebundensein in das Universum zu sehen.

Die Japaner verstehen ebenso wie diese feministischen Befreiungstheologinnen unter Menschen beziehungsfähige und auf Beziehung angewiesene Wesen. Aber in Japan wird das Anderssein, das im „Zwischen" eigentlich inbegriffen ist, durch das Streben nach Harmonie häufig überlagert. Diejenigen, die gleichgesinnt sind, bleiben in Harmonie zusammen, aber diejenigen, die anders gesinnt sind, werden entweder zur Harmonie mit der Mehrheit gezwungen oder ausgeschlossen. Anders als in der Feministischen Befreiungstheologie der „Beziehung" fehlt in der japanischen Ethik die Vorstellung der Autonomie, die Voraussetzung für die Anerkennung der Würde der eigenen Person und die der Anderen ist.

Außerdem ist noch auf ein weiteres ethisches Defizit in der auf Relationalität angewiesenen Gesellschaft Japans hinzuweisen: Auf Relationalität angewiesen zu sein heißt gegenseitige Abhängigkeit, sodass oft im Dunkeln bleiben kann, wer eigentlich die Verantwortung für eine Sache

---

90 Vgl. Heyward, Und sie rührte sein Kleid an (wie Anm. 9), 43.
91 Sölle, *Einleitung* (wie Anm. 10), 9.

trägt. Es blieb z. B. nach langen Untersuchungen und Diskussionen dahingestellt, wer für die japanische Kriegsführung während des Zweiten Weltkriegs verantwortlich gewesen ist. Derjenige, der dafür die Verantwortung zu tragen scheint, wählt oft den Freitod zur Sühne seiner Schuld. Jemanden, der freiwillig in den Tod gegangen ist, verurteilt man nicht mehr, sodass ein Verbrechen oft für immer vertuscht bleibt. Ähnlich ist es auch beim Feminismus: In Japan gilt allgemein die Unterdrückung der Frau durch den Mann nicht als Hauptproblem, sondern das Bewusstsein wird dadurch geprägt, dass sich auch der Mann durch den modernen Staat oder die Institution, der er zugehört, unterdrückt fühlt. Wo der Mann sich selbst als Opfer begreift, findet aber ein Feminismus europäisch-amerikanischer Art keinen Ansatzpunkt. Im Übrigen wird ein Opfer sexueller Vergewaltigung oder häuslicher Gewalt nach japanischer Logik kein hundertprozentiges Opfer sein, sondern ist in gewissem Sinne mitschuldig, was heute vom feministischen Standpunkt aus zu kritisieren ist. Auf der Grundlage der konfuzianischen Ethik wird die Gewalt damit erklärt, dass das Opfer gewiss einen Angriff veranlasst habe und so mitverantwortlich sei. Das Opfer muss generell seinen Schmerz unterdrücken, es sei denn, man bringt den Täter vor Gericht, was aber eine Schande für das Opfer bedeuten kann. Die Frage nach der Verantwortung der Täter wird nicht oft gestellt.

Wir sollten weiterhin fragen, wie die Aufgaben der Religionen in der modernen Gesellschaft von diesen selbst konzipiert werden, also wie sie als Religionen in der modernen Gesellschaft weiterbestehen können.

4.8 Exkurs: Verantwortung und Gewissen im japanischen Kontext

Im religiösen Kontext entwickelte sich in Japan eher eine Gemeinschaftsethik als eine Individualethik, sodass grundlegende Begriffe der Ethik wie Verantwortung und Gewissen etwas anders als im Westen verstanden werden. Diese Begriffe sind im Zuge der Modernisierung nach Japan gelangt und fanden schließlich – in einem Verfahren von Versuch und Irrtum – im japanischen kulturellen Kontext einen ihrem ursprünglichen Sinn einigermaßen entsprechenden Ausdruck, indem entweder ein neues Wort geschaffen oder ein schon existierendes Wort verwendet wurde. Dies hat zur Folge, dass sich die Begriffe manchmal nicht exakt entsprechen: Japaner verstehen z. B. im Allgemeinen unter Verantwortung, dass Schulden aller Art zu begleichen sind, während man im Westen darunter ein antwortendes Handeln sowohl Gott als auch dem Mitmenschen gegenüber versteht. Wenn eine Versöhnung stattgefunden hat, bedeutet dies für Japaner oft eine endgültige Tilgung der Schuld, da sie traditionell unter Versöhnung verstehen, „das Vergangene vergangen sein zu lassen". Eine Ursache für die Konflikte, die mit den Nachbarländern als Opfern des japanischen Imperialismus wegen deren Forderung nach Entschädigung entstehen, scheint möglicherweise in diesem japanischen Verständnis von Versöhnung und Verantwortung zu liegen. In diesem Zusammenhang versuchen wir, die beiden Begriffe kurz zu erläutern.

Max Weber stimmt in seinem Vortrag „Politik als Beruf" aus dem Jahr 1919 zunächst der weit verbreiteten Ansicht zu, dass die Gesinnungsethik vor allem in der Politik oft kaum mit der Verantwortungsethik vereinbar ist, was man bei großen Machthabern erkennen kann. Am Ende seines Vortrags argumentiert er jedoch anders herum, indem er sich und seinen Hörern vor Augen führt: Die Integration beider Ethiken schafft einen reifen Menschen, der Politik als Beruf ausübt, wenn er authentisch in seiner ethischen Gesinnung ist, Verantwortung für etwaige Folgen übernimmt und der Verantwortungsethik entsprechend handelt.[92] Wünschenswert wäre heute angesichts der politisch-wirtschaftlichen Konflikte in allen Erdteilen, dass diese Ansicht von Max Weber öffentliche Aufmerksamkeit erhält.

Im Westen gilt Freiheit als Voraussetzung für Verantwortung. Der Mensch hat die Freiheit, auch Böses zu tun, und dann ergibt sich für ihn eine auf Gott antwortende Handlung, nämlich die Verantwortung vor Gott, wobei vom Sündenbewusstsein Gott gegenüber – mit anderen Worten: vom Gewissen – die Rede ist. Für Kant ist das Gewissen „das Bewusstsein eines inneren Gerichthofes im Menschen"[93], der urteilt, ob sein Handeln mit seiner moralischen Pflicht übereinstimmt oder nicht. Das Gewissen ist hauptsächlich als das in das Innere des Menschen eingeschriebene Gesetz Gottes zu verstehen oder als menschliche Fähigkeit, darüber zu urteilen, was gut und was böse ist.

Andererseits wird im konfuzianischen Asien das Gewissen seit Mengtse (Mencius) im 4./3. Jahrhundert v. Chr. als das „gute Herz" aufgefasst, welches das „eigentliche Selbst" jedes Menschen ausmacht und den Anderen in der Not nicht im Stich lassen kann (*shinobizaru kokoro*). Es ist auch als menschliche Fähigkeit zum Mitgefühl zu bezeichnen, welche die zwischenmenschlichen Beziehungen oder die Solidarität bzw.

---

92 Vgl. Max Weber, *Politik als Beruf* [1919], in: ders., Wissenschaft als Beruf (Gesamtausgabe, Abt. 1, Schriften und Reden 17), Tübingen 1992, 250.

93 Immanuel Kant, *Die Metaphysik der Sitten* [1797], in: ders., Werke in 12 Bänden, hg. von Wilhelm Weischedel, Bd. 8, Frankfurt a. M. 1977, 572.

Parteilichkeit der Menschen ermöglicht. Dieses dem Menschen immanente gute Herz muss allerdings gepflegt werden, sonst wird sein Menschsein durch das verlorene Herz (*hoshin*), also das entartete Gewissen, zerstört. Nach Konfuzius ist außerdem Aufrichtigkeit als Natürlichkeit zu verstehen, sodass uns aus der Perspektive des heutigen Moralbegriffs ein bekannter Ausspruch im Lunyü (XIII,18) gewiss verwundert. Dort geht es in einem Dialog zwischen einem Fürsten und Konfuzius um das Thema Aufrichtigkeit: Während der Fürst es für aufrichtig hält, dass der Sohn den Diebstahl seines Vaters bezeugt, antwortet Konfuzius folgendermaßen: Aufrichtig wäre es, wenn der Vater den Sohn schützen und umgekehrt der Sohn die Schuld des Vaters verschweigen und sie diesem auch nicht vorwerfen würde. So zieht Konfuzius diese Art der Aufrichtigkeit im Sinne der natürlichen Gesinnung einer künstlich-gesetzlich definierten Gerechtigkeit vor. Im chinesischen Altertum stand oft die Frage zur Debatte, ob das Interesse des Staates (Position der *Hōka*, der Staatsmacht und der Legalisten) oder die Liebe innerhalb der Familie (konfuzianische Position: Ideal der Pietät in familiären Beziehungen) im Vordergrund stehen sollten. Später wurde diese konfuzianische Position in die Gesetze Chinas aufgenommen.

Der Osten tendiert mit seinem Konzept des Gewissens zu der Überzeugung, dass der Mensch sein Ideal durch tugendhaftes Verhalten erreicht, indem er das innere Postulat „Tue das Gute!“ verwirklicht. Vereinfacht gesagt, neigt der Westen mit seiner Vorstellung vom Gewissen zum negativen Postulat „Du sollst nicht!“ Im Konfuzianismus dominiert die Ansicht, dass Politik moralisch sein muss (*tokuchi-shugi*) und daher eine Regierung, die mit Macht und Gesetz herrscht (*hōchi-shugi*), nicht wünschenswert ist. So wurde das an der Tugend orientierte Regieren – weil naturgemäß – dem am Gesetz orientierten Regieren – weil naturwidrig – vorgezogen, aber in der Realität koexistierten die beiden Ideen. Allerdings gab es in Japan von Anfang an keine Idee oder Grundregel, die das moralische Handeln bestimmte. Es fehlte nämlich in Japan die Vorstellung des Naturgesetzes als Ursprung des Gewissens; diese war dagegen in China und im Westen lange bekannt. Somit wurden in Japan das bestehende politische System und die bestehende gesetzliche Standesordnung als Ausdruck der gerechten Wahrheit so akzeptiert, dass es eine moralische Pflicht war, diesen zu folgen.

Interessanterweise wurde erst im 19. Jahrhundert einigen Neokonfuzianern der Yang-ming-Schule (Shōin Yoshida u. a.) und dem christlichen Theologen Kanzō Uchimura bewusst, dass ein transzendentes Sein als genuine Stimme des Himmels und Ursache des menschlichen Lebens mit dem Gewissen eng verbunden ist.[94] Das bedeutet, man erkannte erst damals, dass die Grundidee der moralischen Handlung mit dem transzendenten Sein übereinstimmt. So stellte man fest, dass die Moral im Unterschied zum Gesetz von politischen Verhältnissen unabhängig ist und vor allem Prinzip der Handlung ist, was heute als allgemeines Verständnis der Moral gilt.

Mit ihrem von der konfuzianischen Tradition geprägten Verständnis des Gewissens sind die Japaner sicherlich in Gefahr, ihre ethischen Handlungen von äußeren Zuständen abhängig zu machen, solange sie ohne Ehrfurcht vor dem Unsichtbaren nicht über ihre Handlungen und über ihre Art zu leben reflektieren.

In Bezug auf Japan scheint es in erster Linie notwendig zu sein, dass der einzelne Mensch ein Bewusstsein seiner Individualität und ein eigenes Gewissen entwickelt, ohne blind an eine pseudo-familiäre Organisation gebunden zu sein, in welcher der „Vater" für alle entscheidet. Stattdessen könnten beispielsweise das Konzept der spirituellen Gemeinschaft wie der kirchlichen Gemeinde im Christentum oder das Bodhisattva-Ideal im Mahāyāna-Buddhismus Maßgaben bieten, um ein Bewusstsein für ethische Werte im Sinne echter Mitmenschlichkeit zu schaffen.

5. Leben und Tod aus ethischer Sicht

Heutzutage berührt das folgende Lied viele Japaner und tröstet die Menschen in ihrer Trauer:

„Steh nicht weinend an meinem Grab,
ich bin nicht da, ich schlafe nicht.
Ich bin tausend Winde, die weh'n,
ich bin das Glitzern der Sonne im Schnee,
ich bin das Sonnenlicht auf reifem Korn,
ich bin der sanfte Regen im Herbst.
Wenn du erwachst in der Morgenfrühe,
bin ich das schnelle Aufsteigen der Vögel im kreisenden Flug.
Ich bin das sanfte Sternenlicht in der Nacht.
Steh nicht weinend an meinem Grab,
ich bin nicht da, ich bin nicht tot."[95]

---

[94] Vgl. Yasuo Yuasa, *Toyō-shisō ni okeru Ryōshin*, in: Jōchi-Daigaku Shūkyō-Kyōiku Kenkyūsho (Hg.), Jiyū to Sekinin, Tōkyō 1973, 83–110.

[95] „Sen no Kaze ni natte", übersetzt von Keiichi H. Okano.

Dieses Lied, das vermutlich aus einer indigenen Kultur Südamerikas stammt, ist den Japanern wegen seiner Naturliebe rasch vertraut geworden, nachdem es aus dem Englischen ins Japanische übersetzt worden war. Der Gedanke, dass der Tote die geliebten Lebenden im Alltag als Wind, Sonnenschein, Regen oder Sternenlicht weiterhin begleitet, passt vorzüglich zur japanischen Mentalität und zum althergebrachten Volksglauben. Die Vorstellung, dass der Tote zu einem bestimmten Zeitpunkt eine Metamorphose vollzieht und weiterhin in der Gemeinschaft der Lebenden bleibt, ist als Grundton überall in den Religionen bezeugt.

Mit den großen Fortschritten im Bereich der Medizin ist das Phänomen des Todes aus dem Alltagsleben ausgeblendet und immer mehr zu einer Angelegenheit der Kliniken geworden. Die moderne Familie wird immer kleiner (keine Großfamilie mehr, weniger Kinder). So ist der Tod nicht mehr alltäglich erfahrbar; er gerät aus dem Blickfeld und wird vielfach tabuisiert. Auf den eigenen Tod oder den eines geliebten Menschen ist man oft nicht vorbereitet und reagiert verlegen. Dann ist der Verlust oft nur schwer zu verkraften. Seit den 1970er Jahren werden auch in Japan unter der Leitung des Jesuitenpaters Alfons Deeken Kurse für „Sterbeerziehung“ und „Trauerberatung“ angeboten. In diesem Kontext sind allmählich japanische Formen der Thanatologie bzw. von „death and life studies“ entstanden, durch die man sich der unterschiedlichen Vorstellungen vom Leben und der religiös begründeten Jenseitsvorstellungen in Japan bewusst wurde. Wenden wir uns zunächst den Vorstellungen vom Tod in den japanischen Religionen zu.

5.1 Der Tod in der shintōistischen Tradition

5.1.1 *Die Urerfahrung des Todes im Mythos*

Im ältesten shintōistischen Mythos, im *Kojiki* (712), wird der Tod der Göttin Izanami, der Gattin des göttlichen Urpaars, folgendermaßen beschrieben: Nach der Vermählung des Urpaars Izanagi und Izanami brachte dieses alle Inseln Japans und verschiedene Naturerscheinungen auf die Welt. Als Izanami den Feuergott gebar, erlitt sie starke Verbrennungen und starb. Ihr Gatte Izanagi trauerte um sie und weinte aus tiefstem Herzen, so sehr, dass aus seinen Tränen eine Göttin des Trauerns und Weinens, Nakisawanome, hervorging. Izanagi enthauptete daraufhin den Feuergott. Die tote Izanami begab sich in die Totenwelt. Der trauernde Gatte Izanagi folgte ihr in die Unterwelt, um sie wieder heraufzuholen. Er musste ihr allerdings versprechen, nicht auf sie zurückzublicken, bis ihr der Gott der Totenwelt die Erlaubnis zu gehen erteilen würde, da sie bereits dort gespeist hatte. Izanagi war ungeduldig und schaute sie dennoch an. Die Leiche der schönen Izanami wimmelte schon von Maden, sodass Izanagi sich bei ihrem Anblick entsetzte. Er floh, so schnell er konnte, während die vor lauter Scham zornig gewordene Izanami ihn mit einer Horde Dämoninnen (den „hässlichen Weibern der Totenwelt") verfolgte. Als Izanagi endlich an der Grenze der Unterwelt angekommen war und diese mit einem Riesenfelsen versperrte, rief die zornige Izanami aus der Totenwelt: „Ich werde täglich 1000 Menschen in deiner Welt töten!" Daraufhin rief Izanagi zurück: „Dann werde ich 1500 Kinder auf die Welt bringen lassen!" Dieser erste Ehestreit des Götterpaars verweist auf den Zusammenhang von menschlichem Leben und Tod.

Izanagi sagte, er sei in einer furchtbar unreinen Welt gewesen und müsse sich reinigen. Er legte an einem Fluss auf der Insel Kyūshū alles ab, was er am Leib trug, Gewänder, Gehstock und andere Dinge, aus denen 14 verschiedene Gottheiten hervorgingen. Aufschlussreich ist dabei, dass sich unter diesen die beiden Gottheiten des Unheils (Ōmagatsu-hi und Yasomagatsu-hi)[96] befanden, da Izanagi die Unreinheit aus der Totenwelt mitgebracht hatte. Danach entstanden beim Waschen seines linken Auges die Sonnengottheit Amaterasu, beim Waschen des rechten Auges die Mondgottheit Tsukuyomi und beim Waschen der Nase die Windgottheit Susanowo, also die Hauptgottheiten des Shintō-Pantheons. Nach dem Besuch der Totenwelt werden also interessanterweise sowohl die Menschenwelt als auch das Pantheon durch neue Schöpfungen bereichert.

Wir können somit aus dem Mythos folgende Urerfahrungen der Japaner mit dem Tod ablesen: Erstens ist er eine Ursache für Trauer und Verlustgefühle. Zweitens ist die Leiche, aber nicht der Tod als solcher, im religiösen Sinne unrein. Drittens bringt der Tod eine Metamorphose des Menschseins mit sich, indem das Leben nach einer durch den Tod bedingten Pause wieder zum Vorschein kommt, da der Tote in der Zwischenzeit wieder genesen ist. Viertens ist der Tod eine Angelegenheit der Gemeinschaft, die nach der gemeinsamen Ordnung verwaltet wird. Und fünftens wird dem Menschen durch die Begegnung mit dem Tod bzw. den Toten eine neue Macht oder Energie gegeben, eine Vorstellung, die wir auch im Christentum und im Mahāyāna-Buddhismus finden (siehe unten).

---

[96] Diese sind keine Teufel, sondern eine Verkörperung aller Übel, zu denen auch die Unreinheit gehört.

5.1.2 *Reflexionen über den Tod bei shintōistischen Gelehrten*

Im Shintō, der an einer reflektierten Systematisierung seiner Lehre kaum interessiert war, finden sich erst in der Edo-Zeit (1600–1868), also in der Vor-Neuzeit, unter dem Einfluss des Buddhismus und des Konfuzianismus einige verbindliche Aussagen über den Menschen.

Nach dem shintōistischen Gelehrten Koretari Yoshikawa (1616–1694), der sich zum ersten Mal systematisch über den Tod geäußert hat, geht der Mensch aus den Himmelsgottheiten hervor und kehrt wieder dorthin zurück. In der Weiterentwicklung dieses Ansatzes geht auch der Ise-Shintō davon aus, dass der Mensch bei der physischen Geburt die göttliche Seele von Himmelsgottheiten wie Amaterasu, Toyuke und Kunitokotachi empfängt und dass diese göttliche Seele den Leib des Menschen bei seinem Tod wieder verlässt.

Der erste philologisch-literarische Erforscher der shintōistischen Mythen, Norinaga Motoori (1730–1801), versteht das *Kojiki* als eine Art Offenbarung und folgert, dass alle nach dem Tod in die Unterwelt gehen müssen. So ist der Tod für ihn das absolute Böse.[97] Andererseits vertritt er ein Menschenbild, nach dem der Mensch durch den Empfang der Seele der Musubi-Gottheiten, also der zeugenden und gebärenden Gottheiten, ein lebendiges Wesen wird. Der von Gott gesegnete Mensch findet auch ohne Gesetze und Moralvorstellungen (also ohne eine künstliche, d. h. menschengemachte Lehre) seinen menschenwürdigen Weg. Allerdings ist der Mensch trotz der ihm von Natur aus innewohnenden göttlichen Kraft auch vergänglich, unzulänglich und nicht beständig. So wertet Norinaga ein berühmtes Abschiedsgedicht von Ariwara Narihira (825–880), das eigentlich als mit dem edlen Menschen unvereinbar betrachtet wurde, auf, indem er es als Ausdruck eines aufrichtigen Herzens bezeichnet:

„Zwar hörte ich immer von dem Weg,
den jeder schließlich alleine gehen muss,
aber ich dachte nie, dass es mich schon heute betrifft!“[98]

Für Motoori Norinaga als größtem Hermeneutiker der japanischen Mythen ist der Tod die traurigste Angelegenheit des menschlichen Lebens. Es ist für ihn ein Akt der Aufrichtigkeit und der Wahrhaftigkeit, dass man

---

[97] Vgl. Masahiko Asoya, *Shintō no Shisōka to Shi no mondai*, in: Shintō-Bunka-kai (Hg.), Shintō to Seimei-rinri, Tōkyō 2008, 160.

[98] Enthalten in seiner Schrift *Ise-monogatari* (Abschnitt 125). Motoori Norinaga zitiert das Gedicht in seiner Schrift *Tamakatsuma* 5, Nr. 282; vgl. Kenji Ueda, *Nihon-jin no Shiseikan wo megutte*, in: Shintō Bunka-kai (Hg.), Shintō to Seimei-rinri, Tōkyō 2008, 121f.

den Tatsachen ins Auge sieht und sie akzeptiert. Der Tod ist also eine Weichenstellung, bei der sich das Leben vom Diesseits scheidet und ins Jenseits übergeht. Norinaga erklärt an anderer Stelle noch ergänzend, wohin die Seele der Verstorbenen geht: Die Seele desjenigen, der in dieser Welt hervorragende Leistung hinterlassen hat, bleibt mit den Göttern in dieser Welt, während die unreine Seele ins Totenreich geht.[99]

Im Suika-Shintō, der synkretistischen Verbindung von Shintō und Konfuzianismus, einer Lehrtradition aus dem 17. Jahrhundert, findet sich ein Ansatz zur Verehrung bestimmter Menschen wie z. B. die Machthaber Hideyoshi Toyotomi und Ieyasu Tokugawa als Gottheiten. Für literarisch gebildete Gelehrte wie Norinaga, Atsutane Hirata und Kumaomi Oka ist der Tod der Punkt, an dem sich entscheidet, wer durch seine Loyalität und Pietät nach dem Tod neben allen Göttern seinen Sitz hat, um den Herrscher, das Land und die Mitmenschen zu schützen, und wer ohne Tugend in der trostlosen Zwischenwelt (*Tenchi-mukyu no kan*) umherirrt.[100]

Es gibt im Shintō keine einheitliche Auffassung, was der Tod ist und wohin die Seele geht, aber den verschiedenen Ansichten ist die Vorstellung gemeinsam, dass das Leben durch den Tod zwar abgebrochen, aber von den Nachkommen weitergeführt wird. Das ist das ewige Leben in shintōistischer Version. Während im Christentum vom ewigen Leben eines Individuums als erlöster Seele die Rede ist, geht es im Shintō bzw. in der japanischen Geistesgeschichte um die Fortsetzung des Lebens durch die nachfolgenden Generationen.

Allerdings begegnet uns im Shintō auch das eigentümliche Phänomen, dass die Seele eines unglücklich verstorbenen Menschen wie ein Gott verehrt wird, wie dies bei Michizane Sugawara (845–937) der Fall ist, und dass die großen Machthaber wie Hideyoshi, Ieyasu und Kaiser Meiji nach ihrem Tod zu Gottheiten erhoben werden, die das Land Japan weiterhin schützen sollen.

Im Volksglauben gibt es einige naive Vorstellungen bezüglich der Toten. Während man im Shintō-Schrein oder im Hausschrein den Kontakt zu den Göttern aufrechterhält, begegnet man den Ahnenseelen auf dem Friedhof oder am Ort des Seelenfestes. Eine andere Vorstellung im Volksglauben ist, dass die Seelen jenseits des Meeres oder in der jenseitigen Tiefe der Berge leben und dass sie durch regelmäßige Rituale gelegentlich für eine Weile nach Hause zurückkommen.

---

99 Vgl. ebd., 127f.

100 Vgl. Asoya 2008 (wie Anm. 97), 162ff.

5.2 Der Tod im Buddhismus

5.2.1 *Der Tod im Urbuddhismus*

Der Tod gehört für Buddha, den Erleuchteten, zum Leiden, das im Buddhismus das Unheil ist. Der Buddha lehrt nach seiner Erleuchtung in seiner ersten Predigt im Gazellenhain von Benares:

„Dies, ihr Mönche, ist die edle Wahrheit vom Leiden. Geburt ist Leiden, Alter ist Leiden, Krankheit ist Leiden, Tod ist Leiden, mit Unliebem vereint sein ist Leiden, von Liebem getrennt sein ist Leiden, nicht erlangen, was man begehrt, ist Leiden." (*Mahāvagga* 1,6)

Wie im Christentum die Sünde die Unheilssituation des Menschen bedeutet, so stellt im Buddhismus das Leiden die existenzielle Unheilssituation dar. Dahinter steht jenes Welt- und Menschenbild vom unheilvollen Kreislauf der Geburten (*saṃsāra*), das ein Erbe der Upanischaden darstellt. Die Begierde (Durst/*taṇhā*) nach Sein und Werden lässt immer neues *karma* entstehen, was der Grund für die Kette von Impulsen ist, die zur weiteren Reinkarnation führen. Der Ort der Reinkarnation ist in sechs Daseinsbereiche gegliedert: Götterwelt, Menschenwelt, Tierreich, Dämonenreich, Reich der Hungerseelen und Hölle. Der Begriff *karma* meint den Tun-Ergehen-Zusammenhang, aus dem heraus alles Denken, Reden und Handeln entweder als heilsam, weil für den Fortschritt auf dem Erlösungsweg förderlich, oder als unheilvoll, weil für die Erlösung hinderlich, gilt. Das Prinzip, das den Menschen und sein *karma* antreibt, ist der Kausalzusammenhang (*hetu-phala/inga*), die Vorstellung, dass alles von allem abhängt und mit allem kommuniziert.

In allen Existenzformen der *Samsāra*-Welt, dem Kreislauf der Geburten, gibt es den Tod, auch bei den Göttern im Himmel. Das Streben des unerlösten Menschen ist auf das Vergängliche gerichtet, obwohl es eigentlich dem Todlosen gelten sollte, bei dessen Erreichen er zur absoluten Ruhe, dem Heilsziel kommt. Die Verdrängung des Todes ist ein deutliches Zeichen für Unwissenheit, die auch eine Erscheinungsform des Unheils ist. Die intensive Betrachtung des Todes ist deshalb ein wesentlicher Bestandteil mehrerer meditativer Übungen. Die Befreiung vom Tod folgt aus der Überwindung des Anhaftens und des Ich-Gedankens, durch die der Mensch in die allumfassende Vergänglichkeit eingebunden ist. Aus der Vergänglichkeit entspringt die Furcht vor dem Tod, aber der Erleuchtete ist von der Furcht befreit. Diese Furchtlosigkeit wurde übrigens in Japan als zentrales Element der Geisteshaltung eines Samurai betrachtet, der im Grunde ständig mit Todesangst zu kämpfen hatte. Jedenfalls gilt es im Urbuddhismus und im Theravāda-Buddhismus zu beachten, dass die Reinkarnation keine Befreiung vom Tod und seiner Problematik darstellt. Wie wir oben gesehen haben, wird der Tod im Buddhismus einerseits als Leidensweg zu einer neuen, unheilvollen Wiedergeburt angesehen, andererseits ist er die Chance, die zum *Nirvāṇa* führt, also zum eigentlichen Heilsziel ohne Reinkarnation, wie beim Buddha selbst, der, umgeben von seinen Jüngern, ins *Nirvāṇa* eingeht.

5.2.2 *Der Tod im japanischen Mahāyāna-Buddhismus*

5.2.2.1 Der Tod als Erlösung durch den altruistischen Amida-Buddha

Im Unterschied zum Urbuddhismus, in dem ausschließlich nach dem individuellen Heil gestrebt wurde, entwickelt sich im Mahāyāna-Buddhismus eine universalisierte Heilsidee, nämlich das Bodhisattva-Ideal. Der Bodhisattva ist derjenige, der die Erleuchtung nicht nur zu seinem eigenen Heil anstrebt, sondern aus altruistischen Motiven, um als Erleuchteter auch alle anderen Wesen zur Erlösung zu bringen. So verbleibt der Bodhisattva freiwillig in der diesseitigen Welt, bis alle Wesen erlöst sind.

In Japan entwickelt sich im Amida-Buddhismus eine besondere Vorstellung des Todes als Heilsziel. Im *Sukhāvathīvyūha-Sūtra*[101] wird das von Amida bzw. vom Bodhisattva Dharmakala (Hōzō-Bosatsu) durch die Erfüllung seiner Bodhisattva-Gelübde geschaffene Buddha-Land (*Sukhāvatī*/*Jōdo*/das Reine Land) farbig und paradiesisch wie das „Neue Jerusalem“ beschrieben (Offb 21,10–27):

„Die Welt des Sukhāvatī dieses erhabenen Amitābha ist reich und blühend, behaglich, reichlich mit Nahrung versehen, lieblich und von zahlreichen Göttern und Menschen erfüllt. In dieser Welt [...] gibt es keine Höllen, keine Tiergeburt, kein Gespensterreich, keine Dämonenleiber und überhaupt keine unwillkommenen Daseinsformen. Und die Edelsteine, die es in der Welt Sukhāvatī gibt, kommen in dieser Welt nicht zum Vorschein. Und wahrlich [...], diese Welt Sukhāvatī ist von allerlei wohlriechenden Düften durchweht, reich an allerlei Blumen und Früchten, geschmückt mit Edelsteinbäumen und bewohnt von Scharen lieblich singender Vögel, die der Tathāgata durch seine Wunderkraft hervorgebracht hat.“[102]

---

[101] In diesem Sūtra ist von den drei Arten der reinen Buddha-Länder die Rede. Deren Beschreibungen finden sich in den Abschnitten 15, 16 und 27.

[102] Zitiert bei Gustav Mensching (Hg.), *Buddhistische Geisteswelt. Vom historischen Buddha zum Lamaismus*, Darmstadt 1955, 279.

Aufgrund seines mitfühlenden Wesens gewährt Amida allen, die seinen Namen vertrauensvoll anrufen, die Wiedergeburt in diesem paradiesischen Buddha-Land, und zwar gleich nach dem Tod oder bereits im Augenblick des Vertrauens, wie Shinran (1173–1262), Begründer der Jōdo-shin-Denomination, lehrt.

Hier sei noch auf eine Vorstellung des Amida-Glaubens japanischer Prägung hingewiesen, wonach der Buddha selbst die Frommen an ihrem Sterbebett abholt. Es gibt ein sehr beliebtes Motiv für Andachtsbilder, genannt „Amida Buddha über die Berge kommend“ (*Yamagoshi Amida*), das dem Mönch Genshin (942–1017) zugeschrieben wird: Das Bild zeigt den Augenblick, in dem vor der im Hintergrund sinkenden Sonne der Amida-Buddha in Begleitung von zwei Bodhisattvas (Avalokiteśvara und Mahāsthāmaprāpta/Kannon und Seishi) über die Berge kommt, um einen Sterbenden abzuholen. Diese Vorstellung verbreitete sich seit dem 10. Jahrhundert insbesondere bei den Adligen.

In der Edo-Periode, der Vor-Neuzeit, wurde die buddhistische Tempel-Gemeinde (*jidan-seido/terauke-seido*) systematisch kontrolliert, um es der Regierung zu ermöglichen, die „verborgenen Christen“ ausfindig zu machen und auszurotten. So musste jeder Buddhist irgendeinem Tempel angehören, der bei jedem Todesfall innerhalb der Gemeinde die Trauerzeremonie vollzog. Seit dieser Zeit ist der Buddhismus dafür zuständig und wird somit scherzhaft oder manchmal abwertend als „Trauerfeier-Buddhismus“ bezeichnet. Im Volksglauben verbreitete sich außerdem allmählich die Praxis, dass alle Toten als „Buddha“ (*Hotoke*) bezeichnet und zu Schutzgestalten für ihre Familie werden, wenn der Ahnenkult korrekt vollzogen wird. Während im Mahāyāna-Buddhismus das Heil und damit auch die Deutung des Todes durch das Bodhisattva-Ideal universalisiert wurden, wurden in der Tradition des Shintō und des Konfuzianismus die Toten in Japan im Ahnenkult verehrt und in ihrer Funktion als Beschützer der Familie gleichsam domestiziert.

5.2.2.2 Der Tod als Objekt der Meditation in der Geistesbildung der Samurai

Während man sich im Amida-Buddhismus danach sehnt, zur jenseitigen Glückseligkeit zu gelangen, strebt man im Samurai-Stand vor allem nach der eigenen Geistesbildung durch den Zen-Buddhismus, wodurch man sich die Befreiung aus eigener Kraft erhofft. In verschiedenen meditativen Übungen des Zen-Buddhismus ist der Tod ein Objekt intensiver Betrachtung. Die Befreiung vom Tod geschieht durch die Überwindung des Anhaftens und des Ich-Gedankens, durch den der Mensch der universalen Vergänglichkeit unterworfen ist.

Aufgrund dieser zen-buddhistischen Einstellung wurde bei den Samurai in der Vor-Neuzeit und der Neuzeit die Schrift *Hagakure* sehr populär, die 1716 von Tsunetomo Yamamoto, einem Lehnsmann im Saga-Lehen auf Kyūshū, als Unterweisung für den Samurai-Stand verfasst wurde. Dieses Werk legt großen Wert auf die Geisteshaltung der Samurai, während es die zeitgenössische Politik aus dem Gelehrtenkreis als intellektuell kritisiert: Die Geisteskraft der Samurai bestehe primär darin, dass sie die Todesfurcht besiegt haben. So werde es möglich sein, den Namen des Hauses ihres Lehnsherrn für immer in Ehren zu halten. Die Schrift vergleicht die Beziehung zwischen dem Herrn und den Untertanen mit einer Liebe, die intim und geheim bleiben soll. Samurai-Tugenden wie Loyalität und Pietät führen zur Überwindung der Todesfurcht. Leben und Tod eines Samurai liegen gemäß der hierarchischen Ordnung der Gemeinschaft in der Hand seines Herrn. Die Seelen der toten Samurai, die ihren Herren treu gedient haben, werden von der Gemeinschaft nicht ausgestoßen; sie bleiben ehrenhafte Mitglieder der Gemeinschaft.[103]

In verschiedenen literarischen Werken über die japanische Kriegsgeschichte wie dem *Heike-monogatari* werden diejenigen als Helden gepriesen, die ihrem Herrn gegenüber Loyalität bewiesen haben, indem sie ihr Leben opferten. Dort wird vom heldenhaften Tod der Samurai-Untertanen erzählt, was die Bindung zwischen allen Mitgliedern der Gemeinschaft wie in einem Lehen oder Clan verstärkt.

Auf diese Weise streben die Samurai mithilfe des Zen-Buddhismus und des Konfuzianismus nach Geistesbildung und hoffen darauf, dass der Mensch mit dem Urgrund des Kosmos eins wird, indem er dem Tod ruhig entgegensieht. Die eigenartige Form des Suizids bei den Samurai, nämlich *Harakiri/Seppuku*, das Aufschlitzen des Bauches, gilt in diesem geistigen Klima als ehrenhaft, wenn der Samurai seinem Herrn ins Jenseits folgen oder seine (vermeintliche) Schuld sühnen will.

In diesem Rahmen wollen wir auch einen Blick auf den umstrittenen Yasukuni-Schrein werfen, in den im Jahr 1869 (unter dem Namen *Tōkyō Shōkon-sha*) die bei den inneren Unruhen (*boshin-sensō* 1868) im Zusammenhang mit der Meiji-Restauration Getöteten eingeschreint wurden. Seitdem werden dort zusätzlich die Kriegsgefallenen des letzten Weltkriegs samt den Kriegsverbrechern und die in ihrem Einsatz ums Leben

---

[103] Vgl. Motohiro Takashima, *Kinsei-Bushi ni okeru Shi to Jikan no Ishiki*, in: Toru Sagara u. a. (Hg.), Nihon Shisō, Bd. 4, Tōkyō 1984, 231ff. und 252.

gekommenen Angehörigen der Selbstverteidigungsstreitkräfte Japans (*jieitai*) als Helden-Seelen verehrt. Diese Art der Verehrung als Gottheit ist durchaus eine politische Angelegenheit, die der shintōistischen Tradition entspricht. Alle eingeschreinten Seelen werden somit als Helden verehrt, die aus ihrer Geistesschulung heraus für den Staat ihr Leben hingegeben haben. Dahinter verbirgt sich die traditionelle Idee des sakralen Staatswesens, des „Landeskörpers“ (*kokutai*), in dessen Mitte der Tennō thront.

5.3 Der Suizid

In der jüdisch-christlichen Tradition wurde der Suizid lange Zeit stigmatisiert. In Ostasien hingegen, wo es keine Institution wie die Kirche gibt, die durch ihre Einstellung zur Selbsttötung Einfluss auf das Leben der Bürger ausübt, ist nicht unbedingt eine negative Bewertung des Suizids zu finden. Der Buddhismus bewertet sogar eine bestimmte Art der Selbsttötung positiv, nämlich den Suizid durch Verbrennen oder Verhungern, als „Buddha-Werden mit dem gegenwärtigen Körper“ (*sokushin-jōbutsu*). Seit dem Urbuddhismus wird auch die Opferung des eigenen Lebens für andere Lebewesen als altruistische Tat des Bodhisattva gepriesen (*shashin-shiko*). Allerdings scheint heute im Allgemeinen nicht das Streben nach religiöser Erlösung, sondern der Wunsch, eine (wenn auch vermeintliche) Schuld auf sich zu nehmen oder sich von einer Krankheit zu befreien, Konflikte in der Familie oder im Beruf, soziale Isolation oder finanzielle Schwierigkeiten der Grund für einen Suizid zu sein.

Nach einer Statistik über Suizide (WHO 2014) stehen asiatische Länder wie Nord- und Südkorea an der Spitze, und Japan nimmt den neunten Platz ein. Bis 2011 gab es dort jedes Jahr mehr als 30.000 Selbstmorde, obwohl deren Zahl in den letzten Jahren um einige Tausende gesunken ist. Allerdings ist die Zahl derjenigen, die Selbstmordversuche verüben, möglicherweise zehnmal höher. Den höchsten Prozentsatz unter den Menschen, die Suizid begangen haben, findet man in Japan bei Männern im Alter von 50 bis 60 Jahren, die mittlere Angestellte oder mittlere und kleine Unternehmer sind. Der Grund dafür ist in erster Linie der Kampf ums wirtschaftliche Überleben. Auffallend sind auch die Fälle, in denen sich Jugendliche von ihrer Umgebung oder ihrer Gemeinschaft ausgestoßen fühlen. Aus meiner Sicht als Japanerin scheint das Problem des Landes mit dem Suizid hauptsächlich auf die wirtschaftlichen Verhältnisse und das Wirtschaftssystem und nicht zuletzt den psychischen sowie z. T.

physischen Druck von Organisationen wie Firmen, Behörden oder Schulen zurückzuführen zu sein, in denen das exklusive Prinzip des homogenen Kollektivs herrscht und keine Andersartigkeit toleriert wird.

Jedenfalls nimmt Japan als Industrieland wegen der großen Zahl der Suizide eine Sonderstellung ein. So erklärt die europäische Presse oft, das Phänomen stehe in der Tradition des Samurai-Geistes und daher werde der Suizid als edler Tod und als Teil der japanischen Kultur angesehen. Diese Sichtweise der Europäer erscheint nicht ganz unbegründet, doch die Problematik ist in der heutigen Zeit wesentlich komplexer.

Auffallend ist ebenfalls das Phänomen des gemeinsamen Suizides (*shinjū*), bei dem der Vater oder die Mutter ihre kleinen Kinder aufgrund finanzieller Probleme mit in den Tod nimmt. Früher (vor dem letzten Weltkrieg) begingen Mann und Frau, die unter dem Verbot ihrer Liebe litten, oft gemeinsam Selbstmord; dies war ein beliebtes Thema in der Literatur. Damals wurde jedoch die Wiedergeburt im Jenseits ohne Weiteres vorausgesetzt, an die heute immer weniger Menschen glauben – dies tun allerdings immer noch angeblich mehr als 30 Prozent der Japaner.

5.4 Die Bedeutung des Todes oder der Toten aus ethischer Sicht

Was die Grundlagen der japanischen Ethik betrifft, so beruht diese – grob gesagt – darauf, dass sich die Japaner als religiöses Kollektiv, als *ein* Volk und *eine* Nation verstehen. Die Japaner sehen in diesem Zusammenhang die Menschen als beziehungsfähige und auf Beziehung angewiesene Wesen, wobei das aus der Tradition überlieferte Prinzip der Harmonie gegenüber Formen individuellen Andersseins in der Gesellschaft oft die Oberhand hat. Gleichgesinnte leben harmonisch zusammen, aber diejenigen, die anders denken, werden entweder zur Übereinstimmung mit der Mehrheit gezwungen oder ausgeschlossen. In der japanischen Ethik fehlt oft die Idee der Autonomie, welche die Voraussetzung für die Anerkennung der Würde der eigenen Person und derjenigen der anderen ist – eine Vorstellung, die in den Lehren des Christentums, des Buddhismus und des Konfuzianismus verankert ist. Ohne die Anerkennung des „Anderen“ gibt es keine reife Einsicht – auch nicht, was den ethischen Bereich betrifft. Und der Tod ist ja das absolut Andere im menschlichen Leben.

Interessanterweise erscheinen der Tod bzw. der Tote oder die Toten in den heiligen Schriften der Religionen als Spender einer numinosen Kraft oder einer legitimierenden Macht und damit als Voraussetzung für eine neue Schöpfung oder eine neue Welt. Wir erinnern uns an den göttlichen Urvater Izanagi im shintōistischen Mythos, der dem unreinen Totenreich entkam und gleich danach bei seinem Reinigungsritus die hohen Gottheiten entstehen ließ. Auf diese Weise entstanden der Pantheon (*takamagahara*) und zugleich das Land Japan.

Im *Lotos-Sūtra*, das im Mahāyāna-Buddhismus von zentraler Bedeutung ist, wird die Lehre Gautama Buddhas von anderen Buddhas aus der Vergangenheit als authentisch legitimiert: Als Gautama Buddha vor den Jüngern predigt, kommt eine riesige Pagode aus der Erde hervor und eine donnernde Stimme ruft: „Wunderbar! Die Lehre deiner Predigt ist die reine Wahrheit!“ Es ist die Stimme des Buddha Prabhūtaratna (*Tahō-Nyorai*), der in der Vergangenheit zur Erleuchtung gelangt ist. Er lädt Gautama Buddha zu sich ein. So teilen sich die beiden Buddhas den Sitz in dieser Pagode.[104] Die Authentizität der Lehre Gautama Buddhas ist durch einen anderen Buddha legitimiert und sichergestellt worden, der einst durch den Tod in das *Nirvāṇa* eingegangen war.

Eine interessante Parallele dazu findet sich im Neuen Testament: Nach der ersten Ankündigung von Leiden und Auferstehung führte Jesus die drei Apostel Petrus, Jakobus und Johannes auf einen hohen Berg und wurde vor ihren Augen verwandelt:

„Seine Kleider wurden strahlend weiß, so weiß, wie sie auf Erden kein Bleicher machen kann. Da erschien vor ihren Augen Elija und mit ihm Mose, und sie redeten mit Jesus. […] Da kam eine Wolke und überschattete sie, und es erscholl eine Stimme aus der Wolke Das ist mein geliebter Sohn; auf ihn sollt ihr hören.“[105]

Durch die Begleitung der beiden heiligen Toten – Mose als Verkörperung des Gesetzbuches und Elija als Verkörperung des Prophetenbuches – kommt das wahre Wesen Jesu zum Vorschein. Auch der Tod Jesu am Kreuz – verbunden mit dem Glauben an seine Auferstehung als Christus – führte zur Entstehung der Kirche als Heilsinstitution, die die Liebe in Bewegung gesetzt hat und damit ein Über-sich-Hinausschreiten, ein Sich-weg-Wagen hin zum Anderen, ein Sich-Loslassen bedeutet.[106] Die Liebe, deren Natur sich oft im Zusammenhang mit dem Tod herausstellt, braucht einen „Anderen“, damit sie empfangen und lebendig werden kann.

---

104 Vgl. *Hokke-kyo (chu), Ken-Hoto-bon*, 11. Kapitel, Iwanami-bunko, Ausgabe Tōkyō 1968 (1964), 170.

105 Mk 9,2–7 parr.

106 Vgl. Franz-Josef Nocke, Art. *Tod*, in: Beate-Irene Hämel/Thomas Schreijäck (Hg.), Basiswissen Kultur und Religion, Stuttgart 2007, 146.

Die Jünger Buddhas strebten nach der Lehre des frühen Buddhismus autark, ohne Vorstellung vom „Anderen", nach ihrem eigenen Heil, aber sie begegneten im mahāyāna-buddhistischen *Lotos-Sūtra* plötzlich auf unfassbare Weise dem „völlig Anderen" in der Gestalt eines Buddhas aus der Vergangenheit, von dem Gautama Buddha eine wundervolle Macht empfängt. Indem Gautama Buddha und der Buddha der Vergangenheit zu einer Einheit werden, offenbart das Buddha-Wesen seine wirkliche Macht, die durch das „Mitleiden" entsteht. Der eigentliche Grund des Bodhisattva-Wesens besteht somit in der Beziehung zum „Anderen". So entwickelt sich im Rahmen des Mahāyāna-Buddhismus eine einflussreiche Bewegung der Liebe im Sinne des Mitleidens.

Aus diesen religiösen Traditionen lernen die Japaner, wie man der Toten gedenkt und den Anderen achtet, um die ausschließliche Fixierung auf das Diesseits zu überwinden und nach einer reifen Menschlichkeit zu streben. Man lebt tatsächlich in einer gewissen Beziehung mit den Toten, ob persönlich bekannt oder nicht. Der Mensch scheitert nicht durch den Tod als Grenze des Lebens, sondern er steht an einem Wendepunkt und verwandelt sich vom Lebenden zum Toten, der weiterhin machtvoll auf die Lebenden wirkt. Wenn die Macht und Bedeutung der Toten in Vergessenheit gerieten, wäre sich die Menschheit ihrer eigenen Begrenztheit weniger bewusst. Daher finden einerseits Trauerzeremonien oder Gedenkfeiern für die Toten heute wieder Beachtung, andererseits geraten sie oft wegen ihrer hohen Kosten in die Kritik.

5.5 Exkurs: Selektion von Leben aus ethischer Sicht

Ende August 2016 ereignete sich ein Massenmord an Schwerbehinderten, die in einem Pflegeheim in der Nähe von Tōkyō lebten. Der junge Täter hatte bis vor kurzem in dieser Einrichtung als Pfleger gearbeitet; in der Zwischenzeit war er zu der Überzeugung gekommen, die Eugenik, die vom Nationalsozialismus vertreten wurde, sei richtig gewesen. Nachdem er nachts in dieses Heim eingebrochen war, ermordete er 19 und verletzte 26 Menschen schwer, die sich alle im Schlaf befanden und so keinen Widerstand leisten konnten. Nach Zeitungsberichten soll er zuvor an den Premierminister geschrieben haben, dass er bereit sei, für „den Frieden der ganzen Welt" das „wertlose Leben" der Schwerbehinderten auszulöschen. Sein brutaler „Einsatz für den Frieden" und die Legitimierung der Eugenik haben ganz Japan erschüttert; und doch muss man zugleich befürchten, dass die Pränatale Diagnostik zu einer modernen Form der

Eugenik führen könnte, die in der gegenwärtigen Gesellschaft gewiss von der breiten Bevölkerung unterstützt würde.

Dieses Ereignis hat mich zum Nachdenken über die Debatte zu neuesten Verfahren der Pränatalen Diagnostik angeregt. Dieses Verfahren wurde zum ersten Mal im Jahr 2011 in den USA angewandt und zwei Jahre später in Japan eingeführt. Es verbreitet sich rasch, da man nun mit einer einfachen Blutuntersuchung eine Diagnose über den gesundheitlichen Zustand des Embryos stellen kann. Im ersten Jahr nach der Einführung wurden 142 werdende Mütter mit positivem Ergebnis diagnostiziert, von denen 97 Prozent ihre Schwangerschaft unterbrachen. Fast alle betroffenen Mütter wählten also den Schwangerschaftsabbruch! Wir wollen hier gar nicht nach der möglichen Schuld dieser werdenden Mütter fragen, sondern nach der Reife oder Unreife der Gesellschaft, die die Existenz von Behinderten als Belastung oder als Unglück betrachtet.

In Japan galt bis 1995 das 1948 in Kraft getretene „Eugenische Schutzgesetz", das die Zwangssterilisierung behinderter Menschen erlaubte; sein Ziel war es, Geburten von Kindern mit Fehlbildungen zu verhindern, um die Errichtung des „Kulturstaates" zu fördern. Aufgrund der Eugenik-Politik legitimierte und förderte dieses Gesetz auch die Abtreibung von ungeborenen Kindern behinderter Menschen. Im nachfolgenden neuen Mutterschutzgesetz von 1996 ist der betreffende Artikel über die Sterilisierung zwar endlich gestrichen, aber der Artikel über die Abtreibung ist noch für den Fall geblieben, dass sich die Mutter in finanziellen Schwierigkeiten befindet. Allerdings ist die Zahl der Schwangerschaftsunterbrechungen im Vergleich zu Europa sehr hoch; seit den 90er Jahren sind über 300 000 dokumentiert, da es kaum eine Institution wie die Kirche gibt, die sich gegen die Abtreibung ausspricht. Dies ist ein großer Unterschied zu den christlichen Ländern.

Während in den 70er Jahren in den USA im Zusammenhang mit der Selbstbestimmung der Frauen heftig über Abtreibungen diskutiert wurde, entwickelte man Verfahren zur Pränatalen Diagnostik, die es erlauben, eine Schwangerschaft zu unterbrechen, falls der Embryo eine Fehlbildung aufweist.

In dieser Zeit erhielten in Japan schwer geistig und körperlich Behinderte im Vergleich zu den USA und zu Europa nur wenig staatliche Unterstützung, sodass die betroffenen Familien stark belastet waren. Die ganze Gesellschaft trug zu dieser Situation bei. So förderte jede Gemeindeverwaltung unter dem Motto „Keine Geburt unglücklicher Babys!" entsprechende Bürgerinitiativen. Als Folge davon hat sich die Vorstellung „Schwerbehinderte sind unglücklich" tief ins Bewusstsein der Japaner eingeprägt. In den 90er Jahren hat Japan die Pränatale Diagnostik aus ökonomischen Gründen rasch eingeführt, wogegen die japanische Selbsthilfe-Bewegung für Menschen mit zerebraler Lähmung (*Aoi-Shiba-no-kai*) energisch protestierte und zur Begründung darauf hinwies, dass die Pränatale Diagnostik ein Verfahren im Sinne der Eugenik des Nationalsozialismus ist. Daraufhin wurde dem Gesetz kein Artikel hinzugefügt, der Schwangerschaftsabbrüche in Verbindung mit Fehlbildungen erlaubt.[107] Aber der Schwangerschaftsabbruch als solcher wird weiterhin mit der (oft auch nur vorgeschützten) wirtschaftlichen Situation werdender Mütter gerechtfertigt, was aus europäischer Perspektive ein unverständliches Argument sein könnte.

Problematisch ist in meinen Augen jedenfalls, dass die gegenwärtige Gesellschaft Parolen wie „Behinderte sind unglücklich" und zugleich „Behinderte sind eine Last für die Gesellschaft" freien Lauf lässt. Man müsste zunächst danach streben, eine Gesellschaft zu verwirklichen, die Behinderten weder Hoffnung noch Lebenslust oder Lebenskraft abspricht. Der obengenannte brutale Massenmord an den Behinderten veranlasste behinderte Menschen und ihre Familien, öffentlich zu erklären, dass sie aufgrund ihrer eigenen Erlebnisse nicht trotz der Behinderung, sondern eben wegen der Behinderung glückliche und erfüllte Tage und gute Begegnungen mit anderen Menschen genießen. Es ist für uns wohl an der Zeit, uns von der fixen Idee zu befreien, genau zu wissen und anderen vorzuschreiben, was Glück und Unglück ist, um eine Gesellschaft zu verwirklichen, die den Menschen ein Leben in Würde ermöglicht.

6. *Alter und Altern in Japan: Stigma und/oder Prüfstein*[108]

Einleitender Überblick

Nach der Statistik der WHO (2016) wird Japan als Land der langen Lebensdauer, ja, als überaltertes Land angesehen. Mit einem Durchschnittsalter von 87,1 Jahren nehmen die Frauen seit fünf Jahren den ersten Platz in der Welt ein, die Männer mit 81,1 Jahren den zweiten Platz nach der

---

[107] Vgl. Haruko K. Okano, *Reconsidering Selection of Life from the Viewpoint of Feminist Theology*, in: Don Hanlon Johnson (Hg.), The Meaning of Life in the 21st Century. Tensions Among Science, Religion, and Experience, New York u. a. 2008, 205–218.

[108] Dieses Kapitel ist eine überarbeitete und aktualisierte Fassung meines Beitrags in dem Kongressband von Stephan Ernst (Hg.), *Alter und Altern – Herausforderungen für die theologische Ethik*, Fribourg 2016, 219ff.

Schweiz. In Japan ist also jede(r) Vierte mindestens 65 und jede(r) Achte mindestens 75 Jahre alt. Demnach fallen in Japan 26,7 Prozent der Bevölkerung in die Kategorie der *Senioren*.

Diese Bevölkerungsentwicklung in Japan ist zum einen dem Nicht-Vorhandensein von Kriegsgefallenen in den 70 Jahren nach dem Zweiten Weltkrieg, zum anderen der stetig abnehmenden Todesrate bei Neugeborenen und nicht zuletzt dem enormen Fortschritt der Medizin bei der Bekämpfung von Krebserkrankungen und Lungenentzündungen zu verdanken. Zum Vergleich: Im Jahr 1947 lag das Durchschnittsalter für Frauen bei 53,96 Jahren und für Männer bei 50,06 Jahren; im Jahr 1984 betrug es bei Frauen gut 80 Jahre und bei Männern gut 70 Jahre. Um zu zeigen, welche sozialen Aspekte auf die Lebensdauer der Japaner einwirken, ist ein kurzer Überblick über die geschichtliche Entwicklung hilfreich.

In Japan kann man die ungefähre Lebensdauer der Menschen in der vormodernen Zeit, also in der kriegslosen Feudalzeit (der sogenannten Edo-Zeit vom 17. bis zum Ende des 19. Jahrhunderts), anhand der Dokumente der buddhistischen Tempel einschätzen, in denen die Trauerzeremonien für alle Gemeindemitglieder vollzogen wurden. Das Durchschnittsalter der Männer lag demnach bei 61,4 und das der Frauen bei 60,3 Jahren, während es zuvor in der turbulenten Zeit höchstens 50 Jahre betragen hatte.

Aufs Ganze gesehen hat also die Zeit ohne Kriege sowie die Entwicklung der Medizin nach dem Zweiten Weltkrieg die Lebensdauer der Japaner wesentlich und rasch erhöht. Dieses Phänomen brachte aber in der modernen Gesellschaft neue Arten von Konflikten, Unglück, Unterdrückung und Not mit sich. Während Jung-Sein mit Begriffen wie *leistungsfähig, flexibel, fortschrittlich, optimistisch* und *innovativ* assoziiert wird, werden dem Alter soziale Werturteile wie *überflüssig, starr, unproduktiv, verkrümmt* und *düster* zugeschrieben. Dies hat – wie wir später noch genauer sehen werden – besonders für Frauen eine doppelte negative Bedeutung.

Die sich rasch entwickelnde Industriegesellschaft Japans hat wohl eine solche dualistische Sicht des Menschen im Hinblick auf die Jugend und das Alter hervorgebracht, wie sie auch die Geschlechterrollen festgelegt hat. Diese negative Vorstellung vom Alter wurde den Japanern im Zusammenhang mit dem kapitalistischen System ins Bewusstsein gebracht. Die Eigenschaften alter Menschen, die man sich als *langsam, ungeduldig, eigenmächtig, „die Nase in alles hineinsteckend", verlassen* und *sich mit ihrer Dienstbereitschaft aufdrängend* vorstellt, werden in der Industriegesellschaft als überflüssig und negativ angesehen. Die Gesellschaft und auch die alten Menschen selbst scheinen dies inzwischen verinnerlicht zu haben. So wurde die Sicht auf das Alter in der japanischen Bevölkerung dahingehend geprägt, dass es als *Entfremdung* oder *Andersartigkeit* abgestempelt und stigmatisiert wird. Andererseits sind positive Aspekte des Alters in der religiösen Tradition nicht ganz in Vergessenheit geraten.

Im Rahmen dieses Themas wollen wir uns hauptsächlich mit dem negativ bewerteten und stigmatisierten Alter auseinandersetzen, andererseits aber auch danach fragen, in welcher Form der Gesellschaft das Alter und das Altern als *nicht problematisch*, sondern als natürliche Lebensphase des Menschseins aufgefasst werden können. Dabei hängt es von der Reife der Gesellschaft ab, ob die produktiven und gesunden Menschen einerseits und die Kinder und alten, kranken oder sozial schwachen Menschen andererseits in komplementären sowie reziproken Verhältnissen menschenwürdig koexistieren können. Im Folgenden wollen wir deshalb zunächst einige grundlegende Begriffe hinsichtlich des Milieus alter Menschen klären, aber auch nach den Inhalten des *Care*-Wesens fragen. Im Weiteren geht es dann um die Frage nach der Reife der Gesellschaft, die sich gerade darin zeigt, dass die Gesellschaft durch alte und sogenannte sozial schwache Menschen bereichert werden kann. Zuvor jedoch wollen wir einen Blick auf das Alter in den religiösen Traditionen Japans werfen.

6.1 Alter und Altern aus der Perspektive der japanischen Religionen

Der Buddhismus, der von Indien nach Japan kam, hat als Universalreligion in der Gedankenwelt und im Alltagsleben der Japaner Fuß gefasst. Zu den zentralen Aspekten dieser Religion gehört, dass alle Lebensphasen und Lebensdimensionen wie Geburt, Leben, Krankheit, Alter und Tod als *Leiden*, also als Quelle des Unheils, angesehen werden. Dennoch wird zugleich der Sinn des Alterns immer anerkannt, da das Leben schließlich eine Aufeinanderfolge dieser Leiden ist. So findet man die Freude, die menschliche Reife und die Befreiung erst, wenn man die Phasen des Leidens erlebt.

Der 80-jährige Buddha hat gesagt: „Derjenige, der auf dem Erleuchtungspfad sein Mensch-Sein zur Vollendung gebracht hat, wird an seiner vortrefflichen Weisheit nichts verlieren.“[109] Das Altern wird demgemäß auch in Japan von dem bekannten Zen-Priester Dōgen aus dem 14. Jahr-

---

[109] Hajime Nakamura, *Oi ni tsuite* (Über das Alter), in: Gendai Shiso 6 (1990), 106.

hundert positiv bewertet, der davon ausgeht, dass im Phänomen der Vergänglichkeit die Buddha-Natur als letzte Wahrheit zu erkennen sei. Im ganzen dynamischen Lebensprozess einschließlich des Alters hat der Mensch nämlich immer die Chance, sich zu einem ganzen Sein zu vollenden.

Daher arbeiten gegenwärtig mehrere Priester für ältere Menschen, die sich einsam fühlen: Sie bieten diesen die Möglichkeit zu Gesprächen an bestimmten Orten an, wie etwa dem bekannten *Café de Monk* in Nordjapan, das älteren Menschen als Treffpunkt dient.

In vielen asiatischen Gesellschaften wurden ältere Menschen traditionell respektiert: Das Pāli-Wort *jeṭṭha* in den urbuddhistischen *Sūtren* meint den *Ältesten*, zugleich aber auch den *Führer* oder das *Haupt* einer Volksgruppe oder einer Genossenschaft. Auch in Japan wurde diese Perspektive lange – bis zum Kontakt mit den Europäern – tradiert, indem man die Führer der Gruppe als *rōjū*, also die Älteren der Mitte, und den Ranghöchsten von ihnen als *tairō*, den Ältesten, bezeichnete, was jedoch nicht direkt mit dem realen Alter zu tun hatte.

Nach der Tradition des Shintō wurden die Alten gemeinsam mit den kleinen Kindern als zur sakralen Sphäre, in gewissem Sinne zur *Heimat des Lebens* gehörend betrachtet. Ein traditionelles Sprichwort besagt, dass Kinder vor ihrem 7. Lebensjahr – bildhaft gesprochen – auf der Hand der Götter stehen. Ähnlich bezeichnen Chinesen und Japaner den 60. Geburtstag als *Rückkehr zum Neugeborenen*, *kanreki*, also als zweite Geburt des Menschen, zu der man im Allgemeinen eine rote ärmellose Unterjacke (Weste) geschenkt bekommt.

Traditionell stellt man sich das Leben als Kreislauf vor: Kinder und Alte treffen sich auf der Grenzlinie zwischen dem Diesseits und dem Jenseits, sodass man sich darüber freut, wenn nach einer Trauerfeier in der Familie ein neuer Mensch auf die Welt kommt oder wenn ein Säugling am gleichen Tag Geburtstag hat wie ein verstorbener Verwandter. Man sagt dann etwa: „Der Großvater ist in Gestalt des Säuglings wieder zu uns gekommen!“ Diese Vorstellung von der (Wahl-)Verwandtschaft, deren Leben in einem Kreislauf weitervererbt wird, ist in der bäuerlichen Kultur weithin bekannt. In Japan ist diese Situation häufig auch auf Abbildungen mittelalterlicher Bildrollen zu sehen: Oft gehen hier ein Kind und ein alter Mann bzw. eine alte Frau Hand in Hand, oder ein Kind wird von den Alten liebevoll gepflegt. Das lässt sich als Zeugnis für den genannten Kreislauf des Lebens verstehen und spiegelt zugleich – wie die ethnologische Forschung gezeigt hat – das Alltagsleben wider.

Das japanische Wort für „Alter“ sowie „Altern“ (*oi*) enthält etymologisch den Sinn: *Zusatz* oder *Ergänzung*. Auch dies bedeutet – wie ethnologische Forschungen[110] nachgewiesen haben – durchaus Positives. Das Alter verband man mit angesammelter Weisheit, eine Vorstellung, die in fast allen Kulturen verbreitet ist. In Mythen oder Legenden erscheinen die Götter oft in Gestalt eines Greises (leider nehmen sie kaum eine weibliche Gestalt an!) und helfen den Menschen mit weisen Ratschlägen.

Andererseits ist auch darauf hinzuweisen, dass in zahlreichen japanischen Legenden und literarischen Werken berichtet wird, dass alte Menschen – entsprechend den gesetzlichen Bestimmungen – auf einen Berg gebracht werden, wo sie sterben (sogenannte *Ubaste-yama-Legende*). Sozialen Ausnahmezuständen wie z. B. Hungersnöten fielen wohl vor allem alte Menschen zum Opfer; dies ist allerdings historisch nicht gesichert.

Heute verrichten dagegen viele Japaner ihre Gebete in bestimmten buddhistischen Tempeln, den sogenannten *pokkuri-dera*, die einen glücklichen Tod verheißen, einen Tod ohne vorhergehende Krankheit. Darin lässt sich eine Herausforderung für die moderne japanische Gesellschaft sehen. Denn eigentlich müsste man das lukrative Geschäft dieser Tempel hinterfragen. Hinter dieser Frömmigkeit verbirgt sich nämlich nicht nur die Furcht vor dem Tod und den Schmerzen beim Sterben, sondern auch das bedrückende Gefühl, dass man unter Umständen über lange Zeit im Krankenbett von den Familienangehörigen oder von professionellen Helfern gepflegt werden muss.

Dem sollten bereichernde Lebensmodelle für alte Menschen aus theologisch- bzw. religiös-ethischer Perspektive gegenübergestellt werden. Die Japaner haben seit dem Mittelalter im Rahmen des Zen-Buddhismus eine Tradition gepflegt, in der man eine gewisse Traurigkeit, wie sie durch Abgeschiedenheit und Verlassen-Sein entsteht, als ästhetisches Prinzip (*wabi/sabi*) zu schätzen weiß. Das wäre möglicherweise ein Ansatz für ein gutes Leben im Alter im japanischen Kontext. Davon wird im letzten Abschnitt noch die Rede sein.

6.2 Das Alter als Problem in der Moderne

Wie zu Beginn beschrieben, hat die moderne Industriegesellschaft die Senioren in eine zwiespältige Situation gebracht. Während manche ihr neues Leben nach dem Eintritt in den Ruhestand genießen, empfinden

[110] Vgl. Masako Amano, *Oi no Kindai* (Das Altern in der Moderne), Tōkyō 1999, 18f.

sich andere als unbrauchbar, überflüssig, als Last für die Gesellschaft und sehen keinen Sinn mehr in ihrem Leben. Dabei spielen allerdings auch die finanziellen Verhältnisse eine wichtige Rolle.

Die japanische Suizid-Statistik (Bekanntmachung der nationalen Polizeibehörde Keisatsu-cho aus dem Jahr 2018) macht deutlich, dass ältere Menschen (von 50 Jahren aufwärts) den größten Anteil der Suizidenten stellen. Darüber hinaus ist darauf hinzuweisen, dass 68,6 Prozent aller Suizidenten Männer sind. Diese beiden Phänomene haben, wenn man dies mit anderen Industrieländern vergleicht, grundlegend nicht nur mit geschlechtsspezifischen Problemen, sondern auch mit der sozialen Struktur der Gesellschaft zu tun. In diesem Zusammenhang kann darauf hingewiesen werden, dass der Hauptgrund für den Suizid in der modernen Gesellschaft Japans mehr oder weniger der gesellschaftliche Druck ist und nicht mehr – wie es in der Feudalzeit und zu Beginn der Moderne der Fall war – das Ehrgefühl als Samurai, die Loyalität dem Oberen gegenüber, der Wunsch nach Sühne oder nach Selbstverwirklichung im Kosmos.

Während in der jüdisch-christlichen Tradition, in der man anhand der Bibel und der christlichen Tradition nach dem Lebenssinn sucht, die Individualethik bedeutender ist, orientieren sich die Japaner seit alters her an einer Gemeinschaftsethik, da sie die Relationalität, also das Eingebundensein in Beziehungen und die Gemeinschaft, als großen Wert ansehen. In einer solchen Gesellschaft liegt das Zentrum aller ethischen Fragen nicht im Bewusstsein einzelner Menschen, sondern in der Intersubjektivität, also in der *Beziehung zwischen Mensch und Mensch*.[111] Der Hervorhebung dieser Relationalität liegt eine tiefe Einsicht in die Notwendigkeit gegenseitiger Dankbarkeit zugrunde, mit der anerkannt wird, dass eine Existenz ohne die andere undenkbar ist. Damit wird die menschliche Existenz in das *Zwischen* von Mensch zu Mensch eingeordnet, sodass die Japaner Relationalität und Bezogenheit als wesentlichen Bestandteil ihrer Identität auffassen.

Ausgehend von einem solchen Verständnis vom Menschen und von der Gesellschaft wird es für alte Menschen am schlimmsten und führt zur Verzweiflung, wenn sie von der Gemeinschaft ausgestoßen werden oder sich als Fremde fühlen. Es ist das größte Problem alter Menschen, dass sie sich als „Abfall“ stigmatisiert sehen. Vor allem in Japan, wo mehr als

---

[111] Vgl. Kimura, *Zwischen Mensch und Mensch* (wie Anm. 3), 12f.; Haruko K. Okano, *Ethik in Japan. Wandel und Konflikte angesichts der Begegnung mit der europäischen Ethik*, in: Karl-Wilhelm Merks, Verantwortung – Ende oder Wandlungen einer Vorstellung? Münster 2001, 183ff.

65 Prozent der Japaner zwischen 35 und 64 Jahren gerne weiterhin berufstätig sein wollen, wird das Alter ausschließlich negativ bewertet.

Ein weiteres Problem liegt in der lange tradierten Sitte, nach der alte Menschen von ihren Kindern gepflegt werden sollen oder wollen, was die jetzige Regierung auch propagiert. Problematisch ist dabei besonders der häufig vorkommende Fall, dass eine Ehefrau sich um die Eltern beider Eheleute kümmern soll. Auch geschieht es nicht selten, dass alternde Söhne oder Töchter ihre Berufstätigkeit aufgeben, um diese Aufgabe übernehmen zu können. In den Medien wird häufig über ihr tragisches Ende, Gewalttätigkeiten seitens der Pflegenden oder erweiterte Suizide berichtet. Pflegende Ehepartner(innen), Söhne oder Töchter, die über 65 Jahre alt sind, machen etwa 50 Prozent aller Pflegenden in den Familien aus. Dabei zeigt sich deutlich, dass die Kapazitäten in den Familien immer geringer werden.

Damit pflegende Familienangehörige soweit wie möglich entlastet werden, sollen entsprechende sozialpolitische Maßnahmen getroffen werden. Es wird allerdings ein drittes Problem sichtbar, wenn die Pflege professionell wird. Solange die soziale Dichotomie von Pfleger und Pflegebedürftigen bestehen bleibt, müssen pflegebedürftige Alte folgsam sein, um eine angenehme Pflege zu erhalten. So sind die Alten in gewissem Sinne gezwungen, fremdbestimmt und passiv zu leben. Japanische Medien neigen dazu, sich beim Thema „Alter“ auf folgsame Frauen im hohen Alter, die *Kawaii Obā-chan!* („süße Oma“), zu fokussieren. Oft herrscht zwischen Pflegenden und Gepflegten ein paternalistisches Verhältnis und die Stimme der Gepflegten wird kaum gehört. So wird die potenzielle Fähigkeit der alten Menschen zur Selbsthilfe im Keim erstickt. Wo die Lebensgestaltung alter Menschen ausschließlich von anderen bestimmt wird, verlieren die Erfahrungen, Kenntnisse und Fähigkeiten dieser Menschen ihre Bedeutung und ihren Wert. Auch der Begriff *Reife* hat dann keinen Sinn mehr.

Zur Pflege gehören außerdem verschiedene Dimensionen der Kommunikation mit den Alten wie Gespräche, Anteilnahme, Betreuung u. a., damit die Stimme der Gepflegten noch mehr Gehör findet. Die Lebensqualität alter Menschen hängt von der *Reife* der Gesellschaft ab. Unsere heutige Gesellschaft strebt aber vor allem nach Wachstum, Fortschritt, Produktivität, Rationalität, Effektivität, Fleiß u. a. im Geist des Kapitalismus. Mit dem Schlüsselwort *Reife* werden wir uns zum Schluss auseinandersetzen.

Das Problem der Demenz bzw. der Alzheimer-Krankheit ist heute nicht zu übersehen. 15 Prozent der Senioren Japans leiden nach Medienberichten an diesen Alterskrankheiten. Etwa 10.000 davon betroffene Menschen irren jährlich ziellos umher, sind nicht in der Lage, aus eigener Kraft den Weg nach Hause zu finden, und stehen schließlich für lange Zeit unter der Obhut irgendeines Heims. All dies stellt eine weitere schwere Belastung für die pflegenden Personen und die betreffenden Familien dar, denn sie müssen unter Umständen die Verantwortung übernehmen, falls die unter ihrem Schutz stehenden Senioren etwa einen Unfall verursachen.

Von politischer Seite wären zahlreiche Schutzmaßnahmen erforderlich, sind aber bislang nicht verwirklicht worden. Für die Pflegebedürftigen gibt es längst nicht genug Seniorenheime, in denen man auf Kosten der Pflegeversicherung leben kann. Senioren, die an Demenz/Alzheimer erkrankt sind, werden unter Umständen in psychiatrische Kliniken oder in nicht staatlich anerkannte *private Heime* gebracht, wo sie nicht menschenwürdig gepflegt, sondern z. B. an den Händen gefesselt werden.

Die Regierung steuert dahin, die Verantwortung für den Schutz und die Pflege alter Menschen den Familien zuzuschieben, und fördert außerdem eine Binnen-Migration, d. h., dass die Senioren aus den Großstädten in die unterbevölkerten Regionen ziehen sollen, damit die Städte finanziell entlastet werden. So gibt es viele offene Fragen politischer und ethischer Art.

6.3 Alter und Altern aus der Gender-Perspektive

Wie oben angedeutet, wird die Pflege der Senioren überwiegend den Frauen, vor allem den Ehefrauen, überlassen. Bis in die 1980er Jahre haben viele Provinzverwaltungen sie als pietätvolle Ehefrauen und als Vorbilder für das familiäre Leben öffentlich ausgezeichnet. Daran wird deutlich, dass die konfuzianische Beziehungsethik der Pietät noch lebendig ist und funktioniert. Im gegenwärtigen Japan jedoch nimmt die Zahl der Unverheirateten zu, sodass die Söhne oder Töchter oft die Aufgabe der Pflege übernehmen und damit ihre autonome Lebensführung gefährdet ist. Denn entweder geben sie ihr Berufsleben auf oder sie überlassen die Pflege den Seniorenheimen. Dass man die Pflege alter Eltern öffentlichen Institutionen überlässt, gilt allerdings noch oft als Schande. Die Familienangehörigen geraten daher nicht selten in ein Dilemma.

Während sich Männer im Berufsleben ausschließlich ihrer Arbeit widmen, ohne freundschaftliche Beziehungen zu pflegen, haben Frauen das Privileg, aus vielen Erfahrungen mit ihren und durch ihre Kinder ein gutes Beziehungsgefüge aufzubauen und lebenslang zu erhalten, was ihre dritte Lebensphase mit verschiedenen Betätigungsmöglichkeiten bereichern kann. Die 1980er Jahre bedeuteten allerdings eine Zeitenwende für die Frauen: Sie wuchsen aus der öffentlich gewünschten Vorbildrolle der Ehefrau heraus und emanzipierten sich in der Gesellschaft.

Auf der Basis verschiedener Verbrauchervereine sind Aktionen von Bürgerinitiativen zustande gekommen, in denen Frauen erforschen, welche Probleme im Rahmen der familiären Pflege entstehen, wie man am besten mit dem Alter umgeht, mit wem man im Alter am besten zusammenlebt, welche Lebensmittel geeignet sind etc. Hier sei auf einen solchen Verein hingewiesen, den „Verein der Frauen, die die alternde Gesellschaft rehabilitieren" (*Kōrei-shakai wo yokusuru Joseino-kai*). Die angesehene Vertreterin dieses Vereins, Keiko Higuchi, nennt folgende Faktoren, die eine gesellschaftliche Wende ermöglichen sollen. Wünschenswert ist aus ihrer Sicht:

1. die Erkenntnis, dass die alternde Gesellschaft Japans mit ihrer hohen Lebenserwartung sich lediglich dem Frieden und der funktionierenden Wirtschaft verdankt;
2. eine Gesellschaft, in der sich alle des eigenen Risikos, schwer zu erkranken oder behindert zu werden, bewusst sind und eine entsprechende Einstellung entwickeln;
3. eine Gesellschaft, in der die Lebenserwartung steigt und die Individualität des Einzelnen sichtbar ist;
4. eine Gesellschaft, in der die Gleichberechtigung der beiden Geschlechter als selbstverständlich gilt;
5. eine Gesellschaft, in der man das Großziehen von Kindern sowie die Pflege von Senioren über den Rahmen der Blutsverwandtschaft hinaus wahrnimmt und sich generell gegenseitig unterstützt.

Diese Vorschläge, die nicht nur Frauen, sondern auch Behinderte, Kinder, Senioren und sonstige sozial schwache Menschen betreffen, beschreiben heute ein Idealbild, das auch mit feministischen Positionen übereinstimmt.[112]

In diesem Zusammenhang sei noch auf eine interessante Ausstellung hingewiesen, die im Herbst 2015 in Tōkyō von Buddhistinnen der Denomination *Sōka-Gakkai* veranstaltet wurde. Ich war sehr beeindruckt von der gelungenen Präsentation, von der guten Vermittlung der Inhalte und nicht zuletzt von dem humorvollen und spirituellen Konzept. Die Ausstel-

[112] Vgl. Amano1999 (wie Anm. 110), 226f.

lung veranschaulichte durch zahlreiche Statistiken die ernste Situation alter Menschen in Japan und fasste die gesamte Problematik unter dem Stichwort „Friedenskultur und Hoffnungen“ zusammen. Dieser abstrakte Titel zielte darauf, das negative Bild des Alters in der Gegenwart auf der Grundlage der Worte Buddhas in ein positives Bild zu verwandeln. Das Altern, das Krankwerden und der Tod sind der Grund für das Unheil, mit dem sich Buddha auseinandersetzt. Die Ausstellung beschrieb dies folgendermaßen: Wer aus *Unwissen* Abneigung gegen das Altern, Krankwerden und den Tod empfindet, ist anmaßend. Diese Phänomene sind gerade die geistige Speise, die jedes menschliche Leben bereichern und ihm Würde verleihen.

In der Ausstellung wurde u. a. auf ein typisches Verbrechen hingewiesen, dem ältere Menschen häufig zum Opfer fallen, den sogenannten Enkeltrick: Sie vertrauen oft blind Kriminellen, die sich als ihre Kinder oder Enkel ausgeben, und bezahlen z. T. hohe Beträge, um die vermeintlichen Schulden ihrer Angehörigen zu tilgen. Dies steht im Zusammenhang mit der Tradition, dass die Großeltern ihre Enkel aufziehen. Daher war in der Ausstellung die zentrale Einsicht anzutreffen: „Die Kraft der Senioren, die die Kinder in der Gesellschaft aufziehen, kann die Gesellschaft ebenso gut in eine positive Richtung verändern.“ Zugleich wurde das bekannte japanische Sprichwort angeführt: „Behandle Kinder nicht als lästige Eindringlinge, da sie deinen Weg zeigen, auf dem du schon gekommen bist! Verspotte keine Alten, da sie dein Weg sind, auf dem du selbst gehen wirst!“ Die Ausstellung zeigte schließlich humorvolle Gedichte über das Alter, sodass jede(r) über seine/ihre Altersschwäche oder Dummheit schmunzeln konnte. Einige Beispiele, die das Alltagsleben der Alten widerspiegeln, seien hier angeführt:

1. „Mein kleiner Urenkel fragt: ‚Hast Du einen Dinosaurier getroffen?‘“
2. „Ah, die unvergessliche Liebe meiner Jugend! Oh, ihren Namen habe ich vergessen!“
3. „Ich bin 70 Jahre alt und habe so ein Pech/Glück! Meine Mutter weist mich heute wieder zurecht!“
4. „Die Wartezeit in der Klinik: drei Stunden! Endlich die Diagnose: *Alter*!“

In Bezug auf die Pflege und Betreuung älterer Menschen wurde aufgrund verschiedener Erfahrungen eine wichtige Perspektive im Pflegedienst aufgezeigt: Man soll nicht Hilfe leisten, weil die Pflegebedürftigen etwas nicht mehr können, sondern man soll nach dem neuen Können und dem Gekonnt-Haben der Alten suchen.

6.4 Überlegungen zum Alter als Stigma

6.4.1 *Wiederentdeckung des Konzepts der Reife in der religiösen Tradition*

Die moderne Industriegesellschaft verdeckt mit dem Fortschreiten des Säkularisierungsprozesses immer mehr die reale Einsamkeit des Menschen, die Schattenseiten des hohen Alters und den Tod. Die lang tradierte Erkenntnis, dass der Mensch als einsames Wesen immer nach Beziehung strebt und danach, in Gesellschaft zu sein, er zugleich von Geburt an immer den Schatten des Todes in sich trägt, ist in Vergessenheit geraten. Das Altern gehört einfach zum Prozess zwischen Leben und Tod. Um mit dem Alter und dem Altern gut umzugehen, sollten wir uns diese schlichte Einsicht über den kontinuierlichen Kreislauf von Leben und Tod immer wieder in Erinnerung rufen. Es genügt nicht, sich nur auf das Diesseitige zu beziehen, wie die Tatsache zeigt, dass viele Japaner zum Beten in die einen glücklichen Tod verheißenden Pokkuri-Tempel gehen, um das Alter als möglicherweise schmerzhafte und leidvolle Lebensphase zu vermeiden. Erst wenn man sich des Sinns der Grenze zwischen Leben und Tod bewusst wird und wenn man dem allerletzten Anderen oder dem allerletzten Nicht-Sein (Buddha-Natur) als Urgrund der Welt bewusst gegenübersteht, kann man die letzte Lebensphase als bereichernd erleben.

Da die Japaner traditionell auf eine wechselseitige Relationalität in der Welt als Heilsziel angewiesen sind, an deren Stelle in der christlichen Tradition der transzendente Gott steht, sind diesseitige Werte für sie von größerer Bedeutung, was der religiösen Reife abträglich ist. Angesichts der überalterten Gesellschaft Japans ist es an der Zeit, das Verbunden- und Bezogen-Sein auf das „allerletzte Andere“ als antwortendes Handeln in den Blick zu nehmen, damit man nicht völlig auf das rein Diesseitige konzentriert ist. So kann der Schöpfer-Gott (christlich), die Buddha-Natur (buddhistisch), der Urgrund aller Phänomene (neu-konfuzianisch) oder die ewige Welt jenseits des Meeres (shintōistisch) als tragende Dimension unzerstörbaren Sinn stiften. Indem man auf dieses allerletzte Andere antwortet und darin eine tiefe Begegnung mit den Mitmenschen erlebt, wird die Realität des individuellen und aktiven „Ich“ sichtbar.

Eine solche religiöse Tradition beinhaltet latent die Ansicht, dass im Mensch-Sein ein zerstörendes und gewalttätiges Element enthalten ist, auch wenn es sich um kleine Kinder oder um alte Menschen handelt. Dies wird am dichotomen Verhältnis von Unterstützer und Unterstützten am deutlichsten sichtbar. Wie Kinder nicht immer brav und artig sind, sind auch Alte nicht immer einfach „verwelkende Landschaften im Herbst", sondern haben auch zerstörerische Eigenheiten. Die religiöse Tradition ruft diese widersprüchlich scheinende Realität des sozialen Lebens ständig in Erinnerung. So sollen alte Menschen ihren eigenen Lebensstil und ihre Wünsche beibehalten und Sinn in ihrem Leben finden können, ohne den Status eines etablierten und erwachsenen Bürgers zu verlieren, ähnlich wie Kinder ihr eigenes Leben führen können, ohne – wie Erwachsene – diszipliniert leben zu müssen. Im Alter findet zwar nicht immer eine Vertiefung der geistigen Fähigkeiten eines Menschen statt, aber man erlebt „ein Erleichtert-Sein als eine Art von Befreiung, nachdem man sich lange Zeit mit allerlei Selbstsucht, Leiden oder Unglück auseinandergesetzt hat".[113] Hier lässt sich von der Reife der Gesellschaft sprechen, in der Menschen in ihrer letzten Lebensphase das Leben auf ihre Art genießen können.

Die Menschen führen ein soziales Leben, das mehr oder weniger von der Umwelt und den anderen abhängt. Man muss oft etwas akzeptieren, was man nicht will. Man muss sich also oft einem inneren Konflikt aussetzen. Solch ein Erlebnis führt zu einer gewissen Reife. Auch im dichotomen Verhältnis von Unterstützer und Unterstützten findet sich diese Sicht auf eine Interaktion und eine wechselseitige Abhängigkeit. Ein Unterstützer kann von seinem Schützling oft eine innere Kraft empfangen, die der Letztere als Mensch besitzt, ohne es zu wissen. Bei der beispiellosen Naturkatastrophe, die die Havarie des Atomkraftwerks in Nordostjapan im Jahr 2011 zur Folge hatte, haben viele Japaner miterlebt, dass manche der an den Unglücksort gekommenen Helfer dort viel Lebenskraft und Energie gewonnen haben, weil sie die Andersartigkeit der tragischen Opfer der Katastrophe erfahren haben und somit ihre Perspektive und ihre Anschauungen relativieren mussten. Die Erfahrung religiösen Ursprungs, dass die eigene Kraft und die Fähigkeiten des Menschen bedingt und beschränkt sind, weist den Weg zur sozialen Reife im Zusammenhang mit den Alten und mit dem Altern. Es ist an der Zeit, gerade in der Schwäche des Menschen eine Möglichkeit zur Reifung zu sehen.

6.4.2 *Die Schwäche als Kraft zur Reifung der Gesellschaft*

Die einzelnen Menschen, aus denen eine Gesellschaft besteht, sind eigentlich zerbrechliche, empfindliche und unwissende Wesen. Ausgehend von diesem Verständnis des Menschen sollte man die Begriffe Stärke und

---

[113] Akira Kurihara, *<Oi > to <Oiru> no Doramaturgie* (Die Dramaturgie von Alter und Altern), in: Mitusuharu Itō (Hg.), Oi no Jinruishi (Geschichte des Alters), Tōkyō 1986.

Schwäche in Frage stellen. Wie Blaise Pascal in seinen *Pensées* schreibt[114], braucht Gerechtigkeit Macht und Stärke, allerdings müsse Macht gerecht sein. Nachdem wir jedoch in der Weltgeschichte den Missbrauch von Recht und Macht ausreichend erfahren haben, ist es jetzt höchste Zeit, im Sinne der menschlichen Freiheit zu fordern, ebenso das Schwach- und Klein-Sein als naturgegebenes Element des Menschseins aufzufassen und anzunehmen wie auch die Anerkennung der Anderen und der Andersartigkeiten der Fremden in unserer globalisierten Welt notwendig ist. Nach der jüdisch-christlichen Tradition zeigt sich Gerechtigkeit im Sinne Gottes in der Hilfeleistung für die sozial Schwachen, für die Waisen, Witwen und Fremden (vgl. Dtn 10,18; Jes 1,17 u. a.).

Krankheit, Behinderung, Verwundung oder Altern sind danach nicht als *Mangel*, sondern als *Merkmale einer natürlichen Lebensphase des Menschen* aufzufassen. Davon ausgehend müsste es mehr soziale Gerechtigkeit geben, Menschenrechte und Menschenwürde der Alten, Kranken und Schwachen müssten höher geachtet werden.[115]

6.5 Das Alter als Prüfstein für die Reife der Gesellschaft

Gesellschaftliche Reife erfordert jedenfalls einen Paradigmenwechsel in Bezug auf die negativ bewerteten Merkmale des Alters, die im Gegensatz zur Stärke der produktiven Teile der Gesellschaft als Schwäche bezeichnet werden.

6.5.1 *Überlegungen zum Nicht-Können alter Menschen*

Aussagen von Pflegenden sprechen dafür, dass ihr Verhältnis zu Pflegebedürftigen keine Einbahnstraße sei. Vor allem freiwillig Pflegende, die sich ihrer eigenen Zerbrechlichkeit oder Schwäche bewusst sind, bringen sich jenseits des dichotomen Verhältnisses ein: In ihrem Verhältnis zu den Pflegebedürftigen entdecken sie ihre eigene Schwäche wieder, die sie lange aus ihrem Bewusstsein verdrängt haben. Menschen suchen nämlich oft Trost und Frieden in homogenen Gruppen oder Gemeinschaften, in denen sie Verrat, Spott, Missverständnisse, Scheitern u. a. aufgrund menschlichen Unwissen miterleben. Wenn sie aber einmal mit der existenziellen Schwäche alter Menschen konfrontiert werden, sind sie entspannter und akzeptieren ihre eigene Schwäche. Vor allem diejenigen, die

[114] Blaise Pascal, *Pensées sur la vérité de la religion chrétienne*, Paris 1925, V, 298.
[115] Vgl. Kiyokazu Washida, *Oi no Kūhaku* (Freier Raum des Alterns), Tōkyō 2015, 116f.

nach Stärke und Macht gestrebt und sie doch nicht erreicht haben, fühlen sich durch solche Begegnungen befreit vom Zwang, Stärke beweisen zu müssen, und erfahren sogar, dass sie von den auf Hilfe Angewiesenen neue Lebenskraft erhalten.

Das Alter ähnelt der Behinderung insofern, als man mit beiden dauerhaft umgehen muss. Aber das Altwerden kommt auf jeden Menschen zu und ist nicht mehr rückgängig zu machen. Der Philosoph Kiyokazu Washida schlägt vor, das Alter nicht als Phase des *Mangels*, sondern als die eines anderen Lebensstils oder eines anderen Lebensverständnisses aufzufassen. Man müsse mit seinem Nicht-mehr-Können nicht mehr unbedingt weiter nach gleichbleibendem oder neuem Können streben. Das heißt, man müsse eine neue Existenzform konzipieren, in der man sein Ziel nicht unbedingt in der Leistung sehe. Mit anderen Worten, das Ziel der Alten sei nicht die *Normalität*. So stelle man die Gesellschaft in Frage und relativiere normative Vorstellungen.[116]

Es stellt sich die Frage, wer eigentlich die Art und Weise menschlichen Handelns normativ bestimmt. Weil die Maßstäbe und Normen des alltäglichen Lebens im Allgemeinen an jungen, gesunden Menschen orientiert sind, ist es für einen alten oder gehbehinderten Menschen zum Beispiel oft schwierig, Treppen zu steigen. Angesichts der überalterten Gesellschaft in Japan ist es deshalb jetzt erforderlich, die etablierten Normen und die Dichotomie von Stärke und Schwäche in Frage zu stellen. Jeder Mensch könnte in einer solchen reifen Gesellschaft seinen Lebenssinn finden, seinen Interessen nachgehen und das Leben genießen, auch wenn er oder sie nicht mehr in der Lage ist zu tun, was jüngere Menschen können. In der Diskussion über die Reife der Gesellschaft wird in Japan auch über das Pflege-/*Care*-Wesen nachgedacht, in dem oft Gewalt eine Rolle spielt.

6.5.2 *Überlegungen zum* Care-*Wesen*

Nach dem Philosophen Shunsuke Tsurumi ist die wichtigste Voraussetzung für eine gute Pflege und Betreuung alter Menschen folgende Einsicht: Man muss darauf gefasst sein, dass ein geliebter Familienangehöriger im Laufe des Alters irgendwann ein fremdes Wesen wird.[117] Das ist in gewissem Sinne eine Haltung, die aus der japanisch-buddhistischen Tradition stammt. Im gegenwärtigen Japan, in dem die Politik bemüht ist, das

---

[116] Vgl. ebd., 103ff.

[117] Vgl. Shunsuke Tsurumi/Susumu Hamada u. a., *Ima Kazoku towa* (Was ist jetzt die Familie?), Tōkyō 1999.

traditionelle Familienbild mit seinen intimen Beziehungen wieder aufleben zu lassen, erregte Tsurumi mit diesen Worten öffentliche Aufmerksamkeit. Angesichts der langen Lebensdauer der Japaner mit einem Durchschnittsalter von über 80 Jahren ist es wichtig, dass jeder und jede die romantischen Vorstellungen in Bezug auf die Familie hinter sich lässt und sich der harten Realität der Pflege bewusst wird.

Der bekannte Psychiater Hisao Nakai spricht von der Reife der Pflege und beschreibt in seinem Buch, wie Pflegende sein sollen.[118] In der idealen Form der Altenpflege sei meist kaum zwischen Pflegenden und Pflegebedürftigen zu unterscheiden. Es sei dabei wichtig, dass die pflegende Person im Leben des Pflegebedürftigen *anwesend* (*co-presence*) ist. Dafür wird keine organisierte Community gebraucht, sondern ein intimer, familiärer Ort, an dem die alten Menschen das Gefühl haben, dass sie dort ihren Lebensabend verbringen können. Dabei sollten sich Pflegende möglichst so weit zurücknehmen, dass die Pflegebedürftigen sich so fühlen, als ob sie ohne Pflege leben würden. Der Journalist Shunsuke Serizawa schlägt dieses Konzept als zukunftsweisend für das Pflegewesens vor.[119] Dies ist ein bemerkenswerter und zugleich äußerst kritischer Vorschlag, wenn man an die heutigen Diskurse über die Aufgaben von Pflegenden denkt. Im Rahmen der Sozialethik scheint mir deshalb – neben den Fragen nach der Qualität und Quantität der Pflege – gegenwärtig die Frage bedeutsam zu sein, wie Pflege *sein* soll, nachdem wir uns bis jetzt einseitig mit dem Gedanken beschäftigt haben, was man für die Pflege *tun* soll. Es ist an der Zeit, nach dem *Wesen* der Pflege zu fragen und kontinuierlich über das *Tun* bei der Pflege zu reflektieren.

6.5.3 *Hoffnung als zukunftsweisendes Konzept für den Umgang mit der Altersproblematik*

Wie gesehen besteht die Problematik des Alters zumeist darin, dass es aufgrund der kapitalistischen Logik stigmatisiert wird. Um dieses Problem zu lösen, müsste man eine andere Haltung einnehmen, bei der man davon ausgeht, dass das Leben endlich und vergänglich ist. Der japanische Buddhismus tradiert diese Anschauung, wie es in dem berühmten Essay des Mönchs Kenkō Hōshi aus dem 14. Jahrhundert festgehalten ist: „Wieso schätzt man immer, den Mond ohne Wolken und die Blüte in voller Zeit zu genießen?

118 Vgl. Hisao Nakai, *Kango no tameno Seishin-igaku* (Psychiatrie für das *Care*-Wesen), Tōkyō 2004.

119 Vgl. Shunsuke Serizawa/Kei Yonezawa, *Oi no Temae ni tatte* (Kurz vor der Tür des Alters), Shunjū-sha 2002/3.

Ist es nicht feiner, wenn man sich mitten im Regen nach dem Mond sehnt, oder wenn man in tiefe Gedanken versunken die Vollblüte verpasst?"[120]

Die Japaner haben in dieser Hinsicht nicht viel aus der Tradition gelernt und bemühen sich vielmehr, die volle Blüte zu genießen, indem der Tod verdrängt und zunehmend aus dem Alltag verbannt wird.

Zum Schluss möchte ich noch auf eine andere Tradition des Buddhismus hinweisen, in der eine erlebte Wahrheit mit Humor zum Ausdruck gebracht wird. Als Beispiel soll die humorvolle Einstellung des Schriftstellers Genpei Akasegawa dienen, der mit seinem Werk *Die Macht der alten Menschen* vielen alten Japanern mit seinem umwertenden Slogan „Vergesslichkeit ist beautiful!"[121] Mut gemacht hat. Seine These lautet: Man gewinnt im Alter Anmut durch Vergesslichkeit und durch den Mut, seinen physischen und materiellen Besitz aufzugeben. Diese Einstellung, für die auch in vielen Tempeln auf Flugblättern geworben wird, basiert auf einer japanisch-buddhistischen Tradition. Akasegawas fünf Gebote für das gute Altern lauten folgendermaßen:

1. Gesellig sein und psychisch jung bleiben.
2. Den Mitmenschen beistehen und immer dankbar sein.
3. Viel lesen und viel schreiben.
4. Viel lachen und nicht vergessen, sich innerlich berühren zu lassen.
5. Freude an Hobbys haben und viel reisen.

Diese so schlicht und pragmatisch formulierten fünf Gebote verweisen auf das Wesentliche der religiösen Botschaft an die moderne Gesellschaft, nämlich Mitmenschlichkeit, Dankbarkeit, Selbstständigkeit, Glaube, Liebe und Hoffnung.

Fazit: Es wäre wichtig, dass die Erkenntnis des Wertes, der Würde des Menschen im Alter auf der Grundlage des Glaubens, der Wahrnehmung alles umgreifenden, absoluten Seins, im Bewusstsein der Menschen bleibt und zur Quelle für ein gutes Leben im Alter wird, wie der Schriftsteller Genpei Akasegawa oder die japanische Tradition es empfehlen. Basierend auf diesem reifen Menschenbild wäre eine Gesellschaft wünschenswert, die nicht nur die Reife, sondern auch die Schattenseiten des Alters akzeptiert und einen wechselseitigen Beistand ermöglicht, damit die sozial Schwachen nicht ausgeschlossen werden.

---

120 Kenkō Hōshi, *Tsurezure-gusa* (Essay aus der Langeweile), Nr. 137.

121 Genpei Akasegawa, *Rōjin-ryoku* (Die Macht der alten Menschen), Tōkyō 1998, 12.

III. Herausforderung der Religionen

7. *Feministische Theologie und ihre Rezeption in Japan*

7.1 Feministische Ansätze und ihre weitere Entwicklung in Japan

Zwar kennen wir heute aus der Vorneuzeit – also aus der feudalen Zeit – mehrere gelehrte Frauen, die ihre Selbstverwirklichung als Frau suchten, wie Tōken Kaibara und Saikō Ema u. a., oder die von der konfuzianischen Staatsphilosophie vorgegebene Sozialordnung mutig kritisierten, wie Makuzu Tadano, aber das eigentlich feministische Bewusstsein wurde erst im Prozess der Modernisierung durch die europäische Frauenbewegung geweckt und solidarisch entfaltet.

7.1.1 *Das feministische Bewusstsein der Japanerinnen*

Der Beginn des japanischen Feminismus stellt sich folgendermaßen dar: 1911 formierte sich die literarische Bewegung der sogenannten Blaustrumpf-Vereinigung (*Seitō-ha*), die aus jungen Frauen der intellektuellen Mittelschicht bestand. Sie versuchten, die dem weiblichen Geschlecht innewohnenden Kräfte und Entwicklungsmöglichkeiten zur Entfaltung zu bringen.

Eine Vertreterin dieser Bewegung, Raichō Hiratsuka (1886–1971), schrieb im Geleitwort zur ersten Ausgabe ihrer Zeitschrift unter Anspielung auf die Sonnengöttin:

„Im Anfang war die Frau die Sonne, war wahrer Mensch. Jetzt ist sie nur ein Mond. Sie möge sich wieder erheben aus ihrer jetzigen Daseinsform, in der sie einem blaßgesichtigen Monde gleicht, der durch einen anderen lebt und im Licht eines anderen glänzt.“[122]

Nach ihrer Schwangerschaft entdeckte Raichō ihre Mütterlichkeit. Sie stellte sich auf eine Art Mutterschaftsphilosophie (*Bosei-shugi*) ein. 1918 schrieb sie:

„Die Mutter ist ursprünglich der Lebensquell schlechthin, und die Frau lässt durch ihre Mutterschaft ihre individuelle Existenz hinter sich und wird ein für Gesellschaft und Nation existierendes Wesen. So bedeu-

---

[122] Zitiert bei Akiko Terasaki, *Frauenbewegung in Japan während der siebziger und achtziger Jahre*, in: Elisabeth Gössmann (Hg.), Japan – ein Land der Frauen? München 1991, 216.

tet der Schutz der Mutterschaft nicht nur das Glück der betreffenden Mutter selbst, sondern auch wegen ihrer Kinder das Glück für die ganze Gesellschaft und gar für die Zukunft der Menschheit als solcher."[123]

Die Bedeutung, die Raichō Hiratsuka der Mutterschaft zuschrieb, führte zu großen Diskussionen unter den Feministinnen jener Zeit, in der Akiko Yosano (1878–1942), eine bekannte Dichterin, dagegen die Berufstätigkeit und somit die finanzielle Selbständigkeit der Frauen für vorrangig hielt. Nach der Interpretation der heutigen Frauenforschung entwickelte sich im Zweiten Weltkrieg Raichōs „Mutterschaftstheorie" zu einer Ideologie des Erbgutes und zu der mit der Tennō-Verehrung verbundenen Ideologie der Kriegsunterstützung.[124] Bekanntlich wurden mehrere Frauenverbände gebildet, die als „Mütter hinter dem Gewehr" (*jūgo no haha*) den Krieg unterstützten. Auch im Prozess der Kolonisierung der Mandschurei unter dem Motto „Erschließung eines neuen Landes" trat wieder das traditionelle Frauenbild von „der treuen Ehefrau und klug erziehenden Mutter" (*ryōsai-kenbo*) in den Vordergrund der nationalistischen Politik. Interessanterweise wird diese Mutterschaftsphilosophie auf japanischem Boden ganz konsequent auch von vielen Feministinnen positiv bewertet, was ein besonderes Charakteristikum des japanischen Feminismus darstellt.

7.1.2 *Die „Libu-Bewegung" in den 70er Jahren*

Im Sommer 1970 fand eine große Frauendemonstration in New York statt. Dieser Anfang einer neuen Frauenbewegung wurde als *Women's Liberation Movement* bezeichnet. Die Demonstration von Frauen im Oktober 1970 gab die Parole aus: „Mutter, ist die Ehe wirklich das wahre Glück? Lasst uns unser verinnerlichtes Rollenbewusstsein als Frauen anklagen!" In Japan wurde in diesem Sinne Ende der 70er Jahre die „Libu-Bewegung" ins Leben gerufen, die im Gegensatz zu Raichō Hiratsuka das Thema Mutterschaft realistisch und als individuelle Angelegenheit betrachtete. Es ging endlich um die Subjektivität der Frauen.

Die Libu-Bewegung rief jedoch wegen der aggressiven Appelle mancher Feministinnen eine gewisse Antipathie bei vielen Japanern und Japanerinnen hervor, die bis heute nachwirkt. Das liegt wohl teilweise an der Struktur des japanischen Kapitalismus, der in 70er Jahren zu einem un-

---

123 Aus dem Beitrag von Raichō zur „Mutterschutzdebatte" (*bosei hogo ronsō*) in: Nobuko Kōuchi (Hg.), *Shiryō Bosei-hogo Ronsō*, Tōkyō 1988 (1984).

124 Vgl. Yūko Suzuki, *Josei-shi wo hiraku. 1. Haha to onna*, Tōkyō 1989; vgl. Terasaki 1991 (wie Anm. 122), 217.

erwarteten Wirtschaftsboom geführt hat. Die hart arbeitenden Männer, die als sogenannte „Industrie-Krieger" diesen Erfolg des Kapitalismus in Japan ermöglichten, fühlten sich als Opfer der japanischen Industrie. Sie sahen nämlich lange keinen Anlass, über ihre eigene Situation zu reflektieren. Das eigentliche Problem des Androzentrismus und des Patriarchalismus in der sozialen Struktur wurde trotz der Libu-Bewegung nicht konsequent in Frage gestellt. Es blieb somit unsichtbar.

7.2 Das androzentrische und patriarchalische Klima in Japan

Trotz der Frauenbewegung wirken hier noch heute der traditionelle Androzentrismus und die damit einhergehende Höherstellung der Männer gegenüber den Frauen nach.

7.2.1 *Emanzipations der japanischen Frau*

Werfen wir einen Blick auf die soziale Stellung der Frau im heutigen Japan, so sehen wir: Der Grad der faktischen Gleichheit der beiden Geschlechter ist nach dem Global-Gender-Gap-Index des Weltwirtschaftsforums (Stand 2019) noch sehr niedrig – Japan nimmt den 110. Platz unter 149 Ländern ein (zum Vergleich: Island steht auf dem 1. Platz, Deutschland auf dem 14. Platz und Frankreich auf dem 12. Platz; demgegenüber ist China auf dem 103. Platz und Korea auf dem 115. Platz zu finden). Die Statistik unterscheidet in den Ländern vier Lebensbereiche: Wirtschaft, Bildung, Gesundheit und Politik. Japan erhält eine ausgezeichnete Bewertung – ähnlich dem erstplatzierten Island – in den Bereichen Wirtschaft, Gesundheit und auch Bildung, abgesehen von der Frage des Zugangs der Frauen zu höherer Bildung. Aufgrund des starken Ungleichgewichtes zwischen den Geschlechtern im Bereich der Politik sinkt Japan in der Gesamtbewertung stark ab. Die traditionellen Rollen beider Geschlechter spielen unzweifelhaft noch heute eine entscheidende Rolle. Auch die strukturellen Verhältnisse bei den Wahlen begünstigen weiterhin die Männer, die fest im politischen System etabliert sind. Trotz des häufigen Appells der Regierung: „Mehr Licht auf die Frauen!" ist realiter kaum zu erwarten, dass mehr Frauen ins Parlament einziehen.

7.2.2 *Ein kleiner Überblick über die Stellung der Frau in der synkretistischen Religionswelt*

Wie überall hingen lange Zeit die Stellung und der Lebensinhalt der Frauen und Männer von der normativen Definition des Mann-Seins und des Frau-Seins durch die jeweiligen religiösen Autoritäten ab – ein Zusammenhang, den die Feministische Theologie ans Tageslicht gebracht hat. Im Folgenden stellen wir kurz dar, wie die verschiedenen Religionen in Japan das Frau-Sein definiert haben.[125]

7.2.2.1 Das Frauenbild des Shintō

Der Shintō dient seit dem Anfang der japanischen Geschichte als ideologische Basis für den sakralen Staat. Japan ist nämlich jahrtausendelang eine homogene Gesellschaft geblieben, die aus einem einheitlichen Volk und einer einheitlichen Kultur bestehen soll und in deren Mitte das Kaiserpaar als Eltern des Volkes steht. Für die Sakralität des Kaisers und des Staates spielte die Mythologie eine entscheidende Rolle, in der die höchste Göttin Amaterasu als Ahnen- und Sonnengöttin der kaiserlichen Familie erscheint. Aus dieser Göttin wurde ein weibliches Idealbild geschaffen: Sie verzeiht alles, liebt alle, ist grenzenlos geduldig und tolerant.

7.2.2.2 Der Buddhismus und die Erlösung der Frau

Als Fremdreligion hat der Buddhismus einerseits die Gedankenwelt der Japaner vertieft und bereichert; er prägte aber andererseits das Bild der Frau und führte zu einer negativen Bewertung der Frau, weil diese den Männern angeblich Unheil bringen und so ein unerlöstes Wesen bleiben soll. Wir nennen hier einige negative Punkte in der buddhistischen Lehre:

Es gibt drei Gehorsamspflichten der Frau: den Eltern gegenüber, dem Ehemann gegenüber und dem Sohn gegenüber. So konnte die Frau nicht selbständig werden! Das ist allerdings keine genuin buddhistische Vorstellung, sie stammt vielmehr ursprünglich aus dem Volksglauben. Die Frau wird im Buddhismus jedenfalls als heteronomes Wesen charakterisiert.

In Bezug auf die Erlösung der Frauen rechnete der japanische Buddhismus mit den folgenden drei Möglichkeiten:

---

125 Vgl. Haruko K. Okano, *Christliche Theologie im japanischen Kontext*, Frankfurt a. M. 2002, 165–185 („Die japanischen Religionen als Bedingung der Verdrängung des Weiblichen“).

1. dass die Frau, wenn sie entsprechend gelebt hat, als Mann wiedergeboren und so erlöst werden kann (Mahāyāna-Buddhismus);
2. dass sie durch den Rückzug ins klösterliche Leben gerettet werden kann;
3. dass sie durch die Geburt eines Sohnes, dessen Verdienste der Mutter zugutekommen, erlöst werden kann.

7.2.2.3 Der Konfuzianismus und der Sinn des weiblichen Daseins

Die konfuzianische Gesellschaftsordnung forderte von den Frauen Keuschheit, Gehorsam und Mutterschaft, während es bei der von den Männern verlangten Tugend um das richtige Verhalten in zwischenmenschlichen Beziehungen ging. Auf der Basis der buddhistischen Barmherzigkeit wird das mütterlich-umfassende Prinzip, das Gutes und Schlechtes in gleicher Weise beinhaltet, als besonders wertvoll betrachtet. So wurde das Frauenleben auf die Mutterschaft reduziert. Da der Konfuzianismus besonderen Wert auf die Familienordnung legt, fordert er die Frauen zur Bescheidenheit auf, sodass die Frauen lange Zeit praktisch von sozialpolitischen und wirtschaftlichen Aktivitäten ausgeschlossen waren.

7.3 Die Begegnung des japanischen Feminismus mit der Feministischen Theologie

7.3.1 *Die Rezeption der Feministischen Theologie in Japan*

Zunächst wurden die Werke von Mary Daly, Carol Christ, Elisabeth Schüssler Fiorenza, Rosemary R. Ruether u. a. ins Japanische übersetzt. Mary Dalys radikale Kritik an der Kirche bzw. an der Religion hat auch im Japan der 1980er Jahre für Aufsehen sowohl im positiven als auch im negativen Sinn gesorgt. Zur gleichen Zeit erschienen die Werke von Elisabeth Gössmann, Elisabeth Moltmann-Wendel und Helen Schüngel-Straumann und wurden den japanischen Lesern nahegebracht. Wir möchten unseren Fokus auf Elisabeth Gössmann (1928–2019) und ihre Tätigkeit als feministische Theologin richten, denn sie wirkte, mit einigen Unterbrechungen, 50 Jahre lang bis zum Anfang dieses Jahrhunderts in der Lehre und der Organisation verschiedener wissenschaftlicher Symposien für einen interkulturellen Dialog mit feministischem Schwerpunkt.

7.3.2 *Feministisch-theologische Aktivitäten von Elisabeth Gössmann in Japan*

Die drei Hauptforschungsgebiete von Elisabeth Gössmann, die die Intention ihrer Forschung charakterisieren, sind zeitlich nicht nacheinander zu ordnen, sondern sind wohl von Anfang an für sie ein existenzieller Fragenkomplex gewesen. Dabei spielte auch die Frage eine Rolle, wie sie sich als Frau, Mutter, Theologin etc. verwirklichen konnte. So hat sie es gewagt, sich in die Welt der Theologen hineinzubegeben, die Frauen zu jener Zeit völlig verschlossen war.

7.3.2.1 Gründung eines Arbeitskreises zur interkulturellen und interdisziplinären Frauenforschung

1983 gründete Elisabeth Gössmann in Japan einen Arbeitskreis, der als Brückenschlag zur interkulturellen Frauenforschung dienen sollte. An diesem Arbeitskreis nahmen regelmäßig zwischen 10 und 20 Frauen – Deutsche und Japanerinnen – aus verschiedenen Forschungsgebieten teil. Gössmann hat in diesem Rahmen oft über ihre neuen Themen referiert, bevor sie sie in einem offiziellen Vortrag vorstellte. Ähnlich verhielt es sich auch bei den anderen Mitgliedern. Abwechselnd wurden Vorträge zu immer neuen Themen gehalten und es wurde häufig heftig diskutiert. Der Arbeitskreis, der sich während Gössmanns Aufenthalt in Japan regelmäßig vier- oder fünfmal im Jahr traf, hat sicherlich zu ihrem Werdegang als feministische Theologin und Wegbereiterin für den interkulturellen Dialog aus feministischer Perspektive und zur Herausbildung einer theologischen Frauenforschung beigetragen. Eine besondere Anziehungskraft besaß der Arbeitskreis außerdem, weil Gössmann oft prominente feministische Theologinnen einlud, wie z. B. Elisabeth Moltmann-Wendel, Ursula King, Elisabeth Schüssler Fiorenza, Ina Praetorius und nicht zuletzt Helen Schüngel-Straumann. Der Vortrag von Helen Schüngel-Straumann über das Eva-Bild soll ausdrücklich erwähnt werden, da er unsere Vorstellungen von Eva völlig neu geprägt hat. Viele weitere Aktivitäten wie Vorträge und Symposien wurden unter der Leitung von Gössmann oft in Kooperation mit dem Arbeitskreis und seinen Mitgliedern geplant und umgesetzt. Gössmanns Engagement für die Frauenforschung entwickelte sich in unserem Arbeitskreis in die Tiefe und die Breite, weil ihr Interesse an den unterschiedlichen Lebensformen von Frauen in anderen kulturellen Kontexten nie nachließ.

7.3.2.2 Das erste ins Japanische übersetzte Buch von Gössmann

Mit ihrem ersten von Kazuko Katayama ins Japanische übersetzten Buch *Das Bild der Frau heute*[126] war Elisabeth Gössmann eine Pionierin des japanischen Feminismus. Auf dem Buchdeckel findet sich folgender Text: „Das Buch skizziert und analysiert hartnäckig und liebevoll den Werdegang des Frauenbildes in der modernen Gesellschaft." Im Nachwort, das die japanische Feministin Makiko Arima geschrieben hat, heißt es:

„In Japan erregte Mitte der 60er Jahre das bekannte Buch von Betty Friedan *The Feminine Mystique* wegen der neuen Perspektive die Aufmerksamkeit der Frauen. Auf dieser Linie wird auch Frau Gössmanns Buch Resonanz finden, weil die Frau so dargestellt wird, dass sie mit ihrem Geschlecht Würde hat und nach ihrem eigenen Lebenssinn fragt. Für die Frauen in Japan, die auch in der Moderne noch lange um ihre Rechte in politischen sowie sozialen Lebensbereichen zu kämpfen haben, ist die Botschaft von Elisabeth Gössmann sehr überzeugend."[127]

7.3.2.3 Das erste Buch der Feministischen Theologie

Ihr erstes Buch zur Feministischen Theologie *Die streitbaren Schwestern. Was will die Feministische Theologie?*[128] wurde 1984 in japanischer Übersetzung veröffentlicht. Es wurde teilweise sehr ambivalent rezipiert. Zwar war das Buch sehr erfolgreich, wurde aber auch von vielen Seiten missverstanden und fehlinterpretiert. Die Übersetzung dieses Buches war die erste Aufgabe, die die Japanerinnen aus dem oben genannten Arbeitskreis übernahmen.

Wie Elisabeth Gössmann im Vorwort der japanischen Ausgabe schreibt, ist dieses Buch ihr erstes Werk zur Feministischen Theologie und eine Veröffentlichung ihrer Vorlesungsreihe über Frauenforschung, die sie an der Seishin-Frauenuniversität gehalten hat. Ihre prominenteste Schülerin ist Ex-Kaiserin Michiko, die sie regelmäßig zu sich eingeladen hat, um sich aus erster Hand über die Feministische Theologie zu informieren.

---

126 Elisabeth Gössmann, *Das Bild der Frau heute*, Düsseldorf 1962; japanische Übersetzung von Kazuko Katayama: *Josei. sono Jitsuzō to Kyozō*, Tōkyō 1971.

127 Ebd. 190.

128 Elisabeth Gössmann, *Die streitbaren Schwestern. Was will die Feministische Theologie?* Freiburg i. Br. 1981; japanische Übersetzung von Haruko Okano u. a.: *Feminizumu to Kirisuto-kyō*, Tōkyō 1984.

7.3.2.4 Die Resonanz auf das Buch und die Kritik an ihm

Elisabeth Gössmanns Argumente sind stets wissenschaftlich begründet, ohne einseitig Männer anzugreifen. Sie zeigt voller Hoffnung die notwendigen Bedingungen und Voraussetzungen für zukunftsweisende Lösungen der Probleme. Ihre wissenschaftliche Stellungnahme als Feministin ohne heftige Kritik am Patriarchalismus wirkte in der japanischen Gedankenwelt gewiss auf unterschiedliche Weise nach.

Die erste Reaktion auf das Buch war eine negative und das Anliegen der Autorin missdeutende Rezension eines sehr bekannten Theologen. Diese erschien ausgerechnet in einer häufig gelesenen Wochenzeitschrift. Darin wird das Buch als „überhaupt nicht lesenswert" bewertet, die Autorin könne Japanisch weder schreiben noch lesen und sei eine typisch imperialistische Missionarin. Außerdem habe sie viele Fehler gemacht, denn sie stelle falsche Behauptungen auf, weil sie Augustinus nicht richtig verstehe und ihn nur willkürlich zitiere.

Für diesen Kritiker scheint Elisabeth Gössmanns kritische Auseinandersetzung mit den Lehren der Kirchenväter sowie mit der scholastischen Theorie der doppelten Unterwerfung und den fehlenden Emanzipationsmöglichkeiten der Frau im Mittelalter verwegen und unverständlich gewesen zu sein, ohne dass er wusste, mit welchen theologischen Disziplinen Gössmann sich gründlich beschäftigt hatte. Für ihn ist es möglicherweise unvorstellbar gewesen, dass eine Frau eine so präzise Kritik an der Theologiegeschichte übt.

Um Gössmanns Untadeligkeit in Bezug auf die Wissenschaftlichkeit ihres Buches und meine Verantwortung im Blick auf die Übersetzung ihres Ansatzes klar nachzuweisen, fasste ich den Mut, dieser unbegründeten und bösartig gemeinten Rezension zu widersprechen und die Missdeutungen seitens des Rezensenten deutlich zu machen. Daraufhin kritisierte besagter Theologe mich scharf; die Sache habe sich leider nur auf der emotionalen Ebene entwickelt. Wir konnten diesen unfruchtbaren Streit beenden, nachdem wir unsererseits seine Missdeutungen und Missverständnisse aufgeklärt hatten. Inzwischen bezeichnet er sich selbst als authentischen Feministen, was kaum zu glauben ist. Doch insgesamt war dies eine für die Anfangszeit der Feministischen Theologie in Japan typische Situation.

7.3.2.5 Die japanische Übersetzung des Wörterbuchs der Feministischen Theologie

1998 – also sieben Jahre nach dem Erscheinen der deutschen Ausgabe im Jahr 1991 – erschien die japanische Übersetzung des *Wörterbuchs der Feministischen Theologie*[129] – übrigens auch heute noch das einzige Wörterbuch der Feministischen Theologie in Japan.

21 Übersetzerinnen haben vier Jahre lang an der Übersetzung gearbeitet, in mühsamer Arbeit, mit Lachen und Tränen – mühsam auch deswegen, weil die japanische Sprache zunächst kaum Äquivalente für theologische Begriffe bot, wie sie in allen europäischen Sprachen selbstverständlich zu finden sind. Dabei wurden einige Beiträge aktualisiert, sozusagen im Vorgriff auf die zweite, überarbeitete und erweiterte Auflage des *Wörterbuchs der Feministischen Theologie*, die 2002 erschienen ist, unter der Verantwortung von Elisabeth Gössmann, die ja Mitherausgeberin beider Auflagen des Wörterbuchs ist. Um das Wort „Feminismus“ zu vermeiden, wurde als Titel im Japanischen *Wörterbuch der christlichen Theologie aus der Frauenperspektive* gewählt.[130]

Ein renommierter evangelischer Theologe, Sasagu Arai, hat seine Bereitschaft erklärt, die Verantwortung für die Übersetzung dieses Wörterbuchs mitzutragen. Er ist einer der wenigen männlichen Gelehrten, die mit der Feministischen Theologie in Japan sympathisierten.

Hier möchte ich kurz von einer Episode bei unserem Versuch, die interkulturell bedingten Übersetzungsfehler zu beseitigen, aus der Autobiographie von Elisabeth Gössmann berichten: „In einem Artikel von Dorothee Sölle ist von einer Hebamme die Rede, die aus Protest gegen Atomkraftwerke ihr Diplom, das sie berechtigt, Leben in die Welt zu holen, an den Elektrozaun eines solchen hängte.“ Wie wurde das übersetzt? „Sie hängt sich mit ihrem Diplom aus Protest am Elektrozaun eines Atomkraftwerkes auf.“[131] Diese Übersetzung hat Gössmann gut gefallen, weil sie sehr dem japanischen Empfinden entspricht.

---

[129] Dies./Elisabeth Moltmann-Wendel/Herlind Pissarek-Hudelist u. a. (Hg.), *Wörterbuch der Feministischen Theologie*, Gütersloh 1991.

[130] Elisabeth Gössmann/Haruko K. Okano/Sasagu Arai (Hg.), *Josei no Shiten ni yoru Kirisuto-kyō Shingaku-jiten*, Tōkyō 1998.

[131] Elisabeth Gössmann, *Geburtsfehler: weiblich. Lebenserinnerungen einer katholischen Theologin*, München 2003, 404.

7.3.2.6 Elisabeth Gössmann als Wegbereiterin für das interkulturelle und interdisziplinäre Gespräch in Ost und West

Seitdem sie an der Sophia-Universität lehrte, pflegte Gössmann wissenschaftliche und freundschaftliche Beziehungen zu den Jesuiten, die mit der Geschichte des Christentums in Japan befasst sind. Auf der Grundlage des Gedankenaustausches mit ihnen ist ihr Buch über die Geschichte des japanischen Christentums *Religiöse Herkunft, profane Zukunft? Das Christentum in Japan* entstanden.[132]

Eine Reihe von Symposien zu interkulturellen Fragestellungen aus der Perspektive von Frauen fand mehrmals hintereinander im Deutschen Kultur-Institut in Tōkyō statt. Im Jahr 1990 hat Elisabeth Gössmann in Kooperation mit dem Deutschen Kultur-Institut eine Reihe von Symposien zum Thema „Frauen-Aktivitäten in Japan und Deutschland" veranstaltet, zu denen mehrere Expertinnen aus Deutschland und die Mitglieder unseres Arbeitskreises eingeladen waren. Die Ergebnisse der Symposien wurden in dem japanischen Buch *Nihon-Doitsu. Josei no atarashii Uneri* veröffentlicht.[133] Das Buch behandelt folgende Themen:

1. Frauenbewegungen – Eva Marie von Münch; Akiko Terasaki
2. Frauenbildung – Angelika Wagner; Atsuko Kameda
3. Stellung der Frau in der Religion – Elisabeth Gössmann; Haruko K. Okano
4. Sexualität – Schura Euller-Cook; Kuniko Funahashi
5. Die Komponistin – Eva Rieger; Nobuko Funayama
6. Film – Renate Mehrmann; Helke Sander; Etsuko Takano

Ein weiteres Ergebnis der genannten Symposien ist das von Gössmann herausgegebene Buch *Japan – ein Land der Frauen?*[134], eine Publikation der Gesellschaft für Natur- und Völkerkunde Ostasiens. Im Vorwort erläutert Gössmann, auf Grundlage welcher interdisziplinären Veranstaltungen das Buch entstanden ist, und verweist dabei auf den genannten Arbeitskreis. Das breite Spektrum dieser Arbeit ist an den Namen der Autorinnen und den Titeln ihrer Beiträge erkennbar. Leserinnen und Leser im deutschsprachigen Raum haben die Gründlichkeit der verschiedenen Untersuchungen, die Klarheit ihrer Darstellung und ihren Mut zu einer umfassenden und tief greifenden Kritik bewundert.

---

[132] Dies., *Religiöse Herkunft, profane Zukunft? Das Christentum in Japan*, München 1965.

[133] Tōkyō 1990. Der japanische Titel lautet auf Deutsch: Frauen in Deutschland und Japan. Neue Strömungen – ihre Ideen und Dynamik.

[134] Elisabeth Gössmann (Hg.), *Japan – ein Land der Frauen?*, München 1991.

7.3.2.7 Elisabeth Gössmanns Bedeutung für den japanischen Feminismus

Viele bedeutende Beiträge in Büchern, in Vorträgen und auf Symposien, vor allem aber auch ihre Art und Weise, die Studierenden zu fördern, zeigen eindrücklich Elisabeth Gössmanns große Bedeutung für Japan.

Ihre prominenteste Schülerin ist Ex-Kaiserin Michiko. Gössmann besuchte sie auf deren Einladung hin mehrmals am kaiserlichen Hof und hielt für sie private Vorlesungen auf Japanisch über die Feministische Theologie. Eines ihrer Vorlesungsthemen am kaiserlichen Hof war „Gracia Hosokawa“. Ein letztes Mal hat die Kaiserin damals ihrerseits dem Hause Gössmann einen Besuch abgestattet; dabei sollen sich Gössmann und ihre jüngste Tochter Hilaria sowie ihre langjährige Freundin und die Kaiserin in vertrauter Atmosphäre stundenlang unterhalten haben. Daran ist erkennbar, dass Ex-Kaiserin Michiko selbst den Wunsch hatte, mehr über die Feministische Theologie zu erfahren, ein Wunsch, den sicherlich Gössmann durch ihre Besuche bei ihr geweckt hat.

In Bezug auf Gössmanns Bedeutung für die Feministische Theologie in Japan ist zudem auf die große Spannweite ihrer Interessen hinzuweisen. Auf ihrer Suche nach dem Frauenbild in verschiedenen Kulturen und Religionen versuchte sie alle Lebensbereiche einzubeziehen und über deren Grenzen hinaus zu denken – was wir heute als interdisziplinär und interkulturell bezeichnen würden. Außerdem versuchte sie immer, anderen gut zuzuhören, Männer nicht einseitig pauschal als Feinde anzusehen und den konkreten Kontext der zu analysierenden Phänomene zu verstehen, um nicht voreilig zu urteilen. So hat Gössmann durch die Art und Weise, wie sie in Japan gewirkt hat, auch von nicht feministisch gesinnten Japanern und Japanerinnen viel positive Resonanz erhalten und ihre Sympathie gewonnen. Als Folge ihres Wirkens in Japan können auch die zehn aus Japan stammenden Beiträge in der bereits erwähnten Festschrift *Theologie zwischen Zeiten und Kontinenten*[135] gesehen werden.

[135] Theodor Schneider/Helen Schüngel-Straumann (Hg.), *Theologie zwischen Zeiten und Kontinenten. Für Elisabeth Gössmann*, Freiburg/Basel/Wien 1993.

7.4 Die Auswirkungen der Feministischen Theologie

Entsprechend der Situation der Christen als Minderheit in Japan bleibt auch das Echo auf die Feministische Theologie bescheiden, was das Denken und Fühlen der Japaner betrifft; trotzdem ist es zu bedeutsam, um übersehen zu werden.

7.4.1 *Die Entdeckung wichtiger Parallelen im Androzentrismus zwischen West und Ost*

Durch den Austausch der theologischen Informationen zwischen West und Ost, der sich hauptsächlich in Gössmanns Arbeitskreis vollzog, wurden interessante Parallelen sowie Unterschiede in den Religionen aus feministischer Perspektive ans Tageslicht gebracht:

1. Die Symbolsprache wurde in das reale Dasein übertragen. Symbolische Bezeichnungen für das Mann- und Frau-Sein gewinnen im Laufe der Geschichte eine reale Bedeutung für beide Geschlechter.
- Westen: Mann = Geist (*nous*); Frau = sinnliche Wahrnehmungsfähigkeit (*aisthesis*) (Philon von Alexandrien)
- Osten: „Der Körper der Frau ist unrein, sodass er nicht die Schale für den Empfang der heiligen Lehre sein kann …“ (*Lotos-Sūtra* XII, Devadatta).

2. Eschatologisches Bild der Frau: „Mann-Werden“
- Westen: Petrus sagt zu den Jüngern: „Mariham soll von uns fortgehen, denn Frauen sind des Lebens nicht würdig.“ Daraufhin sagt der Jesus dieses Textes: „Seht, ich werde sie führen, um sie männlich zu machen, dass auch sie ein lebendiger Geist werde, der Euch Männern gleicht. Denn jede Frau, die sich selbst männlich macht, wird in das himmlische Reich eingehen“ (*Thomas-Evangelium*, Log. 114).
- Osten: „Alle Frauen mögen stets Männer werden, tapfere Helden und weise Gelehrte! Sie alle sollen stets zur Erleuchtung kommen, sie sollen in den sechs Vollkommenheiten wandeln“ (*Suvarṇaprabhāsa-Sūtra*, Kap. 4; *Lotos-Sūtra* XII, Devadatta).

3. Domestizierung der Bildung der Frau
- Westen: *Dissertatio historico-literaria Gynaeceum doctum* oder *Vom Gelehrten Frauenzimmer*, die 1686 von Johann Andreas Planer in lateinischer Sprache in Wittenberg vorgelegt und in einem akademischen Festakt verteidigt wurde:

„Frauen sollen die eigene gute Erziehung und Bildung an einen fröhlichen Nachwuchs weitergeben, damit die kommende Generation dazu ausgerüstet wird, die Familienangelegenheiten sinnvoll zu ordnen, den Staat in Gerechtigkeit zu moderieren, der Kirche in Frömmigkeit zu dienen. Denn die Männer sind durch ihre Mütter, was sie sind [...]. Wir sprechen also in dieser Schrift von Frauen mit starker Begabung, die zugleich Gelehrsamkeit und Bescheidenheit pflegen, ein Beispiel der Pietät und Sittenbildung geben, den Eltern dankbar, mit den Ehegatten einträchtig lebend, den Witwenstand einhaltend, den Kindern wohltuend, den Freunden verpflichtet, den Bedürftigen hilfreich."[136]

Neben ihrer Keuschheit befreite ihr Gehorsam gegenüber männlichen Personen gebildete Frauen vom Verdacht, Hetären zu sein.

- Osten: Ende des 18. Jahrhunderts wurde eine Reform der Agrarpolitik (*Kansei no Kaikaku*) durchgeführt, um die Machtposition des Shogunats wiederaufzubauen. So wurde das patriarchalische Familiensystem gestärkt, indem von den Frauen absoluter Gehorsam gegenüber dem Ehemann und den Schwiegereltern gefordert wurde. Höhere Bildung für Frauen wurde weitgehend abgelehnt , da sie die Tugend des Gehorsams ruinieren würde.[137]

4. Bescheidenheitsformel bei den Frauen

Vom 10. bis 18. Jahrhundert finden wir in den meisten Schriften gelehrter Frauen in stereotyper Weise die weibliche Bescheidenheitsformel, mit der sie sich als Fremde in der männlichen Gelehrtenwelt bezeichnen und ihr Schreiben legitimieren müssen, die aber dann in ein starkes Autonomiebewusstsein umgekehrt wird, was den innerseelischen Bereich betrifft.

- Westen: Hildegard von Bingen – wie auch andere Mystikerinnen – beschreibt sich selbst als armselige Frau, als einfältiger Mensch von weiblicher Schwäche, ungebildet und unwürdig, aber direkt berührt vom „geistlichen" Licht göttlicher Inspiration, und sie ordnet sich damit bewusst nicht in die irdischen Hierarchien ein.[138]

---

[136] Elisabeth Gössmann (Hg.), *Eva – Gottes Meisterwerk* (Archiv für philosophie- und theologiegeschichtliche Frauenforschung 2), München 1985, 88–130.

[137] Vgl. Haruko K. Okano, *Tadano Makuzu (1763–1825). Gelehrte Kritikerin des konfuzianischen Feudalsystems und Vorläuferin der neuzeitlichen Frauenbewegung*, in: Schneider/Schüngel-Straumann 1993 (wie Anm. 135), 431–444, hier 435f.; Christiane Langer-Kaneko, *Zur Geschichte der Erziehung und Bildung der Frau in Japan, reflektiert an ihrer Rolle in der Gesellschaft*, in: Gössmann 1991 (wie Anm. 122), 81–116.

[138] Vgl. Elisabeth Gössmann, *Hildegard von Bingen* (Archiv für philosophie- und theologiegeschichtliche Frauenforschung, Sonderband), München 1995, 15.

– Osten: Ein typisches Beispiel ist Tadano Makuzu (1763–1825), die gelehrte Kritikerin des konfuzianischen Feudalsystems und Vorläuferin der neuzeitlichen Frauenbewegung. Ihren kritischen Aufsatz über die Lebenssituation der Frauen in der feudalen Gesellschaft beginnt sie mit einem Bescheidenheitstopos, genau wie Hildegard von Bingen.[139]

7.4.2 *Die Feststellung der Unterschiede*

Hier möchte ich auf zwei Charakteristika in der japanischen Frauen- und Männergeschichte hinweisen und sie gleich im Folgenden erörtern.

1. Das Opfergefühl der Männer in Japan
2. Der hohe Stellenwert der Mutterschaft als Familien-Tradition

7.5 Aktuelle Genderprobleme in der modernen japanischen Gesellschaft

Wir haben eben aus der Frauenperspektive mehrere ähnliche Phänomene sowie gemeinsame Probleme im Westen und Osten festgestellt. Nun werfen wir kurz einen Blick auf die für Japan spezifischen Genderprobleme.

7.5.1 *Spezifisch japanische Aspekte in der Genderproblematik der Gegenwart*

Hauptsächlich handelt es sich hier, wie oben angedeutet, um zwei Phänomene, die den japanischen Feminismus prägen.

7.5.1.1 Das Opfergefühl der Männer in Japan

In der japanischen Gesellschaft wurde stets ein Bewusstsein für nationale Zusammengehörigkeit und vertikale Beziehungen tradiert, was mit einem geringen Selbstbewusstsein des Einzelnen einherging. In Japan gilt die Unterdrückung der Frau durch den Mann im Allgemeinen nicht als besonderes Problem. Das gesellschaftliche Bewusstsein ist vielmehr dadurch geprägt, dass sich auch der Mann vom modernen Staat oder der Institution, zu der er gehört, unterdrückt fühlt. Der japanische Begriff *Karōshi*, der plötzliche Tod durch Überarbeitung, ist im Jahr 2002 in das *Oxford English Dictionary* aufgenommen und als „*overwork death*" über-

[139] Vgl. Okano 1993 (wie Anm. 137).

setzt worden. In den 60er und 70er Jahren hat die japanische Wirtschaft einen enormen Aufschwung erfahren, während viele Japaner für ihre Arbeitgeber, Wirtschaftsunternehmen oder den Staat, so viel arbeiteten, dass sie starben. Die Arbeitskräfte, die das damalige Wirtschaftswunder ermöglicht haben, wurden bekanntlich von Europäern kritisch als „Industrie-Krieger" oder „*economic animals*" bezeichnet. Es waren fast ausschließlich Männer, während die Frauen in der Familie diese „Krieger" unterstützten. Für japanische Männer, die in dieser Zeit für ihre Familien und ihre Arbeitgeber ihr Leben aufs Spiel gesetzt haben, ist die feministische Botschaft schmerzhaft oder gar unangenehm. Wo der Mann sich selbst als Opfer begreift, hat ein Feminismus europäisch-amerikanischer Prägung keinen Platz.[140] Es zeigt sich, dass auch die Männer mit ihrer gesellschaftlichen Rolle nicht immer glücklich sind.

7.5.1.2 Der hohe Stellenwert der Mutterschaft in der traditionellen Familie

Die Mutterschaft wurde und wird weiterhin als der wichtigste Lebensinhalt der Frau verstanden und ihre Bedeutung für die Erhaltung des traditionellen Familiensystems gewürdigt, wie es die erste Feministin Raichō Hiratsuka zum Ausdruck gebracht hat.[141] Ein aktuelles Beispiel hierfür ist wohl, dass eine Abgeordnete vor einiger Zeit eine Abhandlung veröffentlicht hat, in der sie die Meinung vertritt, dass LGBT-Personen, Angehörige einer sogenannten sexuellen Minorität, unproduktiv seien. Hierauf folgte großes Entsetzen, und scharfe Kritik kam sofort aus jeder Generation und Gesellschaftsschicht. Aus der Tatsache, dass eine solche Einlassung von einer Parlamentarierin stammte und in einer renommierten Zeitschrift publiziert wurde, ist jedoch die politische Tendenz abzulesen, dass allein heterosexuelle Beziehungen und die traditionelle soziale Geschlechterrolle legitimiert werden sollen.

Auch die lange bestehende Konvention, dass Eheleute denselben Familiennamen (keinen Doppelnamen) tragen sollen, ist noch vorherrschend. Mehrere Versuche der neuen Gesetzgebung, einen alternativen Vorschlag einzubringen, wurden bis heute im Parlament abgelehnt, obwohl viele Karrierefrauen in ihrem Berufsleben ihren Mädchennamen

---

140 Vgl. Haruko K. Okano, *Religion, Ethik und Säkularisation*, in: Ulrik Nissen/Svend Andersen/Lars Reuter (Hg.), The Sources of Public Morality – On the ethics and religion debate. Proceedings of the annual conference of the Societas Ethica in Berlin, August 2001, Münster 2003, 57.

141 Vgl. oben 7.1.1: „Das feministische Bewusstsein der Japanerinnen".

behalten wollen. Dies, so wird argumentiert, verstoße gegen das traditionelle Familienbild, weil es die Einheit der Familie zerstöre.

Diese Phänomene sind charakteristisch für die japanische Gesellschaft und zugleich ein Hindernis für die Befreiung der Frau. Selbst der japanische Feminismus war und ist vorsichtig bei seiner Kritik am Mutterschafts- bzw. Mütterlichkeits-Mythos, nach welchem die Mütterlichkeit allen Frauen angeboren sein soll.

7.5.2 *Die neuen Fragen in den aktuellen Genderdiskursen*

Daneben werden die traditionellen Genderrollen auch in vielen Lebensbereichen, wie beispielsweise in den Kirchengemeinden und im Bereich der Altenpflege, noch immer aufrechterhalten, womit auch bestimmte Erwartungen verbunden sind. Die wachsende Anzahl von Ehescheidungen sowie die häufig als negativ empfundenen strukturellen Veränderungen in der Familie wurden oft dem „bösen Feminismus“ zugeschrieben, der einseitig nach der Befreiung der Frau verlange. Bescheidenheit der Frauen und „Domestizierung“ der weiblichen Aktivitäten werden noch häufig erwartet. Unter den gegebenen gesellschaftlichen Bedingungen in Japan fällt heute bei jungen Frauen ein Trend auf: Zu unserem Erstaunen äußern viele junge Frauen immer deutlicher den Wunsch, zu ihrer finanziellen Absicherung Hausfrau werden zu wollen, ohne einen Beruf auszuüben. Zwar setzt sich das Prinzip der Gleichberechtigung beider Geschlechter in der Tat schon lange auch in Japan immer mehr durch, aber nicht wenige junge Frauen sind unsicher, ob sie als berufstätige Frauen und dem damit verbundenen Selbstbewusstsein auch ihr soziales Leben gut führen können. Feministisch gesinnte oder erfolgreiche Frauen dienen ihnen nicht unbedingt als Vorbild, sondern werden eher als Ausnahme-Frauen gesehen, die nur erfolgreich sind, weil sie viele Mühen und Leid auf sich genommen haben.

Abschließend möchte ich hier noch kurz einige weitere aktuelle Genderprobleme darstellen:

1. Was sexuelle Belästigung ist, scheint manchen Männern immer noch unklar zu sein.

Während die MeToo-Bewegung in den USA und in Europa inzwischen weit verbreitet ist, scheint der Diskurs über sexuelle Belästigung manchen mächtigen Männern und manchen Medien in Japan fast unverständlich zu sein. In den letzten Jahren protestierten Frauen gegen mächtige Politiker, Beamte oder leitende Angestellte großer Firmen. Jedoch waren Pro- und

Kontra-Stimmen fast ausgewogen, sodass die Affären vertuscht werden konnten. Frauen, die Karriere machen wollen, werden im Berufsleben oft sexuell belästigt. Die Japaner und Japanerinnen müssen endlich das alte Frauenbild hinter sich lassen.

2. Wenig Arbeitsmöglichkeiten für Mütter

Immer noch wird erwartet, dass eine Mutter sich ausschließlich mit ihren Kindern beschäftigt, zumindest bis zu deren drittem Lebensjahr, sodass viele berufstätige Frauen, wie Statistiken zeigen, ihre Karriere unterbrechen müssen. Es ist für sie oft nicht einfach, im Anschluss wieder einen entsprechenden Arbeitsplatz zu finden und ihre Karriere fortzusetzen. Sehr wünschenswert wäre es, mittels einer Strukturreform in der Industrie Vorurteile gegenüber weiblichen Arbeitskräften zu überwinden, z. B. durch die Einführung eines Jobsharing-Systems in Unternehmen, das es in Europa gibt, damit Frauen, die ein Kind erwarten, und Mütter konsequent ihre Berufstätigkeit fortsetzen können. Dies hängt nicht nur vom Selbstbewusstsein der Einzelnen ab, sondern eher von Voraussetzungen, die zu gestalten Aufgabe der Politik und der Wirtschaft ist. Vor allem stellt sich die Frage, wie berufstätige Männer genug Zeit mit der Familie verbringen können, damit sie an den verschiedenen Ereignissen in ihrer Familie – den freudvollen wie den leidvollen – teilhaben können.

3. Probleme im Bereich der höheren Bildung

Der Gender-Gap-Index des Weltwirtschaftsforums zeigt, dass der Anteil von Japanerinnen mit höherer Bildung an der Gesamtbevölkerung unter dem weltweiten Durchschnitt liegt. Dahinter steckt ein anachronistisches Frauenbild. Im Jahr 2018 sorgte ein sexistischer Skandal im Zusammenhang mit Aufnahmeprüfungen an mehreren medizinischen Hochschulen in Japan für Aufsehen. Männliche Kandidaten wurden von Anfang an bevorzugt, um nicht zu viele Bewerberinnen zum Medizinstudium zuzulassen. Die offizielle Begründung dafür lautete hauptsächlich, Ärztinnen könnten aufgrund ihrer familiären Situation keinen vollwertigen Dienst an ihrem Arbeitsplatz leisten.

4. Das Problem in den Medien

Die größte japanische Zeitung *Asahi* brachte im August 2017 unter dem Titel „Gender und Medien“ eine Serie mit Sonderartikeln heraus, in denen kritische Stimmen der Leser und Leserinnen zu Wort kamen. Die meisten Leser und Leserinnen kritisierten die Medien mit der Begründung, dass sie oft Geschlechterstereotype reproduzieren, ja sogar unterstützen würden. Man kann die Bedeutung dessen, was die Medien tagtäglich veröffentlichen, wirklich nicht hoch genug einschätzen; ihre Position gilt oft als „*common sense*".

Ich frage daher mit Elisabeth Gössmann, wie man bei diesem unsicheren Gefühl den Angehörigen der jungen Generation die Perspektive bieten kann, dass sie neben dem Familienleben auch ein gesellschaftliches Leben führen können. Dem japanischen Kapitalismus, der auf einem Höchstmaß an Rationalität und Effektivität basiert, könnte die Feministische Theologie alternative Lebensentwürfe mit einem alternativen Wertesystem gegenüberstellen. Dies könnte wie folgt aussehen: Mit einer ethischen Perspektive könnte es gelingen, die Mächtigen in Politik und Wirtschaft dazu zu bringen, Wirtschaftswachstum nicht im engeren Sinne zu begreifen, sondern ein alternatives Konzept von Reichtum – im ökologischen Sinne – vorzulegen, etwa mit der Frage, was „Reichsein" auf lange Sicht für die Menschheit bedeutet. Überdies sollten die Japaner ihren blinden Gehorsam gegenüber dem Staat und den Autoritäten aufgeben, damit jeder und jede in eigener Verantwortung Entscheidungen treffen kann. Die naive Vorstellung, dass Wachstum gut und Stillstand schlecht ist, wäre in Frage zu stellen. Auf sich allein gestellt kann man nicht gesund leben; man sollte einerseits ein eigenständiger Mensch bleiben und damit auch eine gewisse Einsamkeit in sich tragen, andererseits aber auch Beziehungen führen, geliebt werden und lieben lernen – ein Wert, den auch die Japaner auf ihre Weise wieder schätzen gelernt haben. Interkulturelle und interdisziplinäre Forschungen sowie Diskurse im Sinne der Feministischen Theologie, wie sie Elisabeth Gössmann als ihre Lebensaufgabe betrieben hat, sind in Japan weiterhin wünschenswert. Angesichts der vielen Beiträge von Elisabeth Gössmann und ihrer Biographie gewinnt man eine Perspektive, mit der man erahnen und an der man ablesen kann, was in der eigenen Gesellschaft gefehlt hat, was korrigiert wurde und was noch zu tun ist.

8. *Friedenskonzepte im Kontext der japanischen Religionen Reflexionen über Hiroshima, Nagasaki und Fukushima*

8.1 Die Aktualität des Themas

Am 11. März 2011 hat Japan neben einer schrecklichen Naturkatastrophe auch noch eine teilweise durch menschliches Versagen verursachte Atomreaktorkatastrophe erlebt. Nach dieser Tragödie erinnerten sich viele

Menschen an den letzten verlorenen Krieg. Den Japanern ist nämlich erst durch diese Katastrophe nach und nach bewusst geworden, dass Regierung und Wirtschaft Hand in Hand und in großem Umfang Atomreaktoren als Symbol für die japanische Friedenspolitik und zur Förderung der Industrie errichten ließen. Was nach dem Krieg als Zeichen für den Wohlstand des Volkes gesehen wurde, erscheint vielen Menschen plötzlich als Verrat und unbeherrschbar.

Die Japaner sind es seit alters her gewohnt, auch im Fall von Katastrophen friedlich und harmonisch zusammenzuleben und mit der Natur umzugehen. Die Japaner haben angesichts dieser unbeschreiblich schrecklichen Katastrophen die Größe, die Wärme, die Stärke und die Würde der Menschen durch Hilfe aus aller Welt erfahren. Andererseits dürfen wir die seltenen und kurzen Augenblicke der Krise nicht außer Acht lassen, um zu fragen, woran uns diese Katastrophen gemahnen: daran, dass wir über einen gesellschaftlichen Wandel nachdenken müssen.

Mehr als die Hälfte der japanischen Bevölkerung ist sich nun der Tatsache bewusst, dass das „verbotene Feuer“ unkontrollierbar und somit allzu riskant ist. Die Menschen sind auf der Suche nach menschen- und naturfreundlichen Energiequellen, während die jetzige Regierung in eine ganz andere Richtung steuert: die Wiederinbetriebnahme der Atomkraftwerke, um die Wirtschaft zu stabilisieren und erneut auf Wachstumskurs zu bringen.

Wenn wir nach der Katastrophe von Fukushima (März 2011) unsere von der Kernenergie abhängige Zivilisation in Frage stellen, erinnern wir uns an Hiroshima und Nagasaki und reflektieren zum einen darüber, was dort nach dem verlorenen Zweiten Weltkrieg geschehen ist, und zum anderen, warum und wie sich Japan als erstes Opfer von Nuklearwaffen in einen Staat verwandelt hat, der die Kernenergie intensiv fördert. Die Fukushima-Katastrophe und ihre Probleme hängen insgesamt mit dem heutigen Verständnis von Frieden eng zusammen, da es sich um die unbeherrschbare und damit inhumane Nuklearenergie handelt:

1. Atomreaktoren stellen bereits den Grundstoff für die Herstellung von Nuklearwaffen zur Verfügung.
2. Durch die Abhängigkeit des Landes von der Atomenergie ist ein tiefer Riss durch Japan gegangen: Großstädte wie Tōkyō oder Ōsaka boomen auf Kosten kleiner Städte und Dörfer in der Provinz, in denen Atomkraftwerke errichtet wurden.
3. Die Menschen, die durch die Atomreaktorkatastrophe ihre Heimat verloren haben, finden keinen inneren Frieden, haben harmonische

Beziehungen innerhalb und außerhalb der Familie verloren und führen ein menschenunwürdiges Leben, da vielen das gewohnte Zusammensein mit ihren Angehörigen untersagt worden ist und die Opfer der Katastrophe als „radioaktiv Verstrahlte" nicht selten als unrein betrachtet und diskriminiert werden.

Um uns mit dieser Problematik zu beschäftigen, wollen wir ethische Fragen ins Auge fassen, die in fast allen Religionen bedeutsam sind. Der Entschluss von Bundeskanzlerin Angela Merkel, aus der Atomenergie auszusteigen, basiert ebenfalls auf ethischen Aspekten (vgl. den Abschlussbericht der Ethikkommission „Sichere Energieversorgung"). Der Schlussfolgerung des Deutschen Parlaments, dass es unter den Aspekten Nachhaltigkeit und Verantwortung keine ethische Begründung für den Gebrauch der Kernenergie gebe, stimmt etwa die Hälfte der japanischen Bevölkerung zu. Allerdings fehlt in Japan oft diese ethische Perspektive bei politisch-ökonomischen Entscheidungen, was sich darin äußert, dass die Regierung gegenwärtig genau in die entgegengesetzte Richtung zu steuern versucht.

8.1.1 *Friede als ethisch begründete Versöhnung – beheimatet in der Religion*

Werfen wir hier kurz einen Blick auf die ethischen Werte, die fast allen Religionen inhärent sind. Religiöse Grundwerte wie innere Einkehr, Stille, Meditation, Selbstentäußerung, Gefühl des Erlöstseins sind Bezeichnungen für das Heil. Es ist eine *pax divina*, der sich oft eine sublime Gesinnungsethik anschließt. Max Weber analysiert diese Individualethik anhand der Bergpredigt Jesu.[142]

Sobald jedoch Macht, sei es die eigene oder politische Macht, eine Rolle spielt, wird häufig die ursprüngliche Friedensintention verwandelt in Friedlosigkeit, wobei sowohl die *pax humana* als auch die *pax divina* in Frage gestellt werden. In der Vergangenheit hat man die individuelle Gesinnungsethik wie auch die *pax divina* für die politische Gesellschaftsethik bzw. für die Verantwortungsethik im Staatssystem als ungeeignet und als mit ihr unvereinbar betrachtet. Jedoch hält auch Max Weber beide Formen der Ethik nicht für absolute Gegensätze. Er betont vielmehr, dass erst die Kombination beider Formen eine echte Menschwerdung mit der

---

142 Vgl. Max Weber, *Politik als Beruf*, München 1919 [und spätere Auflagen; japanische Übersetzung], 86f., 92f.

Berufung zur Politik ermöglicht, indem die individuelle Verantwortungsethik die ganzheitliche Sozialität der Gesellschaft anstrebt.[143]

Im interreligiösen Dialog stellen wir fest, dass die Verantwortungsethik prinzipiell fast allen Religionen zugrunde liegt. John Hick, der einen religiösen Pluralismus vertritt und dabei die historischen Religionen sehr weit interpretiert, antwortet auf die Frage, was das grundlegende Kriterium für eine heilbringende Transformation sei, folgendermaßen: Es seien „moralische Früchte, die sich mittels des allen großen Traditionen gemeinsamen ethischen Ideals der Agapé/Karunā (Liebe/Mitleid) erkennen lassen".[144]

Während der Pluralismus letzten Endes heimlich nach einem religiösen Monismus streben könnte, zeigt die Selbsttransformation, wie Jürgen Moltmann, Wolfhart Pannenberg, Gavin D'Costa, John B. Cobb Jr. u. a. aufzeigen[145] einen anderen, interessanten Weg unter den gegenwärtigen Strömungen im interreligiösen Gespräche auf. Die Autoren teilen die Überzeugung, dass man im interreligiösen Dialog jede fremde religiöse Erfahrung respektieren muss, ohne die eigene Identität zu verlieren. Zu dieser modernen Strömung gehört meiner Ansicht nach auch der ehemalige Bonner Religionswissenschaftler Gustav Mensching. Mensching sieht in der Vielheit der Religionen letztlich eine tiefe Einheit, ohne die reale Vielheit auf eine einzige Religion zu reduzieren. Für Gustav Mensching ist es diese Vielheit, „die sich auf gemeinsames Erlebnis des Heiligen und verwandtes, auf diese Begegnung antwortendes Handeln in Kultformen, Begriffsbildungen, Gemeinschaftsformen gründet und schließlich auch vor allem auf gemeinsame ethische Werte".[146]

Mit diesen ethischen Werten sind sowohl das Postulat des „Weltgewissens" (Gustav Mensching) als auch der Begriff „Weltethos" (Hans Küng) gemeint. Mit Mensching halten Küng, Moltmann, Waldenfels und auch ich dieses Modell eines gemeinsamen ethischen Wertesystems für notwendig; wir sind überzeugt, dass es eine Quelle des Friedens, der Verständigung und der Versöhnung sein kann. Die harmonische Versöhnung von „Sollen und Wollen" aller Menschen je nach der Intention einer jeden Religion, ist besonders wichtig, weil sie wesentlich zum Frieden beiträgt.

---

143 Vgl. ebd., 103f.

144 John Hick, *Religion. Die menschlichen Antworten auf die Frage nach Leben und Tod*, München 1996, 31.

145 Vgl. Gavin D'Costa, *Christian Uniqueness Reconsidered. The Myth of a Pluralistic Theology of Religions*, Maryknoll (NY), 1990.

146 Gustav Mensching, *Der offene Tempel. Die Weltreligionen im Gespräch miteinander*, Stuttgart 1974, 29.

Diese ethische Einsicht erregt insbesondere nach dem Ereignis in Fukushima die Aufmerksamkeit der japanischen Gesellschaft, wovon später noch die Rede sein wird.

8.1.2 *Der Friedensbegriff nach „Hiroshima/Nagasaki" und „Auschwitz"*

Johann Baptist Metz, der eine „Theologie nach Auschwitz" konzipiert hat, schreibt:

„Als christlicher Theologe angesichts von Auschwitz ‚Ich' sagen: dies dient nicht etwa der Stilisierung der theologischen Individualität, sondern der Sensibilisierung für die konkrete Verantwortung, für die konkrete Krisensituation, in der gegenwärtige christliche Theologie steht und sich um die Findung und Bezeugung der Wahrheit des Evangeliums – nach Auschwitz – müht."[147]

Im Sinne von Johann Baptist Metz möchte ich im Folgenden über die Auswirkungen der Atombombenabwürfe auf Hiroshima und Nagasaki und die Verantwortung der Japaner für den Frieden reflektieren. Haben „Auschwitz" und „Hiroshima/Nagasaki" etwas gemeinsam in Bezug auf unsere Reflexion über Humanität und Frieden?

Auch wenn bei den Atombombenabwürfen extreme Gewalt ausgeübt wurde, unterscheidet sich einerseits „Hiroshima/Nagasaki" insofern von „Auschwitz", als der Einsatz von Atombomben aus amerikanischer Sicht als notwendige Maßnahme zur Beendigung des letzten Weltkrieges erfolgte, während es bei „Auschwitz" um ein in der Geschichte einmaliges Menschheitsverbrechen geht. Andererseits liegt beiden ein blindes Vertrauen in die moderne Naturwissenschaft und Technik zugrunde, die nun zuvor unvorstellbare Auswirkungen hatten. Diese sind als Folge der modernen Rationalität aufzufassen, und zugleich widerlegen sie all jene, die vom zivilisatorischen Fortschritt oder von der „Aufklärung" einen definitiven Sieg der Menschlichkeit in der Moderne erwarten. „Hiroshima/Nagasaki" und „Auschwitz" sind nicht vergangen, weil ihre Auswirkungen immer noch verarbeitet werden müssen. Die Fukushima-Katastrophe als Folge menschlichen Versagens liegt in gewissem Sinne auf der gleichen Linie.

Grundlegend sei daran erinnert, dass seit der altrömischen Zeit mit *Pax* ein durch militärische Macht erzwungener Friede gemeint war, in dem die unbeschreiblichen Grausamkeiten des Krieges oft durch die Sie-

---

[147] Johann Baptist Metz, *Im Angesichte der Juden. Christliche Theologie nach Auschwitz*, in: Concilium 20 (1984), 383.

ger gerechtfertigt wurden. Die *Pax Romana* versprach zwar dem Volk und auch nationalen Minderheiten wie den Diaspora-Juden im Römischen Reich Sicherheit und Ordnung, Wohlstand und Glück, aber sie war in Wirklichkeit nur ein Friede, der der Bevölkerung von den Herrschern aufgezwungen wurde. Die klassische Problematik, Frieden und Ordnung zu identifizieren, bleibt heute in der realen Machtpolitik noch oft ungelöst. Damit der Friede nicht ausschließlich von Siegern, Machthabern oder mächtigen Nationen definiert wird, muss man sich heute mit diesem Begriff differenzierter auseinandersetzen.

Friede ist mehr als die Abwesenheit von Krieg. Friede ist mindestens auch die Abwesenheit jeder strukturellen Gewalt auf sozialem Gebiet. Das ist eine heute fast allgemein anerkannte Definition des Begriffs Frieden. Demnach ist Friede nicht aus der Perspektive der Sieger bzw. der Mächtigen zu definieren, sondern vor allem aus der der Frauen und anderer marginalisierter Menschen, weil wir Gerechtigkeit im biblischen Sinne als Maßstab für den Frieden sehen, wie es in Ps 85,11 heißt: „Gerechtigkeit und Friede küssen sich." Unter Gerechtigkeit verstehe ich gemäß der biblischen Tradition das Verhältnis Jahwes zu Israel, der das Volk Israel erwählt hat, nicht weil es größer als die anderen Völker gewesen wäre, sondern weil es das kleinste unter allen Völkern war (Dtn 7,7). Gottes Gerechtigkeit äußert sich darin, dass Gott Partei für die Armen, die Unterdrückten, die Witwen und Waisen ergreift (Jes 1,7).

Allerdings muss hier darauf hingewiesen werden, dass viele Frauen nicht nur Opfer, sondern als Mütter, die ihre Kinder zu Soldaten erzogen, auch für viele Kriege mitverantwortlich waren. Die Mutterschaft diente also nicht immer der Friedensstiftung.

8.2 Die Bombenangriffe auf Hiroshima und Nagasaki und ihre Folgen

Im Folgenden möchte ich mich mit Friedenskonzepten aus Japan – als bisher einzigem Land mit Atombombenopfern – auseinandersetzen. Es ist in diesem Rahmen von Bedeutung, was die Japaner in der Nachkriegszeit versäumt haben, woran sie sich eigentlich erinnern sollten und was sie für die Versöhnung mit den asiatischen Nachbarländern im Gedächtnis behalten sollten. Wir sollten sozusagen eine „Gedächtnispolitik" konzipieren, um jene einmalig schrecklichen Ereignisse in Hiroshima und Nagasaki zum Anlass zu nehmen, uns für den Frieden einzusetzen.

8.2.1 *Die Auswirkungen der Bombenabwürfe*

Am 6. August 1945 fand der erste Atombombenabwurf – auf Hiroshima – und am 9. August 1945 der zweite – auf Nagasaki – statt. Weil bei den Angriffen nur wenige Flugzeuge flogen, erwarteten die japanischen Luftschutzbehörden in beiden Städten lediglich Aufklärungsflüge und warnten die Bevölkerung kaum oder gar nicht. Die Hiroshima-Bombe explodierte in einer Höhe von 580 Metern und zerstörte in einem Umkreis von etwa 1,5 Kilometern sofort fast alles. In Nagasaki wurden darüber hinaus nicht nur alle Wohnhäuser im Umkreis von etwa 2,2 Kilometern vernichtet, darüber hinaus wurde auch das Viertel der alten Christen aus dem Barockzeitalter getroffen. Deshalb sagt man in Japan gern: In Hiroshima explodierte der Zorn, in Nagasaki antwortete man mit Gebet. Während Luftdruckwellen die Gebäude zum Einsturz brachten, wurden durch die Explosionshitze große Feuerstürme ausgelöst, die weitere Teile der beiden Städte zerstörten.

In Hiroshima wurden etwa 66 000 Menschen sofort getötet und etwa 69 000 Menschen schwer verletzt. Nagasaki hatte ein ähnliches Schicksal. Es handelte sich bei den Verletzungen in der Hauptsache um schwerste Verbrennungen, die nicht angemessen behandelt werden konnten. Dazu kamen die Effekte der unmittelbaren Strahlung, an denen zusätzlich etwa 100 000 Menschen in beiden Städten im Verlaufe von einigen Wochen und Monaten verstarben. Insgesamt sind in beiden Städten 280 000 Menschen ums Leben gekommen. Die akuten und die späteren Strahlendosen nach den Explosionen führten außerdem mit einer zeitlichen Verzögerung zu einer bis heute beobachteten Zunahme von Krebserkrankungen bei den betroffenen Menschen. Von diesen verschiedenen Krebserkrankungen führten 26 Prozent aufgrund von Leukämie zum Tode. Der Prozentsatz der anderen Krebserkrankungen, die als durch Strahlung verursacht registriert wurden, stieg mit zunehmendem Alter der Personen von 3,5 Prozent in den Jahren 1950–1975 auf 5,2 Prozent in den Jahren 1976–1985 und auf 6,0 Prozent in den Jahren 1986–1990.

8.2.2 *Das Schicksal der Überlebenden*

Die Überlebenden leiden noch heute an den unheilbaren Wunden an Leib und Seele. Manche sind noch immer in tiefer Trauer versunken, weil sie Familienangehörige oder Freunde auf diese Weise verloren haben; manche fühlen sich schuldig, weil sie vielleicht damals anderen Leidenden mehr Hilfe hätten leisten sollen. Manche schämen sich, dass nur sie überlebt haben. Befragungen unter Hinterbliebenen ergaben, dass manche ein schlechtes Gewissen bekamen, wenn sie das Leben irgendwann einmal genossen haben. Das ist wohl – ob berechtigt oder unberechtigt – ein Charakteristikum der japanischen Mentalität, weil die Japaner seit alters her die Harmonie (*wa*) in zwischenmenschlichen Beziehungen mehr als alles andere schätzten und schätzen. Ich will damit nicht ausschließen, dass dies auch in anderen Ländern der Fall ist. Übrigens sind diese Formen des Leids ebenfalls bei den Überlebenden der Naturkatastrophe am 11. März 2011 in der Region Tōhoku mit Erdbeben und Tsunami bezeugt.

Auch die sozial-ethische Probleme sind nicht zu unterschätzen. Die Verstrahlten sind oft wegen ihrer Anfälligkeit für Krankheiten oder wegen der Entstellung ihres Gesichtes oder Körpers durch schwere Verbrennungen benachteiligt oder gar diskriminiert worden, was ihre Berufschancen oder Eheschließungen betrifft. Wegen der Strahlenverseuchung entschieden sich manche Frauen dagegen, Kinder zu gebären, da sie befürchteten, dass die Strahlenkrankheit erblich sei.

Auch die japanischen Medien sind insofern schuldig, als sie sich nicht mit den großen Problemen der weiblichen Atombombenopfer, die z. B. auf eigene Kinder verzichteten, auseinandergesetzt haben. Stattdessen haben sie die weiblichen Opfer glorifiziert und zur Herausbildung bestimmter Stereotype beigetragen, indem sie das Leiden dieser Frauen in gewissem Sinne ästhetisierten oder gar strahlengeschädigte Frauen öffentlich zur Schau stellten. So hat man ihre reale gesellschaftliche Diskriminierung verborgen. Verstrahlte Frauen wurden in vielen Dramen zu Heldinnen, die tapfer ihr schweres Schicksal ertragen. Während man „Godzilla" als strahlenverseuchtes Monster in Filmen zu weltweiter Beliebtheit verhalf, ließ man in der Realität viele weibliche und männliche Atombombenopfer im Stich. Anscheinend waren aber männliche Opfer als tragische Helden weniger attraktiv. So haben viele verstrahlte Frauen das Leid eines Lebens mit großen Einschränkungen stillschweigend ertragen, ohne an die japanische Regierung oder an das amerikanische Regime zu appellieren.

280 000 Atombombenopfer, deren Durchschnittsalter inzwischen über 75 Jahre ist, leben heute in Japan. Der Staat hilft ihnen zwar im Rahmen der Sozialhilfe, aber es steht noch zur Debatte, ob sie vom Staat eine besondere Entschädigung erhalten sollen, wie es bei den Hinterbliebenen der Kriegsgefallenen der Fall ist. Atombombenopfer können zwar kostenlos ihren Gesundheitszustand untersuchen lassen, aber die Kosten für die Behandlung werden nicht voll vom Staat übernommen. Um einen Sonderzuschuss vom Staat zu erhalten, müssen ganz bestimmte Vorausset-

zungen erfüllt werden. Der Prozentsatz der Menschen, die davon profitieren, ist bis heute äußerst gering.

Außerdem ist das Problem nicht zu übersehen, dass verstrahlte Ausländer (meist Koreaner aus der japanischen Kolonialzeit in Korea von 1910–1945 und ausgewanderte Atombombenopfer z. B. in Brasilien) immer noch keine Entschädigung vom japanischen Staat erhalten. Dies gehört, zusammen mit dem ungelösten politischen und sozialen Problem der damals für das Militär organisierten Prostitution sowie der Zwangsrekrutierungen für die japanische Industrie, zu den Ursachen dafür, dass Japan mit den asiatischen Nachbarländern immer noch Konflikte hat.

8.3 Friedenskonzepte aus Hiroshima/Nagasaki

8.3.1 *Der stille Appell der Frauen aus Hiroshima/Nagasaki*

Viele Menschen in Hiroshima/Nagasaki können die Vergangenheit nicht vergessen und leben innerlich noch in der Nachkriegszeit. Eigentlich wünschen sie sich nur, ein bescheidenes, „normales" Leben führen zu können. Da die weiblichen Opfer in Hiroshima/Nagasaki zunächst glorifiziert und dann quasi von der Gesellschaft bzw. von den Medien totgeschwiegen wurden, hören wir kaum von ihnen. Wir schenken ihrer leisen Stimme trotzdem unsere Aufmerksamkeit.

Es gibt wohl kaum ein Gedicht wie das folgende einer Japanerin namens Sadako Kurihara, das viele Menschen tief ergriffen hat. Die Dichterin hat ihrer höchst menschlichen Freude darüber, dass auch in einem Inferno wie Hiroshima nach dem Bombenabwurf neues Leben auf die Welt gekommen ist, literarischen Ausdruck verliehen. Es ist keine Fiktion, vielmehr geht es um ein tatsächlich geschehenes Ereignis. Wir zitieren hier den wichtigsten Teil des Gedichtes (in meiner Übersetzung).[148]

Von einem Kind entbunden werden
Nachts in einem zerstörten Gebäude
saßen und liegen die Schwerverbrannten
dicht nebeneinander
in Dunkelheit ohne irgendein Kerzenlicht.
Es riecht nach Blut, nach Tod, nach Schweiß.
Man hört nur Stöhnen und Stöhnen.

[148] Vgl. Mikiyo Kanō u. a. (Hg.), *Onna ga Hiroshima o kataru*, Tōkyō 1996, 64f.

Da hört man eine ganz andere Stimme:
„Mein Baby kommt!“
„Oh, Gott,
eine junge Frau liegt in den Wehen!“
„Hier ist es so dunkel!
Wir haben kein einziges Streichhölzchen!“
Alle sorgen sich um eine gute Geburt
und vergessen ihre eigenen Schmerzen.
„Ich kann dich vom Kind entbinden!“
Diejenige, die es angeboten hat,
ist eine Schwerverletzte,
die bis jetzt vor Schmerzen geächzt hat.
Nach einer Weile ist ein neues Leben
in die dunkle, höllische Welt gekommen.
Vor Tagesanbruch starb aber die Hebamme im Blutbad.
Sie hat ein Kind zur Welt gebracht,
sie hat dieses Kind zur Welt gebracht,
obwohl ihr Leben gleich zu Ende ging.

In diesem Gedicht zeigen sich das Humane und die Menschenwürde in einem irdischen Inferno: Im Gegensatz zu den gefühllosen Machthabern, die sich für den Krieg und den Massenmord an unschuldigen Menschen entschieden haben, stehen hier gutherzige Leute, die sich um eine Gebärende kümmern. Sie vergessen ihr eigenes Leiden, und es ist ausgerechnet eine schwerstverbrannte Hebamme, die ein neues Leben zur Welt bringt und gleich danach stirbt. Die Dichterin Kurihara, die den unersetzlichen Wert des Lebens und die Würde der Schwerbeschädigten auf wundervolle Weise zum Ausdruck gebracht hat, hat aber auch Japan wegen seiner Gräueltaten kritisiert. Ihr folgendes Gedicht verweist auf den wichtigsten Ausgangspunkt einer japanischen Friedenspolitik.[149]

Wenn wir von Hiroshima sprechen
Wenn wir von Hiroshima sprechen,
wer kann uns freundlich erwidern,
„Ach, Hiroshima?“
Wenn wir von Hiroshima sprechen,
erwidert man „Ja, Pearl Harbour!“
Wenn wir von Hiroshima sprechen,

[149] Vgl. ebd., 79–81.

„Ja, Massaker in Nangking in China!“
oder
„Ja, das Verbrennen der Zivilisten in einem Graben
von Manila auf den Philippinen.“
Wenn wir von Hiroshima sprechen,
kommt der Widerhall des Blutes und Feuers zurück!
Wenn wir von Hiroshima sprechen,
antwortet uns keiner freundlich.
Die Toten und das stumme Volk in Asien
lassen auf einmal ihre Wut explodieren.
Damit wir einen freundlichen Widerhall erhalten,
müssen alle Waffen, die einmal liegen gelassen wurden,
wahrlich noch einmal aufgegeben werden.
Bis zu dem Tag bleibt Hiroshima
eine ungeliebte, bitter leidende Stadt voller Grausamkeit und
Misstrauen.
Wenn wir von Hiroshima sprechen,
„Ach, Hiroshima?“
Damit wir einen so freundlichen Widerhall erhalten,
müssen wir unsere befleckten Hände reinigen.

Die Dichterin verleiht hier den Städten Hiroshima und Nagasaki eine Stimme, die sich nach dem Friedensschluss mit den Opfern in den Nachbarländern versöhnen wollen und sich nach einem Gespräch mit ihnen sehnen.[150] In diesem Gedicht wird beispielhaft beschrieben, wie Versöhnung möglich werden kann.

8.3.2 *Friedenspolitik in Hiroshima/Nagasaki*

Alle Atombombenopfer von Hiroshima/Nagasaki wünschen sich Frieden auf der ganzen Erde, setzen sich für das Verbot atomarer Waffen ein, weil niemand auf der ganzen Welt noch einmal so viel Leiden und Trauer erleben soll. Damit verbindet sich die Hoffnung, dass sie die ersten und die letzten Opfer von Atomwaffen sind.

---

[150] Die Gedichte und Aufsätze von Kurihara und anderen Japanern, die Opfer der Atombomben geworden sind und sich selbstkritisch mit dem Frieden in der Welt auseinandersetzen, sind im folgenden Buch enthalten: Lequita Vance-Watkins/Mariko Aratani (Hg./Übers.), *White Flash Black Rain. Women of Japan Relive the Bomb*, Minneapolis 1995.

Die beiden Städte haben konsequenterweise die Initiative zum politisch-wirtschaftlichen Wiederaufbau der Entwicklungsländer Asiens ergriffen und vor allem den Atomwaffensperrvertrag (Nonproliferation Treaty: NPT) unterstützt, indem sie eine „Oberbürgermeister-Friedenskonferenz" organisierten, an der bis zum Jahr 2005 bereits 1080 Städte bzw. deren Oberbürgermeister aus aller Welt teilgenommen haben. Sie appellieren an die Regierenden, an der Realisierung des weltweiten Friedens mitzuwirken. Sie richten ihre Botschaft an die Konferenz aller Oberbürgermeister in den USA, an das EU-Parlament und an die Internationalen Ärzte zur Verhütung des Atomkrieges und fordern, eine atomwaffenfreie Welt zu schaffen und zu erhalten. Auf der 7. Konferenz zum Atomwaffensperrvertrag (NPT) im Mai 2005 in New York ist deutlich geworden, dass der Begriff Frieden je nach Nation unterschiedlich verstanden wird. In einer Friedenserklärung aus dem Jahr 2006 kritisierte der Oberbürgermeister von Hiroshima, Akiba Tadatoshi, die Weltmächte, die sich im Besitz von Atomwaffen befinden, also die USA, Russland, England, Frankreich, China, Indien, Pakistan, Nordkorea, als sogenannten „Atom-Klub". Sein Hauptargument war: Sie vermitteln der Bevölkerung den falschen Eindruck, dass sie nur durch Atomwaffen geschützt werden könne, und gehen von der falschen Annahme aus, dass Macht identisch sei mit Gerechtigkeit. Die japanische Regierung will jedoch aus politischen Erwägungen nicht für den Atomwaffenverbotsvertrag stimmen, der durch den Beschluss von 107 Nationen im Rahmen des NPT für die Abschaffung der nuklearen Waffen in der Welt zustande gekommen ist.

Der ehemalige Oberbürgermeister von Hiroshima vergisst nicht, von der Verantwortung des japanischen Volkes zu sprechen und dazu aufzufordern, nicht noch einmal den gleichen Fehler zu begehen. Sein Aufruf zur totalen Abschaffung der Atomwaffen und zum weltweiten Frieden stützt sich auf Artikel 9 der japanischen Verfassung, der eigentlich den völligen Verzicht Japans auf Gewalt erklärt.

8.4 Aktuelle Diskussionen über Artikel 9 der japanischen Verfassung

In der japanischen Verfassung, Kapitel II, „Verzicht auf Krieg", heißt es in Artikel 9:

(1) In aufrichtigem Streben nach einem auf Gerechtigkeit und Ordnung gegründeten internationalen Frieden verzichtet das japanische Volk für alle Zeiten auf den Krieg als ein souveränes Recht der Nation

und auf die Androhung oder Ausübung von Gewalt als Mittel zur Beilegung internationaler Streitigkeiten.

(2) Um das Ziel des vorhergehenden Absatzes zu erreichen, werden keine Land-, See- und Luftstreitkräfte oder sonstige Kriegsmittel unterhalten. Ein Recht des Staates zur Kriegsführung wird nicht anerkannt.

8.4.1 *Das ursprüngliche Verständnis von Artikel 9*

1947, als die gegenwärtige Verfassung in Kraft trat, gab das Kultusministerium eine offizielle Erklärung zu Artikel 9 ab. Ich fasse sie hier zusammen: Damit Japan nicht noch einmal Krieg führt, hat es sich für zwei Dinge entschieden. Zum einen verzichtet Japan auf jedes Kriegsmittel. Japan geht damit einen gerechten Weg voran. Es gibt in unserer Welt nichts Stärkeres als Gerechtigkeit. Zum anderen wird Japan nie mehr Krieg führen, um etwaige Konflikte mit anderen Nationen zu lösen (2. August 1947).

Nach diesem ursprünglichen Verständnis der damaligen Regierung und vieler Juristen verzichtete Japan nicht nur auf einen Angriffskrieg, der niemals und nirgendwo anerkannt wurde und wird, sondern auch auf einen Verteidigungskrieg, der wohl im Allgemeinen als normal und berechtigt gilt. Artikel 9 ist ein Bekenntnis zum Pazifismus und zum gewaltlosen Widerstand. Aber Japan stellte aufgrund der veränderten politischen Verhältnisse im Jahr 1954 Selbstverteidigungskräfte (*Jiei-tai*) auf, die offiziell nicht als Heer bezeichnet werden, obwohl ständig darüber debattiert wird, ob sie Artikel 9 widersprechen. Seitdem nimmt Japan in der Praxis den Standpunkt eines bedingten Pazifismus ein, der einen gerechten Verteidigungskrieg erlaubt. Bekanntlich hat sich ein Teil dieser Verteidigungskräfte Japans gewisse Zeit u. a. im Irak und im Südsudan aufgehalten, um dort am Wiederaufbau mitzuwirken. Das ist wohl ein politischer Schritt in die Richtung, dass Japan sich zu einer „normalen" Nation mit Streitkräften wie die anderen Industrieländer entwickelt.

8.4.2 *Japans Wandel von einer pazifistischen zu einer „normalen" Nation*

Man spricht von den beiden Städten, die den Atombomben zum Opfer gefallen sind, oft folgendermaßen: Hiroshima zürnt, während Nagasaki betet. Am 9. August 2011 gab der Oberbürgermeister von Nagasaki bei der jährlichen Gedenkzeremonie für den Frieden eine Erklärung ab, in der er mit klaren Worten die Atomreaktorkatastrophe erwähnte und eine Abkehr von der Atomkraft sowie eine neue Energiepolitik forderte, damit Japan den Nachkommen eine gesunde Umwelt hinterlassen kann. Als drittes Opfer einer nuklearen Verseuchung wurde Fukushima mit einbezogen.

Mit der Fukushima-Katastrophe sind sich die Japaner nach und nach des ethischen Problems bewusst geworden, das mit dem Betrieb der vom Staat geförderten Atomkraftwerke verbunden ist. Über die Frage, warum sich Japan als erstes Opfer von Atomwaffen in einen Staat verwandelt hat, der AKW fördert, haben die Japaner erst nachträglich nachgedacht. Selbst die hartnäckige Aversion der Einwohner von Hiroshima gegen Atomwaffen wurde durch die Werbung der USA und der damaligen Regierung Japans unter dem Motto „Atomenergie für den Frieden!" überwunden. Die Japaner haben sich also zum Zweck der Verwirklichung des Friedens für die AKW entschieden. Darin kommen Stolz und tragischer Wunsch der Japaner als Opfer der Atomkraft zum Ausdruck. Sicherlich spielte dabei der Minderwertigkeitskomplex der Japaner eine wesentliche Rolle, die annahmen, dass sie den Krieg wegen ihres Mangels an naturwissenschaftlichen Kenntnissen und der entsprechenden Technik verloren hatten.

8.5 Reflexionen über das Friedenskonzept der japanischen Politik

Ich möchte abschließend darüber reflektieren, welche Risiken Japan als einziges Land mit Atombombenopfern eingehen würde, wenn das Land wirklich zu einer „normalen" Nation mit Streitkräften würde, ohne von der Verfassung eingeschränkt zu werden. Wenn ich mir einige Defizite der traditionellen Ethik der Japaner vor Augen führe, habe ich Bedenken, was eine Änderung der Friedenspolitik der derzeitigen Regierung betrifft. In diesem Zusammenhang sei noch einmal kurz auf die Fukushima-Katastrophe hingewiesen, bevor ich auf die aktuellen Defizite der japanischen Ethik eingehe.

8.5.1 *Die Folgen der AKW-Katastrophe in Fukushima*

Nach der Statistik von 2019 leben 5000 Betroffene immer noch in provisorischen Unterkünften. 54 000 Menschen warten vergeblich auf ihre Rückkehr in ihre Heimat Fukushima, die nach einer Reinigung von der Strahlenkontamination angeblich wieder bewohnbar sein wird; damit geht es jedoch kaum voran. 30 Prozent aller Flüchtlinge leben von ihrer Familie getrennt und 40 Prozent sind immer noch arbeitslos. Die Opfer der

Katastrophe in Fukushima leiden unter verschiedenen geradezu absurden Phänomenen:

1. Die Menschen in Fukushima werden ebenso wie alle Produkte aus der Landwirtschaft und Fischerei dieser Region oft unbegründet als „verstrahlt“ diskriminiert.
2. Wer wirklich für das menschliche Versagen hinter der Katastrophe verantwortlich ist, wird immer noch vertuscht.
3. Viele Familien können aus verschiedenen Gründen nicht zusammenleben, sodass sie die traditionell engen familiären Bindungen nicht mehr aufrechterhalten können.
4. Durch zerbrochene Beziehungen und Arbeitslosigkeit verlieren viele Menschen ihren Lebenssinn.
5. Im Gesundheitswesen fehlt es immer noch an guter Aufklärung bezüglich der Risiken einer radioaktiven Strahlenbelastung.

Trotz dieser existenziell unsicheren und beängstigenden Situation steuert die derzeitige Regierung wieder in die Richtung einer Förderung von Atomkraftwerken. Mehr als die Hälfte der japanischen Bevölkerung sieht sich jetzt in der Verlegenheit, dieses Verhalten mit Blick auf die nachkommenden Generationen ethisch zu begründen. Damit wir Perspektiven für eine bessere Zukunft entwickeln können, sollten wir über die traditionelle Ethik in Japan nachdenken.

8.5.2 *Die Defizite der japanischen Ethik*

Das Prinzip der Harmonie in den zwischenmenschlichen Beziehungen hat seit Beginn der japanischen Geschichte zweifelsohne zum Entstehen des Zusammengehörigkeitsgefühls des japanischen Volkes beigetragen, das für eine homogene Gesellschaft von großer Bedeutung und handlungsleitend ist. Dieses Zusammengehörigkeitsgefühl ist etwas, das den japanischen Kapitalismus von Grund auf prägt und das man bei der Katastrophe von Fukushima wiedergefunden hat. Diese Struktur des archaischen Kollektivs wird in den siebziger Jahren des 20. Jahrhunderts von Oskar Pfenninger, einem europäischen Journalisten, zutreffend beschrieben:

„[Das Inselreich Japan ist] eine große Mutter. Alle [Japaner] sind Teile dieses Lebens. Als Teile sind sie glücklich, wollen mit dem Leib froh sein und leiden. Von ihm ausgestoßen zu werden, ist das Schlimmste.“[151]

---

[151] Pfenninger 1974 (wie Anm. 1), 131.

Dieses Bild, das die gegenwärtige Situation gut widerspiegelt, verdeckt die vom Kollektiv unabhängige grundlegende Frage: „Wie soll ich moralisch handeln?“ Seit jeher fehlt also die Individualethik, nach der jeder als individuelles Subjekt denken und handeln soll.

Zur Kehrseite des so geschaffenen Zusammengehörigkeitsgefühls gehört die strenge Unterscheidung von „Wir“ und „die Anderen“. Die Gesellschaft, die als homogen verstanden wird, hat prinzipiell einen exklusiven Charakter. Wer für den Staat etwas Grundlegendes entscheidet und wer gehorchen muss, ist gleichsam a priori seit dem Erlass des *17-Artikel-Gesetzes* im 7. Jahrhundert festgelegt. In dieser Denktradition können meiner Ansicht nach die Menschenrechte und die Menschenwürde des Einzelnen relativ leicht eingeschränkt werden.[152] Während in Deutschland die staatliche Gewalt im allerersten Artikel des Grundgesetzes zur Achtung und zum Schutz der Menschenwürde verpflichtet wird[153], ist in Japan von einer Verpflichtung der staatlichen Gewalt erst fast am Ende der Verfassung (Art. 99) die Rede, was allerdings oft übersehen wird. Die Angst vor einer Expansion Japans führt außerdem oft zu politischen Spannungen mit den Nachbarländern.

Ein anderes ethisches Defizit in der auf Relationalität angewiesenen Gesellschaft Japans ist folgendermaßen zu beschreiben: Auf Relationalität angewiesen zu sein bedeutet gegenseitige Abhängigkeit, sodass oft im Dunkeln bleibt, wer eigentlich die Verantwortung für eine Sache trägt. Es ist ja nach langen Untersuchungen und Diskussionen offen geblieben, wer für die japanischen Kriegsverbrechen während des Zweiten Weltkriegs verantwortlich gewesen ist: die Menschen, die freiwillig in den Tod gegangen sind, oder die Menschen, die vom Kriegsgericht für schuldig erklärt und hingerichtet wurden. Wenn das geschieht – ein Beispiel dafür ist die Verehrung des Yasukuni-Schreins, in dem auch solche Menschen als Volkshelden verehrt werden –, wird die Frage nach den wirklich Schuldigen ausgeklammert. Dann wird der Yasukuni-Schrein zu dem Zweck instrumentalisiert, Japan die Schuld der Vergangenheit vergessen zu machen.

---

152 Vgl. Artikel 13 der japanischen Verfassung (nachfolgend). Darin wird der Anspruch der Bürger auf Menschenrechte und Menschenwürde durch das öffentliche Wohl eingeschränkt. Hier fragt sich, von wem das öffentliche Wohl bestimmt wird. Zudem wird der Staat traditionell in Japan mit dem öffentlichen Wohl ohne Diskussion identifiziert.

153 In der japanischen Verfassung wird nicht direkt der Ausdruck „Menschenwürde“ gebraucht, sondern es heißt: „Alle Bürger werden als Einzelperson geachtet“, was eigentlich etwas anderes impliziert.

8.5.2.1 Die Einschränkung der Menschenwürde in der japanischen Verfassung

In der japanischen Verfassung (Art. 13) wird der Anspruch der Bürger auf die Achtung der Menschenwürde folgendermaßen eingeschränkt:

„Alle Bürger werden als Einzelperson geachtet. Ihr Recht auf Leben, Freiheit und Streben nach Glück ist, soweit es nicht dem öffentlichen Wohl entgegensteht, bei der Gesetzgebung und in anderen Regierungsangelegenheiten in höchstem Maße zu erwägen."

Der Anspruch der Bürger auf die Achtung der Menschenrechte und der Menschenwürde kann also eingeschränkt werden, wenn er dem öffentlichen Wohl entgegensteht. Hier fragt sich, von wem das öffentliche Wohl definiert wird. Hierin liegt eine gewisse Gefahr, weil das Subjekt dieser Definition in Japan traditionell mit der staatlichen Gewalt gleichgesetzt wurde und wird, weil es manchmal keine scharfe Trennung zwischen Öffentlichkeit (*public*) und staatlicher Gewalt gibt.

8.5.2.2 Die Würde des Menschen in der japanischen Verfassung im Vergleich zum deutschen Grundgesetz

Als Vergleich zu Artikel 13 der japanischen Verfassung kann auf das Grundgesetz für die Bundesrepublik Deutschland verwiesen werden; in Artikel 1 geht es um die Menschenwürde und die Grundrechtsbindung der staatlichen Gewalt, wobei wie folgt formuliert wird:

„1. Die Würde des Menschen ist unantastbar. Sie zu achten und zu schützen ist Verpflichtung aller staatlichen Gewalt.
2. Das deutsche Volk bekennt sich darum zu unverletzlichen und unveräußerlichen Menschenrechten als Grundlage jeder menschlichen Gemeinschaft, des Friedens und der Gerechtigkeit in der Welt.
3. Die nachfolgenden Grundrechte binden Gesetzgebung, vollziehende Gewalt und Rechtsprechung als unmittelbar geltendes Recht."

8.6 Friedenskonzepte der japanischen Religionen

Während die Anhänger des Shintō und einiger „Neuer Religionen" wie Sōka Gakkai und Kōfuku-no-kagaku die Nutzung von Kernenergie befürworten, sind die christlichen Kirchen in Japan und fast alle buddhistischen Denominationen zurzeit aktive Vorreiter und Wortführer der Anti-Atom-Opposition. Sie ergänzen die oben beschriebenen Defizite der japanischen Denkweise gut.

Die katholische Kirche in Japan stieß als erste kritische Stimme gleich nach der Katastrophe in Fukushima eine Reflexion über die Nutzung von Atomkraftwerken an.[154] Mit Blick auf die Begrenztheit des Menschen und der Technik kritisiert die Erklärung der katholischen Bischofskonferenz die bisherigen Bestrebungen Japans, eine dominierende Wirtschaftsmacht zu sein und die Abhängigkeit des Landes von der Atomkraft. Sie fordert, zu traditionellen Tugenden wie Bescheidenheit, Armut und Liebe zur Natur sowie zu den benachteiligten Menschen zurückzukehren, um den Nachkommen eine intakte Welt zu hinterlassen.

Etwa einen Monat später (am 1. Dezember 2011) geben mehrere buddhistische Denominationen, für die ansonsten jede gemeinschaftliche Aktion undenkbar zu sein scheint, eine gemeinsame Erklärung zum Atomausstieg ab, die zusammengefasst folgendermaßen lautet: Man denke an die Solidarität aller Lebewesen auf der Erde! Man wähle den Lebensweg, auf dem das Glück des einzelnen Menschen mit dem Wohlergehen der Menschheit harmoniert! Man trage dazu bei, eine Gesellschaft aufzubauen, in der das Leben des einzelnen Menschen geschützt wird!

In die Debatte um die von der Kernenergie abhängige Zivilisation sind nachträglich ethische Überlegungen der Religionen Japans eingebracht worden, was allerdings bei den Mächtigen in Politik und Wirtschaft wenig Resonanz findet.

Durch die ethische Perspektive könnte es gelingen, die politisch und wirtschaftlich Mächtigen dazu zu bringen, Wirtschaftswachstum nicht so eng zu definieren und sogar ein alternatives Konzept von Reichtum (was bedeutet „Reichsein" auf lange Sicht für die Menschen?) im ökologischen Sinne positiv zu bewerten. Überdies sollten die Japaner aus ihrem „blinden Gehorsam" gegenüber dem Staat und ihren Vorgesetzten herauswachsen, damit jeder und jede in eigener Verantwortung Entscheidungen trifft, wobei man sich von der naiven Vorstellung lösen sollte, dass Wachstum gut und Armut schlecht sei. Man darf dabei nicht vergessen, dass gerade im hochtechnisierten Bereich der exklusiven Atomkraftforschung und des Atomkraftbetriebs blinder Gehorsam gegenüber Vorgesetzten fast selbstverständlich ist.

Alleine kann man nicht gesund leben. Es gilt, sowohl ein eigenständiger Mensch zu bleiben (Autonomie), als auch im Beziehungsgefüge geliebt zu werden und lieben zu lernen.

---

[154] Die Erklärung wurde am 8. November 2011 abgegeben.

Als Land der Atombombenopfer sollte Japan ein medizinisches Zentrum errichten, in dem Erfahrungen, Kenntnisse, Informationen und Forschungsergebnisse über die durch Radioaktivität entstandenen Krankheitssymptome dokumentiert und allgemein bekannt gemacht werden.

8.7 Schlussbetrachtung

Die Industrieländer, die Atomwaffen besitzen oder besitzen wollen, stützen sich auf die gefährliche Annahme, dass gerade die große Zerstörungskraft dieser Waffen eine sichere nukleare Abschreckung ermögliche und man deshalb die konventionellen Streitkräfte wesentlich reduzieren könne. Da der Gebrauch von Atomwaffen letztlich zur totalen Zerstörung führt, ist diese These eigentlich nicht haltbar, sodass man zuletzt doch wieder konventionelle Waffen einsetzen muss. Zudem ist es wohl nur glücklichen Umständen zu verdanken, dass die USA und die damalige Sowjetunion atomare Kriege vermeiden konnten. Für diese Länder ist es wohl noch immer unvorstellbar, welch unbeschreibliches Leid von Atomwaffen hervorgerufen wurde und werden wird.

Japan als bis jetzt einziges Land, das zum Opfer von Atombomben wurde, sollte sich immer an das Leiden der Menschen in Hiroshima/Nagasaki erinnern und auch in Zukunft um die Sperrung bzw. Abschaffung von Atomwaffen bemühen. Dabei muss sich Japan ehrlich und mutig der Schuld bewusst bleiben, die es in der Vergangenheit auf sich geladen hat. Dazu gehört es, den Charakter der japanischen Gesellschaft zu analysieren, die den Tennō als Mitte des Volkskörpers gesehen und ihr Bewusstsein von nationaler Zusammengehörigkeit unverändert bis in die Gegenwart behalten hat. Es gilt darüber nachzudenken, dass die tragende Kraft für die Förderung des Friedens aus den Religionen zu gewinnen ist, in denen der Friede überall als Grunderfahrung wahrgenommen und als Grundhoffnung empfunden wird. Allerdings müsste man sich wieder kritisch damit auseinandersetzen, warum der Kampf vieler Religionen gegen die unmenschliche Grausamkeit der Kriege so wirkungslos geblieben ist. Das wäre eine aktuelle und dringende Aufgabe für heutige Theologen und Religionsforscher.

9. *Der interreligiöse Dialog der japanischen Religionen mit dem Christentum*

Die Japaner pflegten bei sozialen Anomalien – bei Konflikten, Gefahren, Leiden oder allen möglichen Nöten der Einzelnen – um den Beistand der als weiblich vorgestellten numinosen Wesen wie Amaterasu – die höchste Ahnengottheit der kaiserlichen Familie – oder Kannon-Bodhisattva (Avalokiteśvara) zu bitten. Maria, die Muttergottes, war konsequenterweise auch ein Objekt der Frömmigkeit und Andacht der verborgenen Christen in der Tokugawa-Periode, in der das Christentum offiziell verboten war. Man hat damals heimlich Maria in der Gestalt Avalokiteśvara-Bodhisattva verehrt, deren Statue als Mutter-Kannon, als Tausendarmige Kannon oder gar Maria-Jizō (Kṣitigarbha) als Andachtsobjekt in ganz Japan zu finden ist. Im heutigen Japan findet Maria wieder öffentliche Aufmerksamkeit beim Gedenken an die Atombomben-Opfer von Nagasaki im Rahmen der Friedensaktion ohne Atomwaffen. Maria erscheint in einer neuen Version eines Nō-Theaterstücks, dem traditionellen Theater mit Masken. Die Bühne ist die bekannte Urakami-Kathedrale in Nagasaki, in der eine Marienstatue stand, vor der man immer betete, um Hilfe bat und dankte. Die Statue wurde von der Atombombe – wie das ganze Kirchengebäude – zerstört, aber der Kopf der Statue wurde in den Trümmern geborgen. Diese „verstrahlte Maria“ von Nagasaki wurde als Friedensbotschafterin in den Vatikan, in das baskische Guernica und zu den Vereinten Nationen gebracht.

In dem besagten neuen Nō-Theaterstück mit dem Titel *Muttergottes in Nagasaki* erscheint plötzlich eine Fremde vor einem betenden Wallfahrer in der Urakami-Kathedrale und erzählt, wie grauenvoll die Katastrophe der Stadt Nagasaki nach dem Atombombenabwurf war. Sie beschreibt, wie eine unbekannte Frau in der schrecklichen Nacht vielen schwerverletzten Menschen liebevoll Hilfe geleistet hat. Danach betet die Fremde für den Frieden, tanzt und verschwindet mit dem Glockengeläut. Der renommierte Nō-Spieler Kanji Shimizu erläutert das Wesen des Nō-Theaters folgendermaßen: Das Nō ist nach der Totentrauer strukturiert. Dort erzählt der Tote oder die Tote seine (ihre) Geschichte, und seine (ihre) Seele wird durch das aufmerksame Zuhören der (des) anderen beruhigt und geläutert. Da auch die Zuschauer den eigenen Tod in der Einfühlung sozusagen real miterleben, hat das Nō-Theater eine „kathartische“ Wirkung.

Aus Anlass des 70. Jahrestages der Ereignisse von Hiroshima und Nagasaki wurde dieses Nō-Stück im Jahr 2015 in Nagasaki, New York und Boston zum ersten Mal aufgeführt. In dem Stück kommen das Gebet bzw. der Wunsch der Japaner zum Ausdruck, dass sich die zu Opfern gewordenen Menschen und sämtliche an der Kriegsführung beteiligten Individuen miteinander versöhnen, um echten und nachhaltigen Frieden ohne jegliche Gewalt zu verwirklichen. Es ist bemerkenswert, dass die modernen Japaner in diesem Nō-Stück ausgerechnet in der Gestalt der Maria den Wunsch nach Versöhnung zum Ausdruck gebracht haben.

Werfen wir nun einen Blick auf die verschiedenen Etappen der Auseinandersetzung bzw. des Dialogs zwischen dem Christentum und den japanischen Religionen im Laufe der Geschichte.

9.1 „Disputationen" zwischen dem Christentum und den japanischen Religionen in der ersten Missionszeit

Es gab anfänglich zwischen den Buddhisten sowie den Konfuzianern auf der einen und den Christen auf der anderen Seite heftige Auseinandersetzungen, die manchmal zu gewalttätigen Aktionen eskalierten, weil die Missionare den Buddhismus und den Konfuzianismus als ihre Feinde betrachteten. Mit der Ankunft von Visitator Alessandro Valignano (1539–1606) aus Rom erfuhr im Jahr 1579 die Geschichte des Christentums in Japan eine Wende, die zugleich einen Höhepunkt der früheren Inkulturation bedeutete. Valignano vertrat nämlich folgende Auffassung: „Nie wird die Kirche in das japanische Volk eingehen, noch Achtung, Einfluß und Unterhaltsmöglichkeit gewinnen, es sei denn durch die Einheimischen selbst."[155] Daraus ging die gleichberechtigte Beteiligung der Japaner an der Missionsarbeit hervor. Als Vorstufe dienten japanische Seminare für Knaben zur Vermittlung einer adäquaten Bildung und als Vorbereitung für den Eintritt in den Ordensstand. Damit wurden die pessimistischen Ansichten einiger Missionare entkräftet, die gegen einheimische Seminare und gegen die Aufnahme von Japanern in den Orden Einwand erhoben hatten.

9.1.1 *Fabian Fucan (ca. 1565–1620), japanischer Apologet, der alle japanischen Religionen theologisch widerlegte*

Vor dem Hintergrund dieser missionarischen Gegebenheiten trat ein Japaner namens Fabian Fucan im Jahr 1586 in das Collegium von Nagasaki ein und wurde 1607 als Frater in den Jesuiten-Orden aufgenommen. Über

[155] Josef Franz Schütte, *Valignanos Missionsgrundsätze für Japan*, Bd. 2, Rom 1958, 39.

seine Person ist nur wenig bekannt. Er war einst Zen-Mönch in Kyōto und wurde bekannt als Herausgeber des Romans *Heike-monogatari* („Geschichte [des kriegerischen Clans] der Heike"), der bis dahin nur mündlich von Biwa-Rhapsoden überliefert worden war. Ein Jahr vor seinem Eintritt in den Orden hielt er während der Trauer-Zeremonie für eine junge christliche Adelige mit Namen Maria in Kyōto vor buddhistischen Mönchen[156] eine Ansprache, die viele Leute berührt haben soll. Diese erfolgreiche Aktion von Fabian führte schließlich zu einem erneuten Ausweisungsedikt des örtlichen Machthabers[157], der Angst vor der Beliebtheit der neuen Religion bekommen hatte. Fabian führte aktiv und erfolgreich Disputationen mit renommierten buddhistischen Mönchen und mit Konfuzianern. Im Jahr 1605 verfasste er seine erste apologetische Schrift *Myōtei Mondō* („Dialog zwischen einer buddhistischen Mönchin und einer christlicher Nonne"); diese Schrift – von einem Japaner verfasst – widerlegte theologisch Buddhismus, Konfuzianismus und Shintō. Wie er selbst am Ende der Schrift bekannte, hatte er das Stilmittel des Dialogs zweier Nonnen gewählt, um damit adlige Frauen anzusprechen, die alleine nicht die Kirche besuchen durften. Die Grundlage seiner Schrift war wohl der *Cathechismus christianae fidei, in quo veritas nostrae religionis ostenditur, & sectae Japonenses confutantur* (Lissabon 1586) von Valignano; dieses Werk hatte Fabian im Collegium in Nagasaki kennengelernt. Valignano vertrat dort die Ansicht, dass der Begriff *ratio* für Japaner die größte Überzeugungskraft hat.[158] Nach einem Brief von Fr. Zumaraga O.P. an Fr. Morales (November 1617) wurde diese Schrift auch von Dominikanern viel gelesen.[159] Werfen wir nun einen kurzen Blick auf den Inhalt seiner Apologie.

9.1.2 *Die apologetische Schrift von Fabian Fucan:* Myōtei Mondō[160]

Die Schrift stellt einen Dialog zwischen der buddhistischen Mönchin Myōshū[161] und der christlichen Nonne Yūtei dar, sodass sich der Titel von

---

[156] In dieser Zeit bestand die offizielle Regelung, die Trauerzeremonie im buddhistischen Stil zu vollziehen; dies sollte beweisen, dass die betreffende Familie nicht christlich war.

[157] Nach dem Brief von P. Francisco Pasio S.J. 1606. Vgl. Katsumi Ide, *Kirishitan Shisōshi kenkyu*, Tōkyō 1995, 189.

[158] Vgl. Yoshimi Orii, *Kirishitan-bungaku ni okeru Nichiō-Bunka-Hikaku*, Tōkyō 2010, 230f.

[159] Vgl. Ide 1995 (wie Anm. 157), 188.

[160] Yūdo Ebisawa (Hg./Übers.), *Nanbanji-Kōhaiki/Myōtei Mondō*, Tōkyō 1977.

[161] Am Ende der Schrift bekennt sie, dass sie zur Amida-Denomination gehört.

den Namen der beiden Protagonistinnen herleitet. Um sein Ziel, die Missionierung, leichter zu erreichen, lässt der Verfasser keine männlichen Experten zu Wort kommen, sondern er lässt – freundlicher und leichter verstehbar – zwei Frauen eine Auseinandersetzung über das Wesen der japanischen Religionen und das Christentum führen. Myōshū, die ihren Mann um 1600 in der entscheidenden Schlacht von Sekigahara zur Festigung des Tokugawa-Shogunats verloren hat, stellt der christlichen Nonne Yūtei Fragen, in denen es schließlich um die Erlösung im Jenseits geht. Die Schrift ist in einem eher literarischen Stil verfasst und gliedert sich in drei Teile:

1. Teil: Widerlegung des Buddhismus[162]
Fabian teilt den Buddhismus in 12 Denominationen ein, die er einzeln widerlegt. Seine kritischen Darstellungen fasst er wie folgt zusammen:

Buddhas und Götter seien in Wirklichkeit Menschen und so schlechthin heilsbedürftige Existenzen. Letzten Endes existierten nach der buddhistischen Lehre weder Buddha noch Volk, weder Hölle noch Paradies. Es handele sich nur um „Nichts“, weshalb man auf kein ewiges Leben hoffen könne. Folglich würden alle mühsamen Übungen im Mönchsleben und alle Tugenden nicht dem Heil dienen und somit schließlich nur Schein bleiben.[163]

Übrigens ist die Zielscheibe der Kritik seitens der Missionare wie auch Fabians das unethische Leben der Mönche, die sich nicht an Grundsatz der Enthaltsamkeit – sei es in der Sexualität oder beim eigenen Besitz – halten.

2. Teil: Widerlegung des Konfuzianismus und des Shintō[164]
Fabian wertet den Konfuzianismus insofern auf, als er dessen moralische Vorschriften systematisch ordnet. Allerdings kritisiert Fabian aus der Perspektive der christlichen Ehemoral die konfuzianische Einstellung zur Ehe, die Polygamie erlaubt. Das wesentliche Argument seiner Kritik liegt darin, dass der Konfuzianismus keinen Schöpfer der Menschen und der Welt kennt und folglich das menschliche Dasein einfach durch die Wir-

---

162 1. Teil nach der Version von Fumihiko Sueki (Hg.), *Myōtei Mondō wo yomu*, Kyōto 2014.

163 Fabian geht bei seiner Widerlegung von der zen-buddhistischen Lehre aus, sodass er die Erlösung als Wiedergeburt im paradiesischen Amida-Land außer Acht lässt. Vgl. Fumihiko Sueki (Hg.), *Myōtei Mondō wo yomu*, Kyōto 2014, 212.

164 2. und 3. Teil nach der Version von Atsuo Masamune (Hg.), *Myōtei Mondō/Hadeusu/Kengiroku* (Nihon Koten Zenshū), Tōkyō 1930.

kung des Ying-Yang-Prinzips im Himmel und auf der Erde zustande kommen soll.

Indem er sich auf die synkretistische Schule des „Yuiitu-Shintō“ bezieht, die Konfuzianismus, Daoismus und Buddhismus vereint, widerlegt er auch den Shintō: Der Shintō kenne zwar in Gestalt von Kunitokotachi no Mikoto eine Zentral-Gottheit, die aus dem geöffneten Raum zwischen Himmel und Erde hervorgegangen sei, aber unbeantwortet bleibe die ätiologische Frage, wer Himmel und Erde getrennt und geöffnet habe und auf welche Weise dies geschehen sei. Für Fabian gibt es demnach keine endgültige Erlösung, weil man keinen Urheber, also keinen Gott als Schöpfer der Welt, kennt.

3. Teil: Apologie des Christentums

Fabians Bild vom Heil besteht darin, dass im Diesseits Friede und Glück und im Jenseits das Gute herrschen. Um das Heilsideal zu realisieren, ist nach seiner Ansicht ein Schöpfergott – *Deus* – unbedingt erforderlich. Der Mensch, der mit einer *anima rationale* versehen ist, verstehe das wahre Wesen aller Dinge und besitze die Fähigkeit, Recht von Unrecht zu unterscheiden. Allein der Mensch gelange dadurch ins Jenseits. Wenn seine Seele ins Paradies gelange, brauche sie nicht mehr irgendwohin zu wandern, im Unterschied zum Buddhismus, in dem die Seele nach dem Tod weiterhin wandere. Eine Seele, die ins Inferno gestürzt sei, wo der gefallene Engel Luzifer herrsche, werde nie mehr Ruhe finden und unter immerwährenden Strafen leiden.

Der Begriff Ewigkeit ist der japanischen Religionswelt fremd, sodass sich Fabian bzw. die Nonne Yūtei Mühe geben, die Mönchin Myōshū von der Existenz einer ewigen Seele des Menschen zu überzeugen und so die Glaubwürdigkeit des Christentums zu beweisen.

Die Schrift *Myōtei Mondō* wurde später ein beliebtes Forschungsobjekt als erste katechetische Schrift in literarischer Form, die von einem Japaner verfasst worden ist. Ein spezifisches Charakteristikum dieser Schrift von Fabian liegt darin, dass er versucht hat, Konfuzianismus und Shintō grundlegend in Frage zu stellen. Mehrere Missionare hatten in der damaligen Zeit zwar inhaltsreiche Disputationen mit Buddhisten niedergeschrieben, aber sie waren kaum an den beiden anderen Religionen interessiert, da sie diese nicht für wichtig hielten. Allerdings trat Fabian ein Jahr nach dem Erscheinen seiner Schrift aus dem Jesuitenorden aus. Man weiß nicht genau, warum er dies tat. Wie am Schluss seiner apostatischen Schrift *Hadeus* („Widerlegung des christlichen Glaubens“) angedeutet, die er über zehn Jahre später verfasst hat, litt er unter gewissen Konflikten und unter den Vorurteilen gegen Japaner im Jesuitenorden, in dem sich einige Missionare rassistisch gegen die Ordination von Japanern äußerten.

9.1.3 *Die zweite Schrift von Fabian als Apostat zur Widerlegung des Christentums:* Hadeus *(1620)*

Der historische Hintergrund dieser apostatischen Schrift war der Umstand, dass die Verfolgung der Christen zunehmend radikalere Formen annahm. Das Shogunat in Edo war immer mehr davon überzeugt, dass die europäischen Mächte die Absicht hätten, Japan zu erobern. Fabian, der mit der rassistischen Einstellung einiger Jesuiten leidvolle Erfahrungen gemacht hatte, ging mit seiner apostatischen Schrift mit der zeitgenössischen, antichristlichen Strömung konform. Er begleitete sogar den Magistrat (*Bugyō*) in Nagasaki und wirkte aktiv an der Ausrottung der Missionare mit.[165] Die Jesuiten nannten diese Schrift „Pest in der Hölle" und verwarfen sie wegen ihrer gefährlichen Gedanken.[166]

Werfen wir nun einen Blick auf den Inhalt der apostatischen Schrift von Fabian, die aus sieben Abschnitten besteht.

1. Abschnitt

Das Bild des Schöpfergottes sei von Menschen erfunden worden. Der Autor betont das Wesen des Buddha als „Wahrheit" schlechthin und stützt sich dabei auf die *Tri-kaya*-Lehre,[167] die drei Ebenen des Buddhawesens unterscheidet. Damit wendet er sich in seiner Argumentation zugleich gegen die Christologie und behauptet, dass Jesus nur ein Mensch sei. Er erwähnt dabei allerdings mit keinem Wort die christliche Trinitätslehre, die ihm augenscheinlich nicht bekannt war. Indem er wieder Bezug auf Shintō, Buddhismus und Konfuzianismus nimmt, preist er die japanische Tradition, die die Natur und die Natürlichkeit zu schätzen lehrt.

---

[165] Vgl. Ide 1995 (wie Anm. 157), 192.

[166] Vgl. Nakamaro Abe, *Kirisuto-kyō Shisō kara mita Myōtei Mondō*, in: Fumihiko Sueki (Hg.), Myōtei Mondō wo yomu, Kyōto 2014, 395.

[167] Der historische Buddha Gautama ist in seiner irdisch-menschlichen Erscheinung die Verkörperung (*nirmāna-kāya*) des ewigen Buddhas, der mit der Lehre (*dharma*) als der Wahrheit schlechthin identisch ist. In diesem Sinne spricht man vom „Körper des universellen Gesetzes" (*dharma-kāya*), der als völlig transzendent, zeitlos, unveränderlich, eigenschaftslos und formlos bezeichnet wird. Der historische Buddha ist eine von vielen Verkörperungen des absoluten Seins, die nach dem irdischen Tod in der Sphäre der Seligkeit (*saṃbhoga-kāya*) ihrer eigenen Seligkeit bewusst werden, wie Amida Buddha.

2. Abschnitt
Auf Grundlage des Shintō, des Buddhismus und des Konfuzianismus behauptet er die Authentizität des japanischen Wahrheitsbegriffs, der keineswegs dem Absolutheitsanspruch des Christentums nachstehe. Dem buddhistischen Begriff „Nichts“ und dem konfuzianischen „Urgrund“ liege nämlich eine tiefe Einsicht in den mystischen Ursprung aller Naturphänomene zugrunde.

3. Abschnitt
Wenn Gott den Sündenfall von Adam und Eva nicht vorausgesehen habe, stehe er an Weisheit dem Buddha nach, der die drei Welten der Vergangenheit, der Gegenwart und der Zukunft durchschaue.

4. Abschnitt
Die Erzählung vom Sündenfall im Garten Eden sei lächerlich.

5. Abschnitt
Die christliche Vorstellung von Erlösung sei Unsinn. Fabian formuliert seine Vorbehalte als Fragen: Ist wegen der Ursünde der Menschheit Erlösung nicht möglich, auch wenn man tausendmal Reue zeigt und tausendmal gute Taten vollbringt? Ist derjenige, der das Böse im Menschen nährt und das Gute im Menschen verachtet, wirklich der christliche Gott?

6. Abschnitt
Fabian bezeichnet die Taten Jesu als Zauberei und legitimiert damit die Verfolgung der Christen.

7. Abschnitt
Dass die Christen die Gebote Gottes dem Befehl des Feudalherrn und das Evangelium der Liebe zu den Eltern vorzögen, sei ein großes Problem. Die Christen würden zudem leugnen, dass Japan das göttliche Land ist, das vom Shintō, vom Buddhismus und vom Konfuzianismus geschützt wird. Die Christen würden eindeutig beabsichtigen, dieses Land zu berauben.

Mit dem letzten Abschnitt wird Fabians Intention deutlich. Sein Denken hat sich von der Ebene des Religiösen auf die politische Ebene verlagert, weil die Christen die Identität Japans als das von den drei Religionen geschützte Land ignorierten. Deshalb geht seine Schlussfolgerung dahin, Hand in Hand mit dem politischen Verbot des Christentums als Irrglaube die Christen vollständig zu vernichten.

9.1.4 *Was Fabians Werdegang bedeutet*

Fabian kehrte zur traditionell japanischen Vorstellung von der „Natürlichkeit“ (*jinen*) als Heilsziel zurück, die im Zen- und im Amida-Buddhismus beheimatet ist: die Aufforderung, zu dem zu werden, was man vom Ursprung her wirklich ist. Indem er den bei Zen-Buddhisten geläufigen Spruch „Der Weidenbaum ist grün und die Blume ist rot“ zitiert, bekennt er sich dazu, dass das Wahre im So-Sein aller Phänomene liege. Zugleich wollte er auf das buddhistische Grundprinzip hinweisen, dass alle Phänomene samt den Menschen in einem großen sakralen Zusammenhang stehen. Diese Einstellung der Japaner braucht keinen allmächtigen Schöpfergott als den „ganz Anderen“. Wie die Weltordnung schlicht im Grundsatz „Der Weidenbaum ist grün und die Blume ist rot“ artikuliert wird, ergeht hier zugleich die Aufforderung, zum Ursprung zurückzukehren, wobei dies auf den *dharma* oder mit Shinrans Worten auf Amida-Buddha verweist. Das bedeutet im strengen Sinne, dass im japanischen Buddhismus das Absolute im Grundsatz der „Natürlichkeit“ eigentlich immanent ist. Mit dieser Schrift Fabians, die die kulturelle Identität des Landes zum Ausdruck bringt, bahnte sich in Japan erneut eine Ausschließungspolitik gegenüber dem Christentum an. Aufs Ganze gesehen und nach der von manchen japanischen Forschern geteilten Meinung scheint Fabian intellektuell und literarisch begabt gewesen zu sein, aber er war kein Mensch, der nach der Wahrheit bzw. dem Seelenheil strebte.

Die Entwicklung Fabians vom Christen zum Apostaten ist insofern ein interessantes Beispiel in der japanischen Religionsgeschichte, als wir in der Neuzeit (Meiji- und Taishō-Periode) nicht wenige Literaten kennen, die zunächst vom Christentum begeistert und beeinflusst waren und später zu Apostaten wurden, wie Tōson Shimazaki, Takeo Arishima und andere. Ihre Motivation ist nicht einheitlich, aber sie teilen gewiss die grundlegenden Einsichten mit Fabian, was noch genauer zu erforschen wäre. Jedenfalls begünstigten derartige Veröffentlichungen es, dass die Christen in Japan eine verschwindende Minderheit geblieben sind.

9.1.5 *Kurzer Überblick über apostatische Literaten in der Neuzeit*

Nach der Meiji-Restauration 1868 kamen nach und nach erneut katholische und evangelische Missionare nach Japan, die vielen jungen Japanern neue Inspiration und Denkanstöße gaben. Diese jungen Japaner standen dem feudalistischen Grundzug im Sozialsystem sowie dem vorneuzeitlichen Denken kritisch gegenüber und suchten nach einer neuen Subjektivität und nach einem Sinn in ihrem Leben. Sie waren die Träger der demokratischen Bewegung, die vor allem den Begriff der Menschenrechte eingeführt und ihm eine japanische Prägung verliehen hat. Die jungen Menschen, die von dieser Bewegung begeistert waren, fanden im Christentum endlich die Möglichkeit zur Selbstverwirklichung. Viele Literaten, die die neue Bewegung unterstützt haben, waren christlich getauft oder hatten zumindest ein leidenschaftliches Interesse am Christentum.

Als Ersten dieser christlichen Dichter nennen wir Tōkoku Kitamura (1869–1894), der ein Vertreter der japanischen Romantik war. Er litt unter den gesellschaftlichen Widersprüchen und den ethischen Konflikten der beginnenden Neuzeit und nahm sich in jungen Jahren das Leben. Im Unterschied zur traditionellen erotischen Literatur (*Kōshoku-bon*), die Saikaku Ihara, Monzaemon Chikatamtsu und später Kōyō Ozaki und andere verfassten, ist das Hauptthema seiner Dichtung die Liebe (*rennai*), die nach seinem Verständnis ähnlich wie der Begriff „Minne“ konnotiert ist. In seinem kritischen Essay *Ensei-shika to Josei* („Weltschmerzler und Frau“) von 1892, der als epochemachend gilt, wertet er die Liebe als geheime Medizin des Lebens auf, durch die erst das eigene Leben sinnvoll gestaltet wird. Die Liebe schenke dem Menschen Schönheit und Spiritualität. Kitamura ist primär an der inneren Welt des Menschen interessiert und zeichnet ein erhabenes, mystisches und reines Frauenbild, das auch seine Vorstellung von der Liebe prägt. Wenn er behauptet, dass das innere Leben durch das Wirken Gottes bzw. des Geistes des Universums aktiv wird, erinnert dies an mystische Vorstellungen der Quäker.[168] Die Zerbrechlichkeit des jungen Dichters, der in sich den Zwiespalt zwischen dem Göttlichen und dem Menschlichen spürte und darunter litt, ließ ihn im Alter von 25 Jahren den Freitod wählen. Ein ähnliches Schicksal erlitten die christlich getauften oder zumindest gesinnten Literaten Takeo Arishima (1879–1923), Ryūnosuke Akutagawa (1892–1927) und Osamu Dazai (1909–1947). Abgesehen von Arishima waren diese Literaten keine Apostaten, sondern intelligente Christen, die sich das Leben genommen haben und so in den Augen vieler nicht mehr als Kinder ihrer Kirche angesehen werden.

Hingegen ist Tōson Shimazaki (1872–1943), ein guter Freund von Tōkoku Kitamura, überzeugter Apostat. Er wurde 1892 christlich getauft und trat vier Jahre später wieder aus der Kirche aus. In seinem Roman *Sakura no Mi no jukusuru-koro* („In der Zeit, wenn die Kirschen reif werden“) beschreibt er die psychische Motivation für seine Taufe: Er

[168] Vgl. Gyōichi Kubota, *Nihon no Sakka to Kirisutokyō*, Tōkyō 1992, 30–36.

empfängt die Taufe mit romantischem Enthusiasmus. Seine Gedichtsammlungen aus seiner Jugend, die fast alle jungen Menschen begeistert gelesen haben, sind eine Frucht der Romantik. Die Liebe zum literarischen Schaffen und eine triebhafte Sinnlichkeit scheinen immer eine bestimmende Kraft in seinem Leben gewesen zu sein. Der Stil seiner Werke wechselt dann von der Romantik zum Naturalismus, in dem seine christliche Anschauung sichtbar wird: In dem vielgelesenen Roman *Hakai* („Das gebrochene Gebot"), mit dem seine literarische Hinwendung zum Naturalismus beginnt, geht es um die Diskriminierung einer Minderheit. Ein junger Lehrer namens Ushimatsu, der ein Angehöriger der stark diskriminierten *Burakumin* ist und in sozial ungünstigen Verhältnissen lebt, hält sich lange Zeit an das Gebot seines Vaters, seine Herkunft zu verschweigen, um sich der Gesellschaftsordnung besser anzupassen. Aber er wird ständig von seinem schlechten Gewissen geplagt. Schließlich siegt in diesem Konflikt die Ehrlichkeit: Er gesteht seine wahre Herkunft und bittet die Kollegen und alle Schüler auf Knien um Verzeihung, weil er nicht aufrichtig gewesen ist. Er reicht seine Kündigung ein und will nach Amerika auswandern.

Es ist von epochaler Bedeutung, dass Tōson in seiner Zeit das Problem dieser stark diskriminierten Minderheit literarisch thematisiert hat. Sicherlich spiegelt sich dort der christliche Gedanke der Egalität wider. Es wundert trotzdem viele Leser, dass er dabei mit keinem Wort die Menschenrechte erwähnt, die diskriminierende Gesellschaft als solche nicht herausfordert und kein zukunftsweisendes Bild der Gesellschaft aus christlicher Perspektive entwirft. Es hat den Anschein, dass ihm Selbstreflexion und der Gedanke der sozialen Gerechtigkeit fehlen.[169]

Takeo Arishima (1878–1923), der einst von der charismatischen Nicht-Kirche-Bewegung von Kanzō Uchimura (1861–1930) begeistert war und getauft wurde, verkündete neun Jahre später öffentlich seinen Abfall vom Glauben. Wie er in seinem Essay *Kansō-roku* („Aufzeichnung der Meditationen") beschreibt, hatte er ständig einen innerlichen Zwiespalt zwischen seinem Glauben und dem sinnlichen Begehren empfunden und vergebens versucht, seine dunklen Begierden zu zügeln.[170] Vom charismatischen Kanzō Uchmura ist er nachhaltig beeinflusst, in erster Linie von dessen puritanischer Ethik. Die Worte Jesu „Wer eine Frau auch nur lüstern ansieht, hat in seinem Herzen schon Ehebruch mit ihr begangen" (Mt 5,28) scheinen ihn besonders gequält zu haben. Wäh-

---

169 Vgl. ebd., 37–42

170 Vgl. ebd., 56–60.

rend seines Aufenthaltes in Nordamerika fand er schließlich eine Lösung für seine Skrupel in *Leaves of Grass*, dem Hauptwerk von Walt Whitman (1819–1892), in dem es um die Verherrlichung aller Lebewesen, die Befreiung im demokratischen Denken und die Liebe zwischen Mann und Frau geht. Um sich von seinem inneren Zwiespalt zu befreien, ist es für Arishima eine notwendige Voraussetzung, dass man in sich die Gegensätze zwischen Seele und Leib, Gut und Böse, dem Schönen und dem Hässlichen erträgt. Er kritisiert auf diese Weise die paulinische Ethik und tritt schließlich aus der Kirche aus. Sein Leben endete in einem aus Liebe begangenen doppelten Selbstmord.

Wie die erneute Missionierung in der Zeit nach 1868 auf den Geist der Japaner gewirkt hat, lässt sich nicht einfach feststellen. Es gab und gibt auch viele Literaten, die auf den Evangelien basierende reife und humane Werke in die Welt gesendet haben und senden. Einerseits hat das Christentum mit seinen neuen ethischen Werten wie Menschenrechten, Freiheit und Liebe vielen Japanern Impulse gegeben, andererseits eine Art Nostalgie nach dem traditionellen Naturverständnis, nach einer Wertschätzung der Natürlichkeit oder nach dem traditionsgebundenen Menschenbild erweckt – als Reaktion auf eine christliche Ethik, die in den Augen vieler einen zu stark drängenden und kompromisslosen Eindruck macht.

9.2 Die Einstellung der katholischen Kirche zum Dialog mit den nichtchristlichen Religionen

Es kommt in der multireligiösen Gesellschaft Japans nicht selten vor, dass selbst in *einer* Familie Anhänger verschiedener Religionen zusammenleben – je nachdem, wer welcher Religion im Leben begegnet ist. Im Haus befindet sich traditionell ein buddhistischer Altar für die Ahnen und (oder) ein Hausschrein für Shintō-Gottheiten, um deren Segen zu erhalten. Mit Rücksicht auf die zwischenmenschlichen Beziehungen nimmt man auch als Christ selbstverständlich an einer shintōistischen Hochzeitsfeier oder an einer buddhistischen Trauerfeier teil. Seitens des Shintō oder des Buddhismus gibt es keine rigorosen Vorschriften für die Lebensführung, aber die alltäglichen Sitten und Gewohnheiten sind durch die traditionellen Religionen tief verwurzelt, obwohl man sich dessen im Alltag nicht bewusst ist. So hat die katholische Kirche in Japan die Notwendigkeit empfunden, eine Anleitung herauszugeben, um Komplikationen wegen des katholischen Glaubens im kleinen Kreis der Familie oder im größeren Rahmen der Gesellschaft zu vermeiden.

9.2.1 *Die Anleitung für das Leben der Japaner als Christen in einer multireligiösen Gesellschaft*

Im Geist des Zweiten Vatikanums (*Nostra aetate – Die Erklärung über das Verhältnis der Kirche zu den nichtchristlichen Religionen*) gab die japanische Bischofskonferenz im Jahr 2009 eine Anleitung zum interreligiösen Dialog für Katholiken heraus.[171] Hierbei lautet das Grundprinzip des Dialogs im Anschluss an *Nostra aetate*: Jede fremde religiöse Erfahrung und somit die Würde eines jeden Menschen werden geachtet, ohne jedoch die eigene Identität als Christ aufzugeben. Die Kirche wird durch die Begegnungen mit anderen Religionen die Anwesenheit Christi und die Wirkung des Heiligen Geistes neu wahrnehmen und durch den Dialog neue Impulse bekommen, um die Vollkommenheit der Offenbarung zu bezeugen, die die Kirche empfangen hat (1. Teil, Nr. 8).

Was nun die konkrete Praxis der interreligiösen Dialoge im japanischen Alltag betrifft, so unterscheidet die Anleitung zwei Arten der katholischen Teilnahme, die aktive und die passive. Wenn ein Christ an Liturgien oder Zeremonien in einem Shintō-Schrein oder in einem buddhistischen Tempel teilnimmt, handelt es sich um eine passive Teilnahme und das bedeutet respektvolle Präsenz bei einer nichtchristlichen Liturgie oder Zeremonie.

9.2.2 *Inhalt der Anleitung zum interreligiösen Dialog*

Wir wollen hier in unserem Rahmen nur einige wichtige Anweisungen herausgreifen.

1. Der Begriff „Nächster“[172]

Unter Berufung auf die Goldene Regel „Alles, wovon ihr möchtet, dass es euch die Menschen tun, sollt auch ihr ihnen tun“ (Mt 7,12) fordert die Anleitung, wie der barmherzige Samariter zu handeln (Lk 10,25–37). Es ist nicht ganz einfach für viele Japaner, dieses christliche Bild des „Nächsten“ richtig zu verstehen, da die Gesellschaftsethik in Japan sich eher auf konfuzianische Regeln stützt wie „Was man für sich selbst nicht wünscht, soll man dem Anderen nicht tun“ (Lunyü XV,24). Auf dieser Basis handeln und leben die Japaner im Allgemeinen nach der Maßgabe, wie man den anderen keine Unannehmlichkeiten bereitet. Es ist eine adä-

---

[171] Nihon Katorikku Shikyō-dan, *Katorikku Kyōkai no sho-Shūkyō Taiwa no Tebiki*, Tōkyō 2009.

[172] Vgl. ebd., 38.

quate Sozialethik, um die gesellschaftliche Ordnung aufrechtzuerhalten; allerdings bietet sie für den Umgang mit Hilfsbedürftigen keine wirkliche ethische Grundlage. Vor allem in Bezug auf die aktuellen Probleme, wie z. B. hilflose Alte und Behinderte, die auf andere angewiesen sind, unter Wahrung ihrer Menschenwürde leben können oder wie Kinder mit Entwicklungsstörungen in den Schulen eine entsprechende Bildung und Sozialisierung erfahren können, bietet allein eine traditionelle Ethik nach dem Motto „den anderen keine Unannehmlichkeiten bereiten" keine Lösung. Auf die Frage, ob eine Verbindung zwischen der Goldenen Regel der Bibel und der japanischen Gesellschaftsethik möglich ist und wie sie aussehen müsste, gibt es keine einfache Antwort. Diese zu geben wäre eine dringende Aufgabe der japanischen Ethiker.

2. Die Totenmesse für abgetriebene Embryos (*Mizuko-kyō*)[173]
Die Zahl der Abtreibungen in Japan ist relativ hoch im Vergleich zu christlichen Ländern. Am Ende der Tokugawa-Periode (1600–1868) entstand eine buddhistische Liturgie für die Seelen der abgetriebenen Kinder. Diese Liturgie spendet den Eltern bzw. der Mutter tatsächlich Trost und gibt ihnen ein Stück Hoffnung. Nach katholischer Auffassung sollen die betreffenden Menschen das Sakrament der Vergebung empfangen und sich von ihrer Schuld befreien. Für viele Japaner, die andere Vorstellungen vom Embryo und vom Jenseits haben, bedeutet eine Abtreibung nicht unbedingt, dass einem Kind das Leben geraubt wird.

3. Der Ahnenkult[174]
Die Japaner tradieren den Ahnenkult auf der Basis des Konfuzianismus, des Shintō und seit der Tokugawa-Periode auch auf der Basis des Buddhismus, weshalb jede Familie einen Hausaltar besitzt. Die katholische Kirche respektiert diese Tradition und die Mentalität der Japaner.

4. Die Todesstrafe[175]
Heute wird die Legitimität der Todesstrafe, auch wenn sie von der staatlichen Macht verhängt sein mag, in den meisten Industrieländern in Frage gestellt. Der Mensch hat kein Recht, einen anderen Menschen zu töten. In Japan gibt es schon seit langem eine Debatte über die Legitimität der Todesstrafe, in der die Möglichkeit von vorausgehenden Fehlurteilen

---

173 Vgl. ebd., 75.
174 Vgl. ebd., 78.
175 Vgl. ebd., 105.

aufgrund von falschen Anschuldigungen oder die fehlende Chance, ein neues Leben zu beginnen, eine Rolle spielen. Trotzdem stehen viele Japaner der Todesstrafe positiv gegenüber. Vor einigen Jahren wurden mehrere zum Tode Verurteilte am gleichen Tag hingerichtet. Es handelte sich um den Gründer der fanatischen Aum-Sekte und seine Anhänger, die u. a. einen Massenmord in der U-Bahn begangen hatten. Viele meinten, das sei die gerechte Strafe für die Verbrechen der Verurteilten gewesen, Dieser kollektive Vollzug der Todesstrafe an einem Tag hat aber auch viele Japaner entsetzt, da die Würde der Verurteilten außer Acht gelassen wurde. Der Kampf der katholischen Kirche um die Abschaffung der Todesstrafe in der japanischen Gesellschaft wird noch lange dauern.

5. Zur Förderung der interreligiösen Gespräche
Die Bischofskonferenz regt dazu die folgenden Maßnahmen an:

a) In jedem Bistum oder in jeder Kirchengemeinde sollen Gruppen gebildet werden, um Kontakt zu anderen Religionsgemeinschaften aufzunehmen und zu pflegen.
b) Zu den kirchlichen Feierlichkeiten oder Veranstaltungen sollen auch Nichtchristen eingeladen werden.
c) Empfohlen werden Symposien oder Foren, in denen die Kirche über die gesamte Gesellschaft betreffende Themen ins Gespräch mit anderen Religionen kommt, wie die Abschaffung der Todesstrafe, die Verhütung von Selbstmorden oder die Schulbildung und Persönlichkeitserziehung.

Allerdings weiß niemand, in welchem Maß diese Anregungen der Bischofskonferenz in der Praxis verwirklicht werden. Wie wir weiter unten sehen werden, gaben die großen Katastrophen im Jahr 2011 allerdings Anstoß zu aktuellen Gesprächen zwischen den Religionen.

9.3 Der Dialog und die Erklärungen der katholischen Kirche und der Buddhisten anlässlich der Katastrophen in Fukushima bzw. Nordostjapan

Am 11. März 2011 wurde Nordostjapan von einer beispiellosen Naturkatastrophe getroffen, einem Erdbeben sowie einem 40 Meter hohen Tsunami und einem dadurch verursachten Unfall im Atomkraftwerk in Fukushima, mit über 180 000 Toten und Vermissten, 400 000 zerstörten Gebäuden und 470 000 Obdachlosen.

Trotz ihrer durch Naturereignisse gefährdeten Lage sind die Japaner seit alters her gewohnt, mit und in der Natur so friedlich und harmonisch zu leben wie in den zwischenmenschlichen Beziehungen. Die stark auf sich selbst bezogene Inselnation Japan hat angesichts dieser unbeschreiblichen Katastrophen durch die Hilfen aus aller Welt wie nie zuvor die Wärme, Stärke und Achtung aller Menschen erfahren. Dies sollte uns Anlass geben, die Frage zu stellen, welche gesellschaftlichen Veränderungen in Japan notwendig sind.

Auf diese sozial-ethische Frage antwortete zeitnah am 8. November 2011 die Bischofskonferenz mit einer Erklärung, in der sie die Abhängigkeit Japans von der Kernenergie kritisierte. Dies veranlasste Buddhisten aller Denominationen, ihrerseits die erste gemeinsame Erklärung abzugeben, die zukunftsweisend die Zusammenarbeit aller Religionen und Konfessionen anmahnte. In ihrer kritischen Haltung zur gegenwärtigen Zivilisation befinden sich Buddhismus und Christentum endlich auf dem Weg zu einem gemeinsamen Ziel, von dem sich allerdings manche christlichen Konfessionen und manche buddhistischen Denominationen distanzieren. Werfen wir zunächst einen Blick auf den Inhalt der Erklärung der katholischen Kirche.

9.3.1 Die Einstellung der katholischen Kirche

Das amtliche Schriftstück der Bischofskonferenz vom 8. November 2011 fordert mit klaren Worten den „sofortigen Ausstieg aus den AKW, angesichts des riesengroßen Unfalls in Fukushima“.[176] Es beginnt mit der Kritik am blinden Vertrauen auf die absolute Sicherheit von AKW und nennt als Grund, dass man sich nicht zu sehr auf Naturwissenschaften und Technik verlassen und die Grenzen der menschlichen Fähigkeiten wahrnehmen sollte. Mit Blick auf die Rolle der Menschen im biblischen Kontext fordert es den Ausstieg aus den AKW: „Wir Menschen tragen die Verantwortung, alles Leben samt der Natur als Gottes Schöpfung zu behüten und unseren Nachkommen eine sichere und vertrauenswürdige Umwelt zu hinterlassen. Im Gegensatz zu dem wirtschaftlichen Imperativ, nur auf Gewinn und Effizienz zu sehen, müssen wir uns, um das wertvolle Leben und die schöne Natur zu behüten, sofort zum Atomausstieg entscheiden.“[177] Das Dokument erwähnt weiterhin, dass die japanischen Religionen die Kultur, die Weisheit und die Tradition besitzen, in friedli-

---

[176] Chūō-Kyōgikai, *Nihon Shikyōdan Kōbunsho*, Tōkyō 2011. Vgl. https://www.cbcj.catholic.jp/japan/statements/hangenpatsu/.

[177] Ebd.

cher Symbiose mit der Natur zu leben. Zugleich reflektiert es über die christliche Forderung nach einer einfachen, aber ehrlichen Lebensweise, die im göttlichen Gebot gründet. Es konstatiert sodann im Rahmen der Bibel, was das Leben ist: „Lauteres und maßvolles Leben, betende Gesinnung, an alle Menschen gerichtete Liebe, Gehorsam, Bescheidenheit, Selbstaufopferung."[178] Konkret gesagt bringt das Dokument zum Ausdruck: Man soll das Leben der anderen genauso lieben wie sein eigenes Leben, das man als Geschenk erhalten hat, und der zukünftigen Generation die Natur und die Umwelt in der gleichen Beschaffenheit hinterlassen, wie sie uns gegeben wurden. Das ist unsere Verantwortung Gott, dem Mitmenschen, allen Geschöpfen gegenüber.

Diese Erklärung der Bischofskonferenz veranlasste wohl die solidarische Erklärung der Buddhistenkonferenz (*Zen Nihon Bukkyō-kai*) vom 1. Dezember 2011.

9.3.2 *Die Erklärung der Buddhistenkonferenz*[179]

Die buddhistische Erklärung trägt den Titel *Im Suchen nach dem vom AKW unabhängigen Leben.* In ihrem Text heißt es: „Wir können nicht die Augen vor der Gefahr verschließen, dass die weit verbreiteten radioaktiven Stoffe die Natur sowie das ökologische System beeinflussen und nicht nur die Gesundheit des menschlichen Lebens, sondern aller Lebensformen gefährden, und zwar nicht nur in Japan selbst, sondern auf dem ganzen Globus." Indem die Erklärung erwähnt, dass alle Lebensformen sich auf der Erde in Solidarität befinden, stellt sie Folgendes fest: Die Japaner, die das unbeschreibliche Elend von zwei Atombomben erfahren haben, bemühen sich ständig darum, den unersetzbaren Wert des Lebens und die Absurdität der nuklearen Waffen vor aller Welt anzumahnen. So schließt die Erklärung der Buddhisten mit den Worten: „Wir wünschen keinesfalls ein Leben in Hülle und Fülle, das auf dem Opfersein der Anderen basiert; vielmehr müssen wir nun den Weg wählen, das Glück des Einzelnen und das Wohlergehen der Menschheit in Einklang zu bringen. [...] Wir erklären hier öffentlich, dass wir uns alle – jeder in seiner Person – mit diesem Problem auseinandersetzen, über unsere eigene Lebensweise nachdenken, uns von den überflüssigen, materiellen Begierden befreien, vor der großen Natur uns selbst als unzulänglich begreifen und beschei-

---

[178] Ebd.

[179] Vgl. http://www.jbf.ne.jp. News Release, 1. Dez. 2011. – Es ist sicherlich von Bedeutung, dass die Buddhisten-Konferenz gerade zu dieser Zeit und mit diesem Ziel neu gegründet worden ist.

den bleiben und eine Gesellschaft schaffen, in der jedes Leben sicher geschützt wird."[180]

Zwar zögern manche christlichen Konfessionen, buddhistischen Denominationen und sogenannten neuen Religionen sowie Shintō-Institutionen, sich für den Atomausstieg zu entscheiden, aber die katholische Kirche, die buddhistische Konferenz und viele andere Religionen treten für eine zukunftsweisende Zivilisation ohne AKW ein; sie sind sich einig in der Forderung, dass die Menschen ihrer geistigen und leiblichen Bedingtheiten gewahr bleiben und einem Stolz, der letztlich auf Überheblichkeit beruht, eine Absage erteilen sollten.

9.3.3 *Interreligiöse Aktion in Kamakura bei Tōkyō*

Kamakura war unter der Herrschaft der Samurai-Klasse die ehemalige Hauptstadt Japans (1192–1333), in der einerseits der Zen-Buddhismus voll erblühte, andererseits die Shintō-Gottheit Hachiman mit buddhistischer Prägung als Schutzgott für die Samurai-Klasse verehrt wurde. Heute ist Kamakura wegen der historischen Sehenswürdigkeiten und als religiöses Zentrum attraktiv, in dem verschiedene Religionen koexistieren. Werfen wir nun kurz einen Blick auf die interreligiöse Liturgie, die seit der unbeschreiblichen Naturkatastrophe durch Erdbeben, Tsunami und AKW-Unfall im Jahr 2011 jährlich am 11. März stattfindet. Ihr Ziel ist es, die Seelen der Opfer von Naturkatastrophe und AKW-Unfall zu besänftigen und das Ereignis im Gedächtnis zu behalten. Shintō-Schreine, buddhistische Tempel und christliche Kirchen der verschiedenen Konfessionen stellen abwechselnd den Platz für die Liturgie und das Gebet zur Verfügung. Die letzte gemeinsame Liturgie fand 2019 in der katholischen Kirche statt, in der alle Priester und Priesterinnen in bunten, feierlichen Gewändern der Reihe nach ihre Gebete und heiligen Worte rezitierten. Es war sehr eindrucksvoll! Der katholische Priester Yamaguchi aus Kamakura beschrieb diese gemeinsame Liturgie folgendermaßen: Während die Christen von der musikalischen Rezitation der Sūtren oder shintōistischen Gebetsformeln beeindruckt waren, waren die Buddhisten vom christlichen Gebet begeistert, das die Lebenden aufrichtet, während die buddhistische Liturgie hauptsächlich am Jenseits oder an der Übung auf dem Buddhaweg orientiert ist. So ist Jahr für Jahr das Interesse an den und das Verständnis für die anderen Religionen gewachsen. Das interaktive Wirken der Religionen wird als Realität wahrgenommen. Diese ökumenische

---

[180] Ebd.

Liturgie in Kamakura soll im Lande einmalig und einzigartig sein. Die riesengroße Katastrophe von 2011 verbindet also alle Religionen und bringt endlich Harmonie trotz der Verschiedenartigkeit des religiösen Inhalts.

9.3.4 *Die ökumenische Aktion auf dem Berg Hiei*

In diesem Rahmen sei noch auf eine Aktion hingewiesen, die seit mehr als 30 Jahren stattfindet. 1986 versammelten sich in Assisi auf Einladung von Papst Johannes Paul II. unterschiedliche Priester(innen), Mönche, Mönchinnen und religiöse Gelehrte aus allen Erdteilen, um gemeinsam mit ihrer jeweils eigenen Liturgie für den Frieden in der Welt zu beten. Zum Gedenken an dieses Ereignis in Assisi veranstaltete die Tendai-Denomination im August 1987 ein interreligiöses Gespräch zwischen Christentum, Buddhismus, Islam, Shintō und anderen Religionen der Welt auf dem Berg Hiei, ihrem Haupttempel in Kyōto. Dieses Gespräch wird „Religiöse Gipfelkonferenz auf dem Hiei" genannt und findet kontinuierlich bis heute in jedem August statt, um mit ganz unterschiedlichen Liturgien für den Frieden in der Welt zu beten. Daran nehmen hauptsächlich japanische Vertreter der betreffenden Religionen einschließlich des Islam teil, aber auch ausländische Priester und Priesterinnen. Alle zehn Jahre wird ein Symposium organisiert, bei dem man sich – in Erinnerung an die Friedensbotschaft von Franz von Assisi – mit aktuellen Fragen in Bezug auf den Frieden auseinandersetzt und ein tieferes Verständnis für die Probleme zu gewinnen versucht, die die Verwirklichung des Friedens verhindern.

Die jüngste Erklärung der Gipfelkonferenz auf dem Hiei von 2019 erwähnt die Verbreitung des Populismus, der überall Flüchtlinge, Migranten und Minderheiten ausschließt und verfolgt. Die Gipfelkonferenz kritisiert dies mit mahnenden Worten: Der Populismus droht in kürzester Zeit den zukunftsweisenden Prozess zunichte zu machen, in dem die Menschheit mühsam viele lokale Konflikte nach und nach zu lösen und die nuklearen Waffen abzuschaffen versucht.[181]

---

[181] Vgl. www.tendai.or.jp/summit/outline.

9.4 Exkurs: Buddha und Jesus im beliebten Comic/Manga Saint Young Men

Nun sei noch ein Blick darauf gestattet, was die Japaner im Alltagsleben unter dem Christentum verstehen und wie sie damit umgehen.

Um die Vorstellungen zu veranschaulichen, die sich Japaner im Allgemeinen von Buddha und Jesus machen, ist das beliebte und auch in mehrere europäische Sprachen übersetzte Comic/Manga *Saint Young Men* von Hikaru Nakamura zu nennen.[182] Es ist ein gutes Beispiel für einen populärkulturellen Dialog zwischen Buddhismus und Christentum. Hier handelt es sich nicht um die religiöse Botschaft der beiden Religionsstifter, sondern eher um die ganz andersartigen Vorstellungen, die man sich von beiden macht. Während Buddha wegen seiner „Afro-Haare" oft auffällt und als ein maßvoller, nachdenklicher „young man" dargestellt wird, der gelegentlich unfreiwillig seinen Heiligenschein zeigt und damit die Anwesenden überrascht, ist Jesus, der von jungen Mädchen bewundert wird und dem Schauspieler Johnny Depp ähnelt, wegen seiner allumfassenden Liebe von allem, was im japanischen Alltag geschieht, hellauf begeistert.

Buddha und Jesus kommen vom Himmel herab und teilen sich eine Studentenbude in Tōkyō, um gemeinsam Urlaub zu machen. Sie erleben die berüchtigte Rushhour in der Bahn und manch ein Volksfest shintōistischer Art, wo Buddha das große Los zieht und als Lotteriegewinn ausgerechnet eine Buddha-Statue in Lebensgröße bekommt – sehr zur Freude von Jesus. Der Einkauf macht beiden großen Spaß: Buddha erwirbt die bekannte Comic-Serie *Buddha* von Osamu Tezuka, die das Leben von Buddha Gautama schildert. Jesus ist entzückt von *Samurai goods* (Gewand und Schwert) und trägt sie gern. Als er in der Sauna ist, fällt einem *Yakuza* (Gangster), der ihm gegenübersitzt, die Wunde an seiner Brust auf. Der Gangster hält Jesus wegen der Seitenwunde für einen gestandenen Yakuza-Boss und begegnet ihm mit großem Respekt. Auf diese Weise kommt zwischen ihnen so etwas wie echte Freundschaft zustande. Buddha und Jesus freuen sich über die ersten Weihnachten in Tōkyō. Unter Weihnachten in der japanischen Version versteht Jesus einen Feiertag zur Erinnerung an die erste Flugreise von Santa Claus mit dem Rentier. Buddha bereitet jedoch für Jesus die in Japan übliche Geburtstagstor-

[182] Vgl. Band 1: Hikaru Nakamura, *Seinto Onisan*, Tōkyō 2008. Bis 2019 erschienen insgesamt 17 Bände. Der 18. Band wird für 2020 vorbereitet. Französische Übersetzung: Ėtienne Robert, *Les vacances de Jésus et Bouddha*, Tōkyō ab 2008. Deutsche Übersetzung: Burkhard Höfler, *Saint Young Men*, Köln ab 2014.

te und Geburtstagsmahlzeit zu – natürlich aus vegetarischen Produkten wie Sojabohnen. Die beiden erleben alle möglichen Feste und Feierlichkeiten im Alltagsleben einschließlich Kulturschock, Freude, Zorn und Mitgefühl.

Aufs Ganze gesehen werden die dauerhafte Freundschaft der beiden Religionsstifter und die ständigen Überraschungen, die sie auf dem multikulturellen Boden Japans erleben, mit Sympathie und Humor geschildert, obwohl wichtige Ereignisse und Attribute Christi wie Weihnachten, Seitenwunde oder Dornenkrone letztlich lächerlich gemacht werden. Diesem Comic ist zu entnehmen, dass die Japaner Elemente aus Buddhismus und Christentum in ihren Alltag integriert haben, ohne in kritischem Diskurs den religiösen Inhalt der Evangelien und die Lehre Buddhas zu reflektieren und infrage zu stellen. In gewissem Sinne gründet auch dieses im Comic verfremdete, aber doch schiedlich-friedliche Nebeneinander in dem japanischen Prinzip der „Harmonie“ (*wa*), die hier sogar ihre letztlich positive Dimension zum Ausdruck bringt.